中公新書 2792

萬代 悠著

三井大坂両替店

銀行業の先駆け、その技術と挑戦

中央公論新社刊

プロローグ

一九世紀のはじめ、三井大坂両替店《みついおおさかりょうがえだな》の重役たちが、質物《しちもつ》（質に入れる物品）を担保に金銭を貸す際の心構えを誓約した掟書《おきてがき》がある。以下の文言はその具体的内容で、奉公人《ほうこうにん》（従業員、店員）がとるべき行動が記されている。

すべて〔顧客から〕質に取る品々については、売れ行きの良し悪し、価格の上下の事情を十分に調査し、〔顧客が返済できなくなったときのためにも〕担保を丈夫に取ることはもちろんのこと、顧客の家計や商売の様子を再三入念に調査し、〔重役との〕相談のうえ、金を貸しなさい。

さらに、次のように続く。

〔顧客が借入希望額に比べて〕高価な質物を担保として提供してきたとしても、先方（その顧客）が不確《ふたし》かな人柄であれば、取り組み（契約）をしてはいけません。とくに最初の調査が大切であるから、調査に行く店員は、前段のことをよくよく心得て、入念に調査をしなさい。

質物貸し証文《しょうもん》（契約書）、ならびに質札《しちふだ》（質物の預かり証）の書式、そのほかすべてについては、幕府が敷いた御法のとおり、間違いなきように作成しなさい。

（「質方定書《しちかたさだめがき》」）

三井大坂両替店は、顧客から借入の申し込みを受けると、奉公人を派遣し、顧客が提供する担保の価値だけでなく、信用情報まで十分に調査して、最後に重役が厳しく審査した。仮に担保の価値は高くとも、顧客の評判が悪ければ金は貸さなかったのである。もちろん、融資が決まっても気は抜けない。契約時に取り交わす証文類の書式や文言は、江戸幕府が敷いた法制度に準拠し正しく作成する必要があった。

三井大坂両替店とは、現在の三井グループの「元祖」として知られる三井高利《たかとし》（一六二二～九四）が、晩年の元禄《げんろく》四年（一六九一）から営業を開始した、今でいう総合金融機関である。当初は高麗橋《こうらいばし》一丁目（現大阪市中央《ちゅうおう》区）に店舗を構え、宝永《ほうえい》三年（一七〇六）頃に高麗橋三丁目に移転した。大坂両替店の開業は、高利の息子たちが幕府から御為替御用《おかわせごよう》を請け負ったことに端を発する。

各地に点在した幕府領のうち、西国の年貢《ねんぐ》米の多くが大坂に廻送《かいそう》されたことはよく知られている。幕府は、概《おおむ》ね一六八〇年代まで西国年貢米を大坂で換金し、随時、江戸に陸路（御《お》伝馬《てんま》）で送金していた。これは江戸での支出にあてるためであったが、幕府の公用陸上輸送は宿駅《しゅくえき》に多大な負担を与えた。そこで幕府は、元禄四年以降、大坂に店舗を持つ江戸の両替屋たちに送金業務（御為替御用）を委託することにした。

三井は、その一員に抜擢《ばってき》され、すぐさま大坂に両替店を構えることになった。実《じつ》は、この御為替御用には特別な役得があった。幕府公金を大坂で預かり、江戸に上納するまでの九〇日間は、それを融資に転用できたのである。三井大坂両替店は、その莫大な幕府公金を元手に金貸しとして大きく成長した。

実際、三井は「両替店」を名乗りながらも両替業務にはほとんど従事せず、基本的には民間相手の金貸し業を主軸とした。まさに大型民間銀行の源流といえるだろう。

本書では、とくに以下の二点に注目して、三井大坂両替店の技術と挑戦を描く。

ひとつは、信用調査である。

現代では、クレジットカードの発行を申請すると、カード会社は信用情報機関に顧客の信用情報を照会し、この情報をもとにカード発行の可否を判断する。しかし、江戸時代ではそう簡単に信用情報が得られない。信用情報機関はおろか、現在のように、源泉徴収票などで顧客の年収を確かめることもできない。自ら信用調査をしなければならなかったからこそ、三井大坂両替店のような金貸しは、冒頭で紹介した心構えで業務に臨んだ。

三井大坂両替店は、開業から一〇〇年ほどは順風満帆な経営だったが、一八世紀末には不況や災害に見舞われ、危機が訪れる。業績挽回《ばんかい》を目指す三井大坂両替店にとって融資先の新たな獲得は急務だった。しかし、信用調査書と実際の成約数をみると、新規顧客が一〇名いたとしても、三井が新たな融資先としたのは、わずか一、二名に過ぎなかった。実に八〇%ほどの顧客が審査に落ちたのである。日本近世史研究において、この契約前の取捨選択と技術はほとんど解明されてこなかった。本書では、三井大坂両替店にかかわる多くの史料を読み解き、担保の評価や信用調査の方法に至るまで、まさに銀行業の基本業務が江戸時代ではどのようにおこなわれていたかを解明する。

もうひとつは、江戸時代の法制度である。

人びとが安心して金の貸し借りをするためには、貸金（債務《さいむ》）を返済してもらう権利（債《さい》権《けん》）が保護されていなければならない。日本の現行法では、貸主《かしぬし》（債権者）、借主《かりぬし》（債務者）

の素性に関係なく、「法の下の平等」にもとづいて裁判がおこなわれ、和解で解決できない場合には、国家権力によって強制的に貸金を回収することも可能である。このような法制度があってこそ、これまで馴染《なじ》みのなかった顧客に対しても金を貸すことができるわけだ。

ところが江戸時代においては、借主の身分や貸し借りの契約内容によって明確な「差別」が存在し、貸金を優先的に回収できる者、できない者が存在した。貸主側である三井大坂両替店は、貸金を優先的に回収するために、幕府の法制度をうまく利用し、融資先が不誠実を働いた場合、貸金を優先的に回収できるよう工夫を施《ほどこ》した。これは、幕府権力によって回収可能性を高めようとする、契約後の貸し倒れ予防策といってよい。では、その工夫とはどのようなものであったか。法制史の観点から解明する。


ところで、顧客の信用情報（提供できる担保、年齢、人柄、業種、家計状態など）が書き留められた史料群（「聴合帳《ききあわせちょう》」）は、三井大坂両替店の経営を明らかにするだけにとどまらない。江戸時代の文化、社会風俗をも浮き彫りにすることができる。

江戸時代、日本人の多くは誠実であった――。このような言説を耳にした読者も多いだろう。この起源のひとつは、幕末・明治初期に来日した外国人が、当時の日本人を「正直」、「誠実」と賞賛した記録にもとづく。たしかに記録としては存在するが（渡辺二〇〇五、なお、出典の書誌情報は参考文献を参照）、これは部分的な抜粋に過ぎないともいえる。もうひとつは、近年、話題となった「江戸しぐさ」である。江戸っ子のモラルの高さをうたうこの言説は、いっとき注目を集めたが、歴史的根拠のない創作に過ぎない（原田二〇一四）。それでも今なお、江戸時代の日本人が誠実であったとする先入観が多くの人びとに共有されているようだ。しかし、この先入観は、私たちの先祖全員が誠実であったかのような誤解を生み、不誠実な日本人の存在は闇《やみ》に葬《ほうむ》られることにつながる。

一方、日本近世史研究では、江戸幕府の褒賞制度から人びとの実態を明らかにする試みが進んでいる（塚田二〇一七）。たとえば、幕府は孝行者や忠勤者を褒賞し、幾ばくかの金銭を与えた。その際、忠孝や忠勤の理由をこと細かく記し、模範として周知させたので、この史料を通して人びとの暮らしぶりをうかがうことができる。たしかに、幕府褒賞の研究により、誠実に生きた人びとの姿（ライフヒストリー）が描き出されている。

ただし、幕府が褒賞制度を推し進めたのは、幕府にとって都合のよい誠実な善行者を褒賞し、その増加を狙《ねら》ったためであったことに注意すべきだ。褒賞史料に記された暮らしぶりは、幕府の都合のよい形に脚色《きゃくしょく》、歪曲《わいきょく》されている可能性がある。褒賞史料から歴史を組み立てると、江戸時代には誠実な人びとばかりが存在していたような印象を与えかねない。

当然といえば当然だが、近世大坂では窃盗《せっとう》や詐欺《さぎ》を働く者が存在し（塚田二〇一三）、幕府の出先機関である大坂町奉行所が受理した訴訟（ほぼ民事訴訟に相当）件数は、一八世紀前半には一万件、一八世紀末には二万件に達した。刑事事件で大坂町奉行所から入牢《じゅろう》を命じられた者も、一八世紀末には年間四〇〇～五〇〇人に及んだ（神保二〇二一b）。

人びとが順調かつ穏便に商売を営むためには、不誠実な顧客（あるいは不誠実を働きそうな顧客）と取引関係を結ぶことは避けなければならない。この前提に立つと、江戸時代の人びとは、どのように不誠実な顧客たちを排除しようとしたのか、という問いが生まれる。人びとの経済活動を分析するにあたっては、不誠実な人びとの存在を無視することはできない。

冒頭の掟書が教えてくれるように、三井大坂両替店も、顧客が不誠実を働く可能性を念頭に置いて信用調査をおこなっていた。信用調査は、不良な担保しか提供できない顧客や家計状態が悪い顧客を弾《はじ》くためでもあったが、一方で、仮に資産を有していても不誠実（借金の踏み倒し）を働きそうな顧客を避けることも意図した。そもそも、もし顧客全員が約束どおりに返済していたならば、信用調査などは必要ない。厳しい審査は、不誠実な顧客がいたことの裏返しでもある。

もっとも、筆者は江戸時代の日本人が誠実か不誠実か、その割合はどの程度であったかを議論したいのではない。重要なのは、不誠実な顧客がいたなかで、三井大坂両替店は誠実な融資先をどのようにして獲得、拡大したのか、万が一、不誠実を働かれてもどのようにして貸金を回収したのか、という点にある。三井大坂両替店の工夫をこらした技術と、法制度や経済状況に順応した挑戦の解明こそが本書の目的である。

なお、本書の主題が「三井大坂両替店」である理由についても付言しておきたい。

一般に江戸時代の豪商は、その足跡《そくせき》や家訓から、先進的な経営手腕を高く評価される場合が多い。しかし、多くの場合、豪商というものは、一人の経営者から成り立っていたわけではない。経営規模が拡大すると、商人は単独で万般《ばんぱん》の実務を処理できず、したがって奉公人を雇用して実務を委任し、最終的な判断や監督を担う主人として存立することになった。

たとえば、著名な大名貸商人である鴻池屋善右衛門《こうのいけやぜんえもん》家では草間伊助《くさまいすけ》（直方《なおかた》、一七五三〜一八三一）が、同じく升屋平右衛門《ますやへいえもん》家では山片蟠桃《やまがたばんとう》（一七四八〜一八二一）が、支配人として本家の実務を支えたことはよく知られている（新保一九八五、安岡一九九八、宮本二〇一〇）。もちろん、豪商の経営を支えたのは、支配人に限らない。

呉服業と両替業を主力事業とした三井の場合、一七三〇年代前半には、京都・江戸・大坂における呉服店の奉公人は合計四七三人、同じく両替店の奉公人は合計五一人に達していた。三井同族は資本を所有し、中央管理機関（大元方《おおもとかた》）を通して営業を監督したが、各店舗の重役の奉公人（支配人に相当）たちが陣頭指揮をとり、そのもとで多数の平《ひら》の奉公人たちが実務を担当した。よって、三井の資本蓄積と経営手腕を評価するためには、奉公人たちの実態解明も不可欠である。

以上から、本書では、あくまで三井大坂両替店という一店舗に視点を据《す》える。奉公人たちの働きぶりを検討することで、江戸時代に三井が躍進した要因を読み解く。

目次

凡例

一、引用史料については、引用者（筆者）が適宜、読点と句点を打ち、現代語に訳した。

一、引用史料のうち、〔　〕は、史料原文にはないが、読みやすくするために引用者が主語や目的語を補ったものである。（　）には、直前の語や文言の補足説明を記した。

三井大坂両替店

第1章　事業概要

1　開業と業績

本節では、本書の前提として、三井大坂両替店の開業、そして事業規模と業績について簡単に述べる。本来であれば、まずは江戸時代の流通・金融構造や経済変動を説明すべきだが、構成の都合上、必要に応じて適宜、説明を付す形をとる。

なお、とくに断らない限り、三井高利と三井呉服店に関する基礎的な説明は、中田（一九五九）と三井文庫編（一九八〇、二〇一五）、三井両替店に関する基礎的な説明は、日本経営史研究所編（一九八二）によっている。

三井高利の江戸進出

豪商としての三井の歴史は、三井グループの元祖として知られる三井高利からはじまった。

高利は、元和《げんな》八年（一六二二）に伊勢《いせ》の松坂《まつさか》で八人兄弟の末子として生まれた。寛永《かんえい》一二年（一六三五）には、母殊法《しゅほう》の指示で江戸に赴《おもむ》き、長兄俊次《としつぐ》の店で支配人として商才を発揮した。ところが慶安《けいあん》二年（一六四九）、二八歳に至ると、母への孝養を理由に松坂へ帰郷し、越後屋八郎兵衛《はちろべえ》と称して、おもに金貸し業に従事した。このかん、妻かねを迎え、九男四女の子宝に恵まれた（のちに十男と五女も生まれた）。

高利が江戸出店の機会をうかがっていた矢先、延宝《えんぽう》元年（一六七三）に兄の俊次の訃報《ふほう》に接した。俊次への遠慮もあった高利にとっては、これは江戸出店の好機となった。すぐさま母の承諾を得た高利は、長男高平《たかひら》（一六五三〜一七三七）と次男高富《たかとみ》（一六五四〜一七〇九）をともなって江戸に進出し、京都の室町通《むろまちどおり》二条下《にじょうさが》る蛸薬師町《たこやくしちょう》（現京都市中京区《なかぎょうく》）に呉服仕入店を、江戸の本町《ほんちょう》一丁目（現東京都中央区）に呉服小売店を開業した。このとき高利は五二歳、ついに念願の江戸出店を果たした。

三井呉服店の商法としては、「店前売り《たなさきうり》」、「現金、掛け値《かけね》なし」がよく知られている。

一七世紀後半、一般的な呉服店の場合、あらかじめ得意先から注文の有無を尋ね、後日に好みの品物を持参する見世物商《みせものあきな》いと、品物を得意先に持参し売り回る屋敷売り《やしきうり》が主流であった。おもな取引相手は大名や武士、大商家であり、決済については六月・一二月の二度払いか、一二月の一度払いによる掛け売りが慣例となっていた。これは商品代金を後日まとめて請求する仕組みであったが、当然、呉服店は請求日まで代金を得られず、このかん、仕入れをすることもできないし、請求しても順調に回収できないリスクをともなった。

一方、呉服の場合、種類が多く、生地の品質についても区別が付きにくかったので、呉服店側が(値切り交渉を前提に)偽りの値段を提示することが多々あり、素人が買うことは難しかった。知識と交渉力のない素人には、呉服の購入は難易度の高い行為であった。

これらに対し考案されたのが「店前売り」、「現金、掛け値なし」である。「店前売り」は道行《みちゆ》くひとへの店頭販売、「現金」は即時決済の現金払い、「掛け値なし」は値引き交渉を前提としない定価表示のことで、購買層を大きく拡大することに成功した。三井呉服店は、これら新商法を早くに導入することにより、顧客を幅広く獲得し、業績を上げていった。

ただし、「店前売り」も「現金、掛け値なし」も、三井呉服店が発明したわけではない、というのが現在の定説である。「店前売り」は、親戚の伊豆蔵《いずくら》屋がすでに試行していた商法で、それを三井呉服店が参考にしたようだ。「現金、掛け値なし」も、伊豆蔵屋の後追いだったとする見解がある。三井呉服店は、これら新商法を発明したわけではなかったが、当時の慣例にとらわれずに新商法を早々に導入し、うまく展開させた、というのが実情であろう。

なお、三井の「店前売り」と「現金、掛け値なし」の導入の時期と人物をめぐっても、諸説がある。一般的には、高利が新商法を導入したといわれることが多い。これに対し村和明(二〇一六)は、次男高富が記した家史の草案(「高富草案《そうあん》」)と、それに長男高平が追記した部分を分析し、当初「現金売り」の開始は次男高富の事績とされていたこと、高利の孫世代には「現金売り」の開始を高利の事績とする言説に変化していたことを明らかにした。同じく「高富草案」は、一七世紀末に三井呉服店が生き残った理由として、長男高平が優れた人格者であったことを強調している。以上から、三井呉服店の躍進は、高利父子の功績としたほうがよい。

三井大坂両替店の事業規模

さて、三井呉服店の説明は、このあたりでいったん終わりにして、いよいよ三井両替店の説明に移ろう。

高利（厳密には、高利とその息子たち）は、呉服の仕入れを円滑にするためにも、為替・両替・融資業務を担当する両替店の設置を進めていった。天和《てんな》三年（一六八三）には江戸両替店、貞享《じょうきょう》三年（一六八六）には京都両替店、元禄四年（一六九一）には大坂両替店を開業した。このうち大坂両替店は、開業当初には高麗橋一丁目の南側、三井大坂呉服店の隣に店舗を構えていたが、宝永三年（一七〇六）頃に高麗橋三丁目の北側に移転した。

大坂両替店の利益の大部分は、融資による利息収入であった。ここで、大坂両替店の経済的位置を確認しておく。図1は、享保《きょうほう》一四年（一七二九）から明治元年（一八六八）までの、三井大坂両替店、鴻池屋善右衛門家、加島屋《かじまや》久右衛門《きゅうえもん》家の年間利息収入を図示したものだ。

図1　三井大坂両替店、鴻池屋善右衛門家、加島屋久右衛門家の年間利息収入

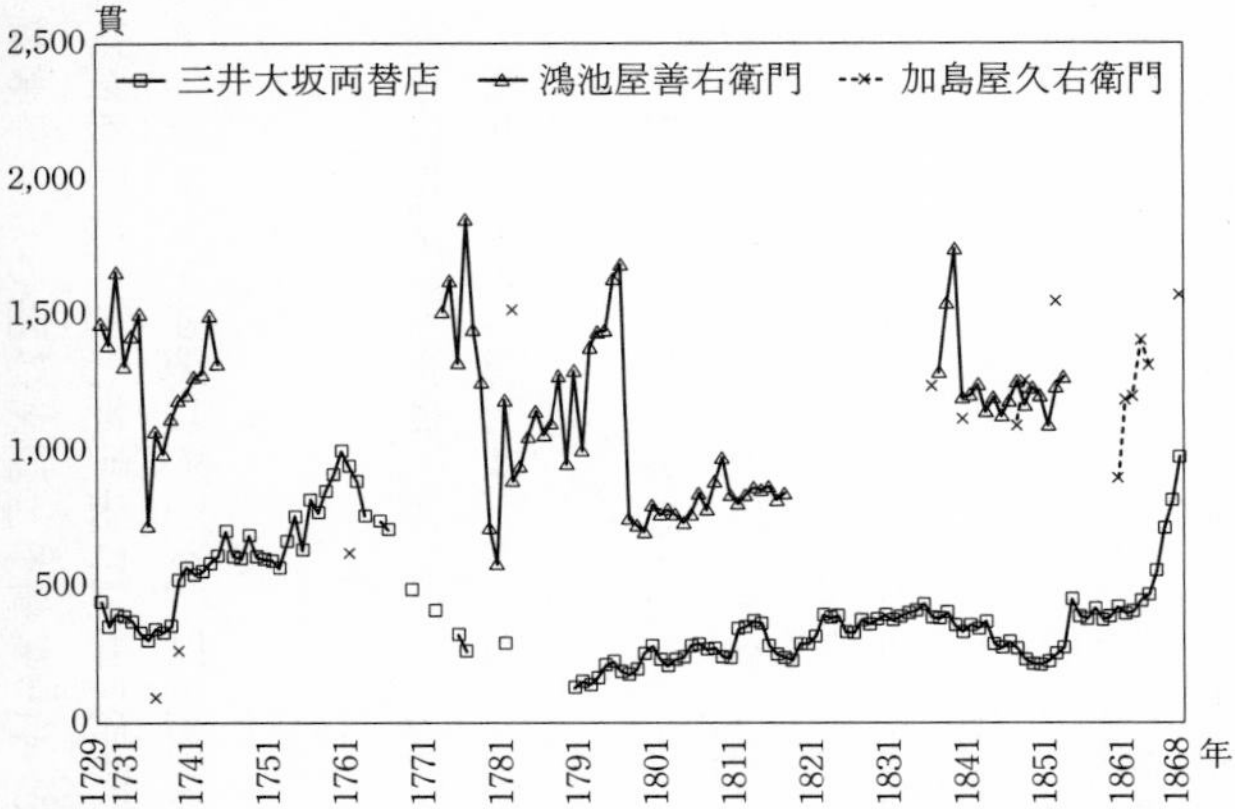

注：鴻池屋善右衛門と加島屋久右衛門については安岡（1998）と廣岡家研究会（2017）から引用

俳諧師《はいかいし》・浮世草子《うきよぞうし》作者の井原西鶴《いはらさいかく》（一六四二～九三）は、銀一〇〇〇貫目（金一万六六〇〇両余）以上の資産を持つ者を長者《ちょうじゃ》（大金持ち）と称した。図1の三者ともに、年間銀一〇〇〇貫目の収入を超える年があった。

これを現代の感覚で捉えるのは容易ではないが、大坂周辺の大地主の年間作徳《さくとく》収入（農産物と小作料から年貢諸役《ねんぐしょやく》と経費を差し引いたあとの利益）が概ね銀一〇～一二貫目であったことをふまえると、相当な額であったことがわかる（萬代二〇一九）。明治二七年（一八九四）に岡田銀行を開業した河内《かわち》有数の豪農《ごうのう》、岡田伊《い》左衛門《ざえもん》家でさえ、嘉永《かえい》六年（一八五三）時点の利息収入は銀四九貫目くらい、翌

嘉永七年時点の作徳収入は銀二〇貫目余だった（福澤二〇一二）。

次に、図1に示した豪商二家について説明しておく。

鴻池屋（山中《やまなか》）善右衛門家は、大坂を代表する大名貸商人で、儒学者の中井履軒《なかいりけん》（一七三二〜一八一七）に「浪華《なにわ》鴻池氏の富、天下に甲《こう》たり（天下一）」とまで評された日本随一の富豪だ。現三菱ＵＦＪ銀行の前身である。すでに一七〇〇年前後には、三二家の諸大名と金融取引をし、掛屋《かけや》（金銭出納《すいとう》、江戸への送金）や蔵元《くらもと》（年貢米や特産物の出納、販売）を務めた。彼ら諸大名から得られる扶持米《ふちまい》（報酬）だけでも、年間一万石に達したという（宮本一九五八、安岡一九九八）。

加島屋（廣岡《ひろおか》）久右衛門家も、鴻池屋善右衛門と肩を並べた大名貸商人だ。現大同生命保険の前身である。幕末に刷られた日本資産家番付《ばんづけ》をみると、東の大関《おおぜき》（当時は大関が最高位）に鴻池屋善右衛門、西の大関に加島屋久右衛門が名を連ねている。両者の違いは、鴻池屋善右衛門家が掛屋・蔵元への就任を経て一七世紀末から大名貸を拡大したのに対し、加島屋久右衛門家は一八世紀中頃に米仲買《なかがい》から大名貸商人へ転身した点にある（高槻二〇二二）。

図1の年間利息収入を見ると、三井大坂両替店は、一八世紀中頃までは加島屋久右衛門家を超えていたものの、全体として鴻池屋善右衛門家、加島屋久右衛門には遠く及ばなかったことがわかる。しかし、三井大坂両替店と豪商二家を単純に比較することはできない。

たとえば一八世紀後半から一九世紀中頃の場合、重役の奉公人の人数は、鴻池屋善右衛門家では約七〜一六名であった（安岡一九八八）。加島屋久右衛門家についても、一〇名前後であったはずだ（廣岡家研究会二〇一七）。これらに対し、三井大坂両替店では約三〜五名であった。つまり、管理職（重役の奉公人）が少なく、三井両替店事業の一支店に過ぎない三井大坂両替店が、二大巨頭のあとに続く形で、年間銀三〇〇〜五〇〇貫目の利息収入を得ていたことは注目すべきだ。

それだけではない。とくに注意すべきは、業態の違いである。鴻池屋善右衛門家と加島屋久右衛門家は、ほとんど大名相手に金貸し業をし、民間（商人や百姓）を相手としなかった。大口取引が主であり、業態は大名財政に貢献する大名金融だ。これに対し三井大坂両替店は、家法で大名への直接融資が原則禁止されていたこともあり、基本的に民間相手で、小口取引もおこなっていた。詳細については第3章と第4章で述べるが、とくに大坂両替店の融資は商人たちの運転資金需要に対応したもので、業態はおもに商業金融だ。民間に開かれた金貸し業者としては、図1の業績は大名金融に追随するほどの高さを誇った（なお、史料的制約から、比較対象が大名貸商人しか存在しないのが残念だ）。この意味でも、三井大坂両替店は江戸時代最大級の金貸しであった。

三井大坂両替店の業績

次に、業績について、三都（江戸・京都・大坂）の両替店を比較したいが、その前に、まずは三井両替店を取り巻く組織と制度を説明する。

三井の場合、宝永二年（一七〇五）には、三都の呉服店諸店は本店一巻《ほんだないちまき》として集団化し、享保四年（一七一九）には、三都の両替店諸店も両替店一巻として集団化した。一巻とは、同一事業と関連事業をまとめた事業グループのようなものだ。

両替店一巻には、享保一九年（一七三四）時点で京都両替店、江戸両替店、大坂両替店、京都の糸店《いとだな》が所属し、翌年に京都の間之町店《あいのまちだな》が加わった。糸店と間之町店は、糸・絹の仕入れと卸売りをする業態であり、糸店は手数料収入を、間之町店は生産者への前貸しによる利息収入をおもな収入源とした。資金調達や為替決済に両替店が協力する目的で、糸店と間之町店は両替店一巻に組み込まれた。

一巻の整備と並行して設置されたのが、大元方《おおもとかた》である。その起源は、三井同族による財産共有制にある。財産共有制とは、元禄七年（一六九四）に高利が死去して以降、三井同族（北家・伊皿子《いさらご》家・新町《しんまち》家・室町《むろまち》家・南家・小石川《こいしかわ》家の本家六家、松坂家・永坂町《ながさかちょう》家・小野田家の連家三家、のちに家原家と長井家を加えて合計一一家）が高利の遺産や営業資産を分割せず、一括して共有財産としたものだ。これは「身上一致《しんじょういっち》」の理念として著名である。

ただし、共有財産制の発案者については諸説がある。一般に、高利が発案したと説明されることが多い。ところが村和明(二〇一六)の研究によると、遺書作成時の高利の関心は、財産分割における配分比率にあり、財産の共有化ではなかったという。

高利は、長男高平の家系(北家)には四一・四%、次男高富(伊皿子家)の家系には一八・六%、三男高治《たかはる》(一六五七~一七二六)の家系(新町家)に一二・九%といった具合に、財産持ち分け率を決定したから、むしろ分割相続を進める立場にあった。これに対し高利死後、息子たちは高利の分割相続案を保留し、財産共有制を「高利夫妻の生前の願い」として採用した。財産共有制を推し進めたのは高利の息子たちであり、「高利の遺志」として、財産の分散と先細りを阻止したのだ。

財産共有制の採用と同時に、高利の息子たちは、多様な事業を統括するためにも、集団指導体制を整えていった。宝永六年(一七〇九)には、支配人の中西宗助《なかにしそうすけ》(一六七六~一七三三)が、三井の全事業を統轄するための管理機関の設置を提案し、この提案は翌宝永七年に採用された。こうして発足したのが大元方である。

大元方は、諸店(呉服店や両替店)を管理し(図2)、定額の資金を諸店に貸与した。諸店は、この資金をもとに事業を営み、半年ごとに大元方へ功納金《こうのうきん》を納めた。図2で示したとおり、京都両替店は三井三郎助《さぶろうすけ》、江戸両替店は三井次郎右衛門《じろうえもん》、大坂両替店は三井元之助《もとのすけ》とい

図2　寛保2年（1742）時点の三井同族と大元方

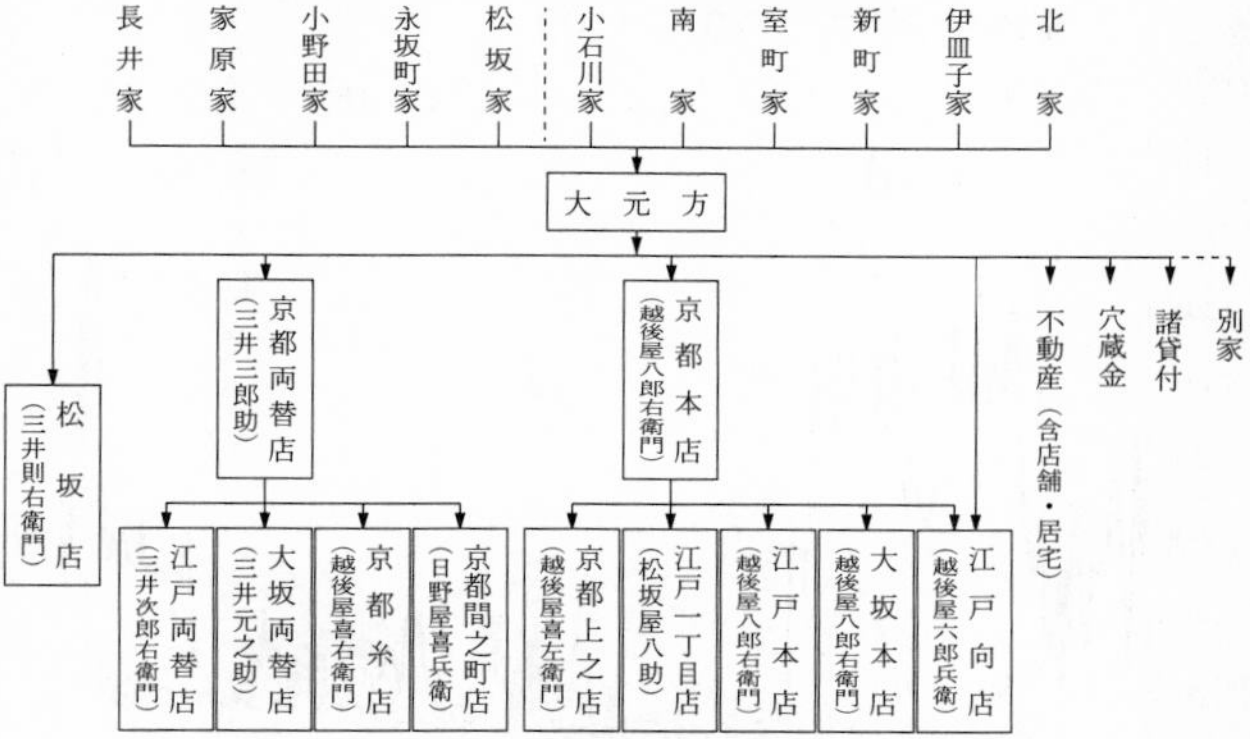

注：西川（1993）の図2－2の一部を加工、削除して作成

った形で、それぞれの店《たな》名前（営業上の名義）で営業した。大元方の監督下のもと、自らの支店《してん》や傘下店を有する店もあり、両替店一巻の場合、京都両替店が本店《ほんてん》として機能した。

　大元方の評価をめぐっても諸説があるが、西川登（一九九三）の整理が要を得ている。西川によると、大元方は、三井同族たちを持ち分け所有者とする同族組合のような組織であり、傘下の諸店に対し店舗用不動産を貸与し、資金を投融資する機能を有した。三井同族たちは京都か松坂に集住し、自ら営業に携わることはほとんどなく、持ち分け比率に応じて営業利益（功納金）の一部を得た。これらの体制は、今日の持株会社に相当したとする。大元方は、一八世紀後半に統轄機能の一時喪失と復活を経験したが、ここでは詳述しない。

　以上のとおり、今日の持株会社に相当した大元

図3　三井の京都・江戸・大坂両替店の延銀
寛政９年秋季（1797）＝100

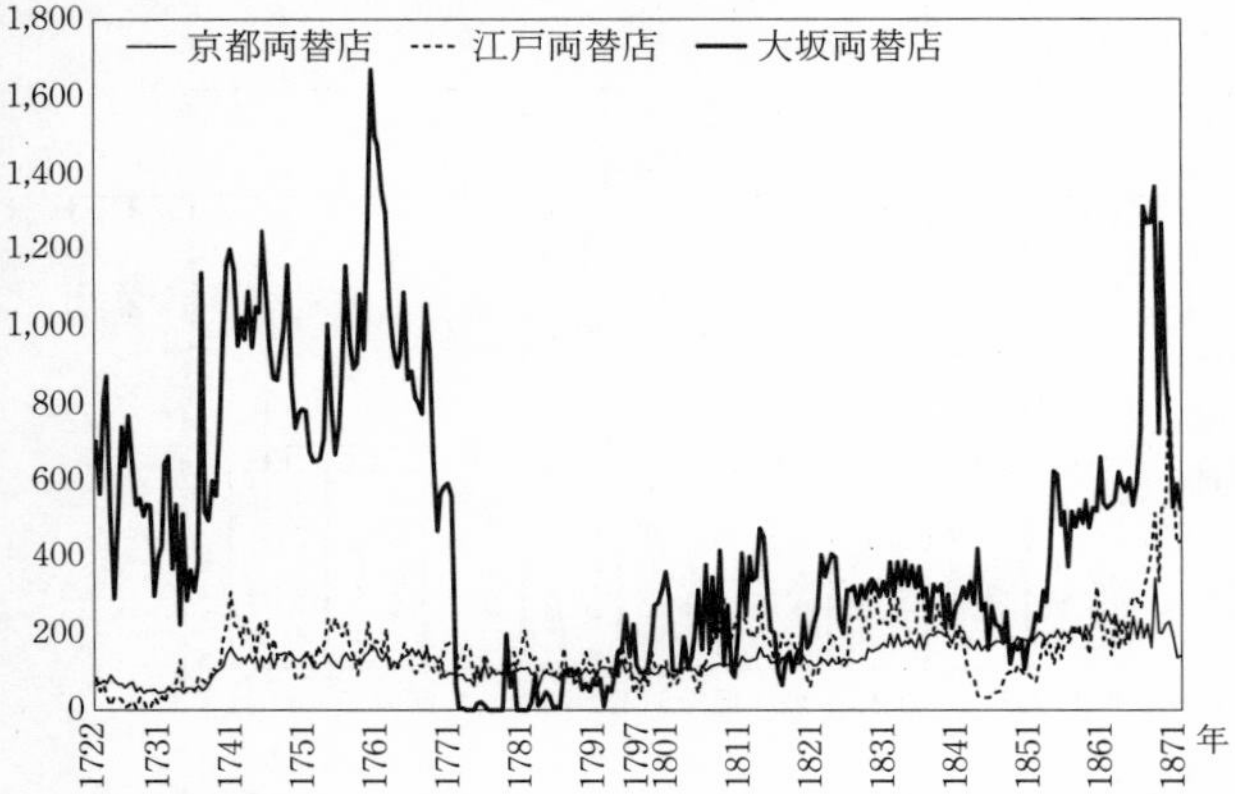

方は、傘下の諸店に投融資するとともに、定額の功納金を諸店から取り集めた。

たとえば大坂両替店の場合、収益から、費用や積立金を差し引いた純利益を延銀《のべぎん》と称し、本《ほん》店《てん》の京都両替店に送金した。収益は利息収入や不動産収入から成り、費用は利息の支払いや奉公人への給料、店舗の諸経費から成った。大元方からの投融資で資金が足りない場合、大坂両替店は、本店《ほんてん》の京都両替店から利子付きの融資を受けることがあったので、基本、利息の支払いは京都両替店に対するものだ。江戸両替店の損益計上方法も、大坂両替店とほぼ同じである。京都両替店は、自らの延銀と傘下四店の延銀を合算し、両替店一巻全体の合計延銀を計上した。そして、この合計延銀から、大元方に功納金を納めた。

さて、図3に両替店諸店の延銀を指数《しすう》で示した。指数とは、基準年を一〇〇として、前後のほかの年に対する差をあらわしたものである。この場合は、寛政《かんせい》九年（一七九七）秋季を一〇〇として、延銀の推移を図示した。たとえば、大坂両替店の場合、享保七年（一七二二）春季の指数は七〇〇余であるから、七五年後の寛政九年時点に比べて約七倍の延銀があったことになる。逆にいえば、寛政九年には延銀が七分の一に減少していた。

図3を見ると、大坂両替店の延銀の変動が一番大きいことがわかる。とくに一八世紀中頃においては、元文《げんぶん》元年（一七三六）の貨幣改鋳《かいちゅう》による景気好転、融資額の拡大が奏功《そうこう》し、大坂両替店は宝暦《ほうれき》九年（一七五九）まで好成績を続けた。

ところが翌年以降、延銀は急減し、一七七〇年代から一七八〇年前後には延銀なしを多く経験し、一七九〇年代後半まで経営不振は続いた。この背景には、①臨時課税的な負担の頻発、②常連顧客の経営難と利子収入の減少、③大口取引の不良債権化、④火災被害による支出の激増と不動産収入の低下、⑤民間資金需要の低下などがあったという。

とくに、明和《めいわ》三年（一七六六）には和歌山《わかやま》藩（三井の出身地、松坂の領主）からの半強制的な借り上げがあり、明和八年には大口顧客の加賀《かが》藩から一時的な債務不履行（返済停止）を受けた。前者では、大坂両替店は自己資金だけで用意できず、外部から銀一七五〇貫目もの大金を借り入れ、後者では、銀一一四〇貫目余が不良債権となった。しかも、寛政三、四年

（一七九一、九二）には、大規模な火災に見舞われ、大坂両替店が所有、管理していた不動産や、担保に取っていた不動産が灰燼《かいじん》に帰した。これらの再建費用、あるいは取得担保物の価値低下（融資額の全額回収不能）により、大坂両替店は多大な損失をこうむった。

ただし、ここで注意すべきは、一九世紀以降、大坂両替店は業績を次第に回復し、一九世紀中頃には、京都・江戸・大坂の三店舗のなかで、一番の成長率をみせたことである。この要因には、大別して次の点があったと筆者は考えている。

第一に、大坂両替店は、都市不動産に限らず、諸営業の株（権利）や大名貸証文など、多種多様な担保を取ることで顧客の獲得を進めたこと。

第二に、近世大坂の法制度では、後述するように、大坂両替店のような特権的な借主に有利な運用がなされていたが、一八二〇年代以降にはそれが強化されたこと。

第三に、一八世紀末以降、大坂両替店は、融資の諾否を判断するにあたり、顧客の信用情報をより詳しく調べるようになったこと。

これらのうち、本書では第二と第三の点を説明していくことにしたい。

2　主力融資――延為替貸付

延為替《のべかわせ》貸付とは、大坂両替店が幕府公金為替として融資する形態だ。この融資方法は、三井の成長を語るうえで避けては通れないものなので、以下、煩《はん》をいとわず説明しておきたい。

御為替御用

延為替貸付は、元禄四年（一六九一）、三井が幕府から御為替御用《おかわせごよう》を請け負ったことに端を発する。御為替御用の基本業務は、大坂から江戸に幕府公金を送金することである。冒頭で少し触れたが、三井は預かった幕府公金を融資に回して莫大《ばくだい》な利益を得た。しかし、後述するように、これは送金業務の完遂を条件として黙認されたもので、幕府公金を期日までに江戸に送金することが最優先であった。よって、まずは御為替御用とその送金方法について説明する。

御為替御用を請け負ったのは、三井だけではなかった。御為替御用を請け負った両替屋たちは、御為替組《おかわせぐみ》と呼ばれた。そのうち複数名がグループをつくり、共同で幕府公金を預かることが多かった。当初、三井は、三井八郎右衛門と越後屋八郎兵衛《えちごやはちろべえ》の両名義で二人組を称し、三井以外の一〇名の両替屋たちは、十人組を称して幕府公金を預かっていた。概《おお》ね享保元年（一七一六）以降には、三井は三井同族三名で三井組を称したが、十人組の構成員については入れ替わりが多く、構成員が一〇名に満たない時期もあった（松尾一九七一）。

三井組の幕府公金預かり額は、御為替組全体が一年で預かる額の三二〜四二%程度で、一事業主としては最も多かった（賀川一九八五）。これは、三井組が幕府に対し最も多くの不動産を担保に入れていたことによる。幕府は、御為替組の両替屋たちが期日までに幕府公金を上納できなかったときに備えて、彼らの所有する江戸の不動産を担保に取っていた。資金力を有した三井組は、最も多くの担保を幕府に提供し、多大な幕府公金を預かることに成功したわけだ。

享保一一年（一七二六）二月から一二月の場合、三井組や十人組などの御為替組が受け取った幕府公金は、金換算で一七万六六七六両一歩余に達した（大野一九九六）。享保一五年（一七三〇）時点の幕府財政収支をみると、当時の貨幣歳入は金七九万八〇〇〇両余であったから（大口二〇二〇）、御為替組は、幕府の年間貨幣歳入の約二〇%に及ぶ額を、大坂から江戸へ送金していたことになる。この莫大な金銭を為替で送金することが、御為替御用の基本業務だった。

大坂から江戸への為替送金

為替と聞いても、すぐには理解しにくいかもしれない。為替とは、現金を輸送することなく送金、決済する方法であり、実際には為替手形が送付される。為替手形は、端的にいえば金融機関を介した支払請求書に相当する。為替については、すでに優れた整理（粕谷二〇二〇、鎮目二〇二三）があるが、以下では、まず、大坂から江戸への為替送金方法を説明する。

大坂から江戸への為替送金自体は、江戸時代の前期からみられる。

たとえば、すでに一六八〇年代には、大坂商人の鴻池屋喜右衛門《きえもん》（二代目鴻池屋善右衛門、一六四三〜九六）が、肥後熊本藩《ひごくまもと》や豊前中津藩《ぶぜんなかつ》から江戸への為替送金業務を引き受けていた（川上一九七〇、新保一九七一）。藩主の参勤交代が義務であった当時、藩主の江戸藩邸での生活費や交際費が多額に及んだから、多くの諸藩は、年貢米などを大坂で換金し、江戸の藩邸《はんてい》に送金する必要があった。そのため熊本藩や中津藩は、大坂の蔵屋敷《くらやしき》（倉庫・販売業を主とする出先機関）を通して、鴻池屋喜右衛門に年貢米などの売却金を預け、江戸藩邸への送金を依頼したわけだ。諸藩は、鴻池屋のような有力両替屋を掛屋に任命し、扶持《ふち》（給料）を与えて送金業務を委任していった。

ただし、大坂から江戸への為替送金が広く普及したのは、為替を専業とする為替本両替《かわせほんりょうがえ》が成立した一八世紀中頃である（賀川一九八五）。そこで以下では、一八世紀中頃以降を例に、図4を用いて為替送金を説明したい（以下、丸数字は図4の数字と対応している）。

たとえば、大坂商人が江戸商人に酒を輸送、販売したとする（①）。当然、大坂商人は酒の代金を請求するわけだが、遠く離れた江戸商人が期日までに支払ってくれる保証はないし、

図４　大坂から江戸への為替送金の概念図

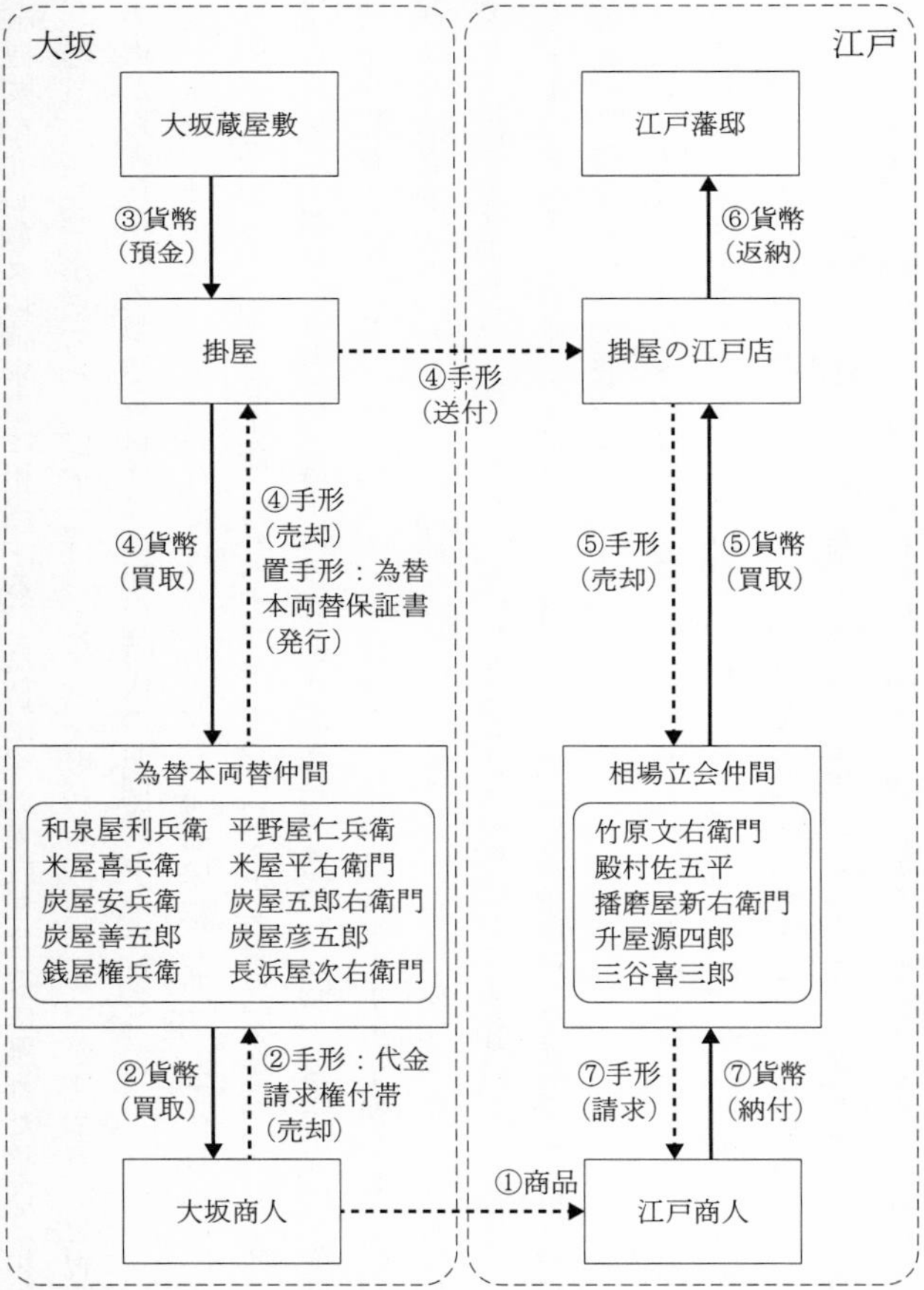

注：為替本両替仲間と相場立会仲間の構成員は、18世紀末時点のもの

そもそも、現金輸送は盗難の危険をともなった。そこで大坂商人は、江戸商人への代金請求権を付帯した為替手形を発行し、為替を専業とする大坂の為替本両替（為替本両替仲間の一員）に為替手形を買い取ってもらう（②）。このとき為替本両替は、為替手形に記載された代金請求額の数％を割り引いて買い取ったか、もしくは、銀貨から金貨へ両替する際の相場を低く見積もって、安く買い取り、差額を手数料として受け取った。

後者が成り立ったのは、大坂では銀貨の単位（匁《もんめ》）が通用し、江戸では金貨の単位（両）が通用していたので、為替手形を大坂から江戸へ送付する場合、匁から両への単位の変更が必要であったからだ。一方、大坂商人は、為替手形を為替本両替仲間に売ることにより、受け取る代金が減額したが、回収の期日を待つことなく、すぐに代金を得ることができた。

このような形で、為替本両替には多数の為替手形が集まった。大坂の掛屋は、適宜、特定の藩の蔵屋敷から金銭を預かり（③）、送金の必要額に応じて為替手形を買い取った（④）。このとき掛屋と為替本両替は、万が一にも江戸で手形が売却できない、つまり不渡りになった場合には為替本両替が弁償するという保証書（置手形《おきてがた》）を取り交わした。

次に掛屋は、買い集めた為替手形を自らの江戸店（または提携先の江戸御用商人）に送付した（④）。そして、為替手形を受け取った江戸店は、為替を専業とする江戸の相場《そうば》本両替（相場立会《たちあい》仲間の一員）に為替手形を売却し（⑤）、金銭を得て江戸藩邸に上納した（⑥）。

一方、相場本両替は、為替手形に記載された代金請求相手（江戸商人）のもとに行って、酒の代金を回収した⑦。相場本両替も、為替本両替と同じように、江戸店から手形を買い取るときには、やや安く買い取って差額を手数料として得たと思われる。

こうして、現金を輸送することなく、大坂蔵屋敷から江戸藩邸への送金と、江戸商人から大坂商人への代金支払いが完了した。

なお、なぜわざわざ為替本両替を挟むのか、掛屋が大坂商人から手形為替を直接買い取ればよいのではないか、という意見もあるかもしれない。江戸藩邸への返納期限があったなかで、掛屋が都合よく大坂商人から送金相当額の為替手形を買い取れたとは限らないし、為替手形を売る大坂商人が見ず知らずの他人であれば、その信用調査も実施する必要があった。為替本両替が為替手形を売る大坂商人たちの信用調査を実施し、随時買い取っていたからこそ、掛屋は送金額に応じて為替手形を買い集めることができた。名のある両替屋から構成された為替本両替であれば、掛屋にとって、当事者同士が「顔の見える」関係であったことも大きい。

以上のようにして、大坂から江戸への為替送金が実現していた。江戸時代では、諸領主の年貢米が集まる大坂から、諸領主の邸宅がある江戸へ多くの送金が必要であった。それに対して、江戸から大坂への代金支払いの流れが常にあったからこそ、図4の送金が可能となった。これは、当時の流通構造をうまく利用した方法だった。

ただし、為替手形による送金は、当事者間の口頭の信用のみで成り立っていたわけではないことに注意したい。掛屋は、為替本両替から、不渡りの場合には弁償してもらうという保証書を得ていた。為替本両替も、大坂商人から為替手形を買い取る際には、同じような保証書を求めたはずである。このように、不渡り時の弁償方法が文書で取り交わされていた。

それだけではない。実際に為替手形が江戸で不渡りになったとしよう。そうすると、為替手形は大坂に返送されて、為替手形の購入者が発行者（売却者）に給付訴訟（貸金回収訴訟）を提起することになる。この場合、大坂の裁判を管轄した大坂町奉行所（幕府の出先機関）は、一般的な給付訴訟よりも二〇日も早く、発行者（売却者）に返済命令を下した。

このように、為替手形の債権保護は一般的な債権保護よりも優遇された。保証書の作成と裁判所による強い債権保護、この両面があってこそ為替送金は円滑に展開した。

幕府公金の為替送金

これまで一八世紀中頃以降を例に、大坂から江戸への為替送金方法を説明してきた。実は御為替組も、この方法を使って幕府公金を送金していた。

前掲の図4のうち、①と②、⑦はまったく同じであり、③から⑥で登場人物にやや違いが

図5　御為替組の幕府公金送金の概念図

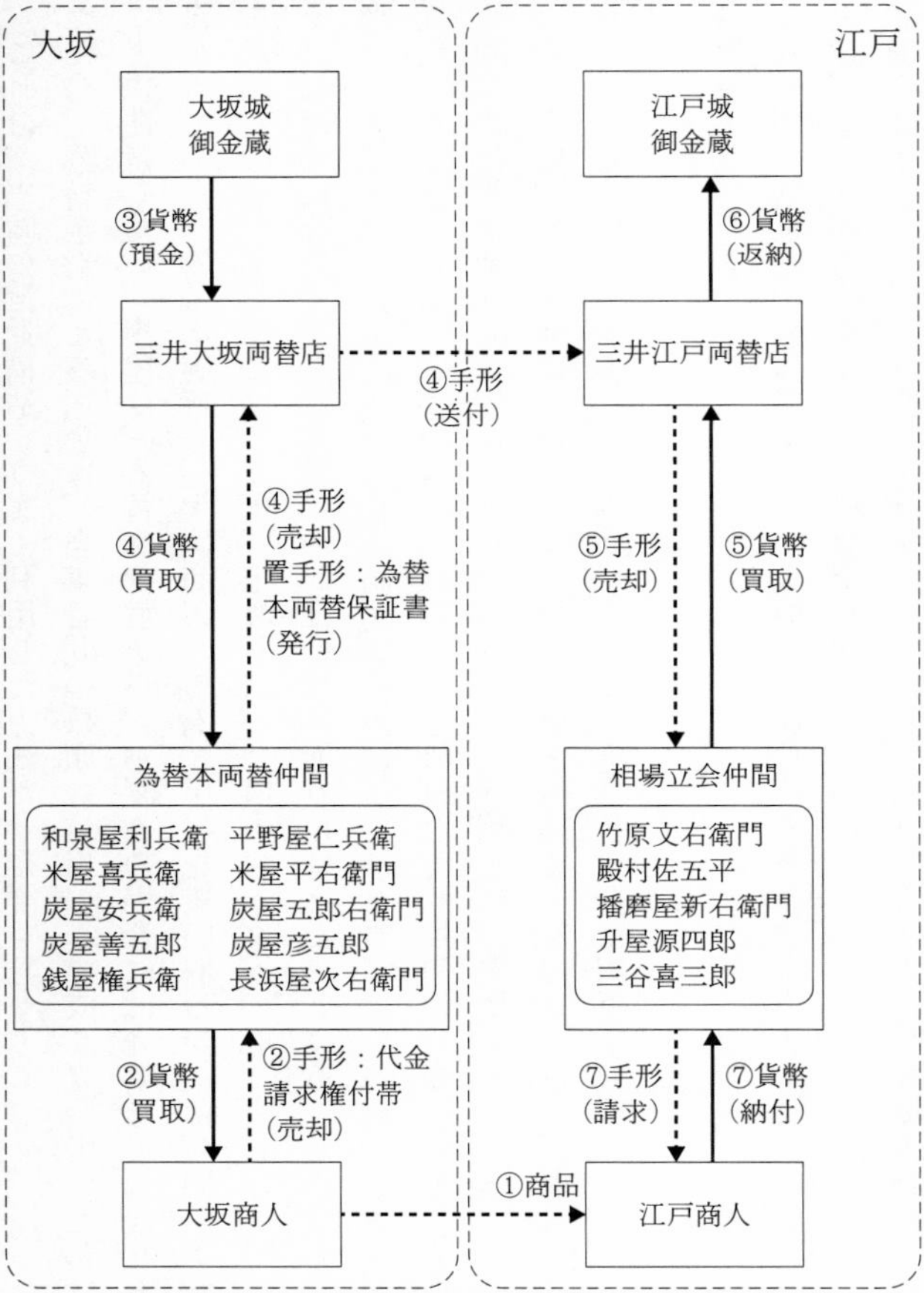

注：為替本両替仲間と相場立会仲間の構成員は、18世紀末時点のもの

ある。重複する部分が多いが、三井組の場合を図5に示した。①と②を省いて説明する。

大坂両替店は、一年に数回、大坂城の御金蔵から幕府公金を預かり（③）、送金の必要額に応じて為替手形を買い取った（④）。このとき大坂両替店と為替本両替は、万が一にも江戸で不渡りになった場合には為替本両替が弁償するという保証書（置手形《おきてがた》）を取り交わした。次に大坂両替店は、買い集めた為替手形を江戸両替店に送付した（④）。そして、為替手形を受け取った江戸両替店は、為替を専業とする江戸の相場本両替（相場立会仲間の一員）に為替手形を売却し（⑤）、金銭を得て江戸城の御金蔵に上納した（⑥）。

ただし、御為替組の送金業務は、掛屋のそれとまったく同じではなかった。掛屋と御為替組の違いは、返納期限の長短にある。

掛屋については、蔵屋敷で金銭を預かってから江戸藩邸に納めるまでの期限が概ね三〇日以内であり、比較的短期間だった（作道一九九八）。これに対し御為替組の場合、幕府公金を預かってから江戸城の御金蔵に納めるまでの期限は九〇日間もあった。次から述べるように、この九〇日という長い猶予期間が、御為替御用を務めることの最大の利点であった。

幕府公金の転用

先の説明では、「大坂両替店は、一年に数回、大坂城の御金蔵から幕府公金を預かり（③）、送金の必要額に応じて為替手形を買い取った（④）」と述べた。しかし実際のところ、大坂両替店は為替手形を幕府公金で買い取ったとは限らず、基本的には営業の利益金、つまり私金で買い取ったと思われる。なぜなら、多くの場合、預かった幕府公金はそのまま貸付に回されたからだ。

図6をみてみよう。大坂両替店は、幕府から公金を預かったあと（①）、大坂（あるいは大坂周辺）の顧客に幕府公金で融資した（②）。この元金の返済期限は約六〇日から半年であり、一年を超える場合もあった。顧客は、利子を添えて、返済期限までに大坂両替店に元金を返済した（③）。これと並行して大坂両替店は、適宜、九〇日間の返納期限に合わせて、送金額に相当する為替手形を為替本両替から買い集めていた。

幕府としては、どんな金であろうが、期限までに江戸御金蔵に金が返納されていればいいので、それが守られていれば、大坂両替店がどのように運用したとしても深く追及しなかった。銀行業が貸付元金の確保に苦慮するのは、今も昔も変わらない。大坂両替店は、幕府公金を九〇日間、無利息で預かり、それを融資に回せた点で、極めて有利な位置にあった。

ただし、大坂両替店は好き放題に幕府公金を融資できたわけでもなかった。幕府に黙認されるためには、相応の工夫が求められた。たとえば②の時点では、大坂両替店は、あくまで顧客から為替手形を買い取る体裁で融資した。万が一、幕府に追及されても、「お預かりし

図6　三井の延為替貸付と幕府公金送金の概念図

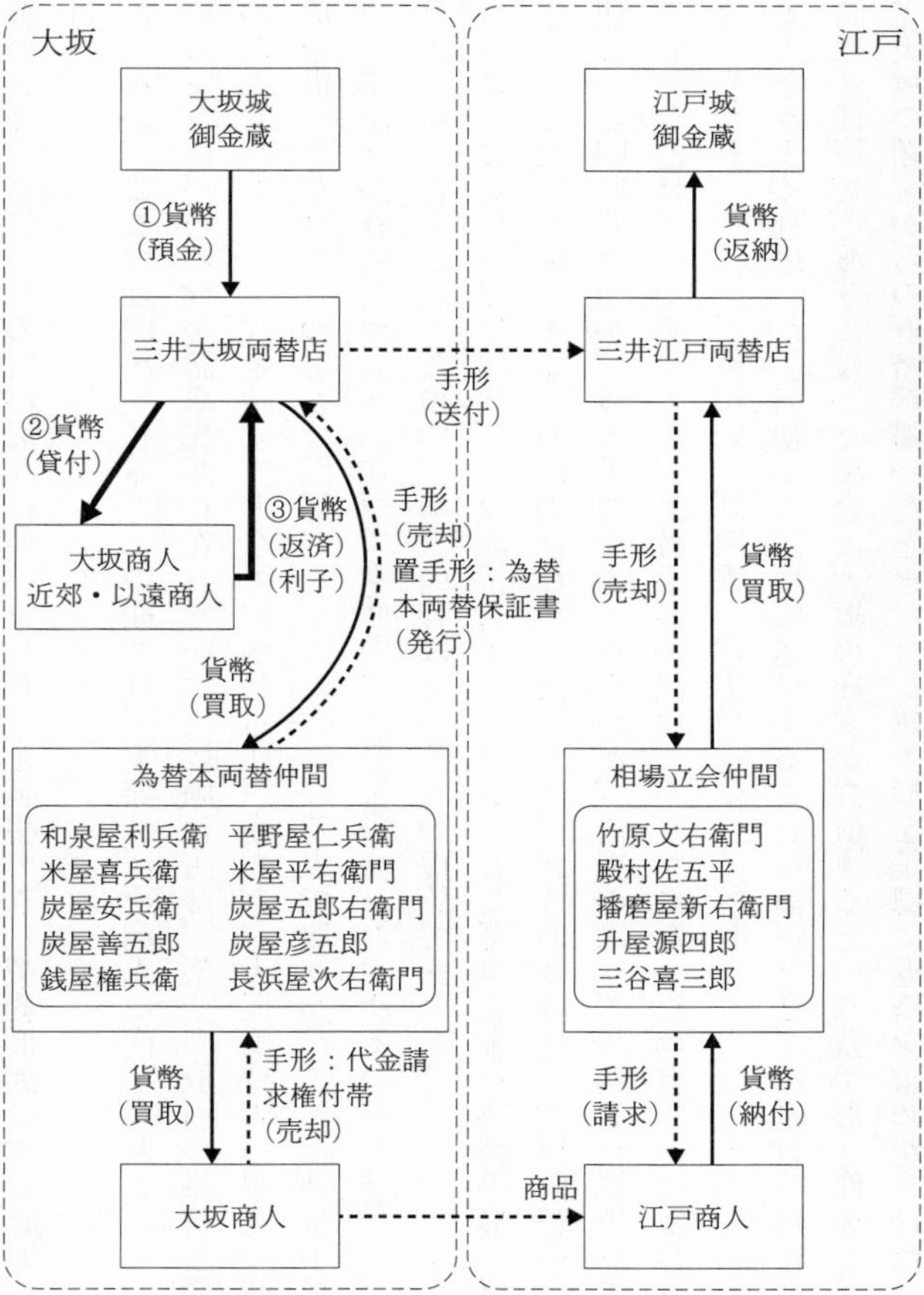

注：為替本両替仲間と相場立会仲間の構成員は、18世紀末時点のもの

た幕府公金を為替手形の買い取りに使いました」と証明できる契約形態にする必要があったわけだ。

ところが、ここで疑問が生じる。この顧客は、実際に江戸商人に商品を販売したわけではないので、江戸での代金請求先が存在しない。大坂両替店は、架空の取引の為替手形を買い取ったようなものだ。代金請求先として記される江戸商人も、大坂両替店の懇意の商人から名前を借りただけで、顧客とは関係がなかった。②の時点で取り交わされた為替手形は、江戸での不渡りが確定しており（江戸での商品の売買が裏づけに存在するわけではなく）、江戸に送付されることもなかったので、その内容はまったくの虚偽であった。

このように為替手形自体は、大坂両替店が「お預かりした幕府公金を為替手形の買い取りに使いました」と証明するものに過ぎなかった。では、どういう論理で大坂両替店は融資金を顧客から回収したのか。最も重要であったものが、前掲の図4で説明した置手形である。

一般的な為替契約であっても、為替手形が江戸で不渡りになった場合、その為替手形の発行者（売却者）が弁償するという証明書（置手形）が取り交わされた。大坂両替店は、この仕組みをうまく利用した。当初から江戸に送付することを前提とせずに為替手形を作成し、同時に、江戸で不渡りになった場合に大坂の顧客が弁償するという置手形も作成した。そして、大坂の顧客からの返済が滞ったときには、置手形を証拠に返済を求めたわけだ。

延為替貸付

以上から大坂両替店は、幕府公金を融資に転用するにあたって、幕府公金為替に偽装（正確には擬制《ぎせい》）していたことがわかる。この融資方法を当時の言葉で、延為替貸付といった。しかし先述したように、幕府公金の返納期限は大坂両替店が預かってから九〇日であった。しかし実際には、大坂両替店は適宜、別口で手形為替を買い集めて送金し、幕府公金については元金回収まで半年、一年間も顧客に融資していた。「延《のべ》」とは長期間という意味合いが強い。

大坂両替店が幕府公金為替に偽装したのは、幕府からの追及をかわすためであったが、もうひとつ重要な利点を持っていた。大坂両替店が幕府公金為替の体裁で融資しておくと、顧客の滞納で給付訴訟を提起した場合、幕府から様々な恩恵を得られたからだ。

ここで、江戸時代の法制について簡単に説明する。

江戸時代の場合、京都町奉行所や大坂町奉行所などの遠国《おんごく》奉行所の裁判管轄下では、幕府中央法である江戸の法制とは異なる法制の運用が認められていた。大坂町奉行所における法制（大坂法）は、都市大坂の商業取引の発達、町人社会の隆盛を背景として形成されたもので、江戸の法制とは異なる、独自の先進的な性格を持つものであった。とくに享保七年（一七二二）以降には、大坂町奉行所は大坂だけでなく、支配国と呼ばれる摂津《せっつ》・河内《かわち》・和泉《いずみ》・

播磨《はりま》の民事訴訟一般も管轄した（神保二〇二一a）。なお、畿内は、概ね中小藩領や幕府領などが入り交じった支配錯綜地帯であったから、支配国内で原告と被告の領主が異なる場合もしばしばみられ、その場合には大坂町奉行所が民事訴訟を管轄した（小倉二〇一一）。したがって、大坂両替店が給付訴訟を提起した場合、原則として大坂町奉行所が裁判を管轄した。

では、このような法制のもと、幕府公金為替に与えられた裁判上の恩恵とは何か。

債権保護である。とくに大坂町奉行所は、優先裁許、返済期日の最短固定、返済期日の即日命令などによって、幕府公金為替の債権を強く保護した。幕府は、大坂から江戸への幕府公金の送金を第一に考えたから、幕府公金で買い取った為替手形が江戸で不渡りになった場合、為替手形の発行者（売却者）に対し、迅速かつ優先的に期日付きの返済命令を下した。つまり大坂両替店は、裁判上の恩恵を得るために幕府公金為替の体裁をとったわけだ。

しかも、一八二〇年代以降の場合、大坂町奉行所は借主（被告）を何度も呼び出し、細かい指示や叱責《しっせき》をしながら、なるべく示談成立を促す運用をとった。示談というと、あまり聞こえがよくないかもしれない。しかし当時、大坂町奉行所が迅速に財産差し押さえを執行したとしても、財産の隠匿や過少報告が横行していたので、大坂町奉行所から執拗《しつよう》に返済を促してもらったほうが、結果として大坂両替店の回収額が増えることも多かった。当然、借主にとってはこの運用は煩《わずら》わしいので、借金の一部を早々に返済する誘因になったに違いない。

延為替貸付については、大坂両替店を通して幕府公金を受け取った京都両替店も広く展開した（賀川一九八五）。京都町奉行所は、大坂町奉行所と同様に幕府公金為替の債権を厚く保護したから（宇佐美二〇〇八）、京都両替店も、幕府公金為替に偽装しつつ、延為替貸付として幕府公金を融資に転用した（賀川一九八五）。三井の掟書では、延為替貸付の偽装方法は門外不出とされていたが（中井一九六一）、実は他の御為替組も偽装していた。現状、信用調査書類から、十人組の島田や竹川が延為替貸付をおこなっていたことを確認している。

本来、大坂両替店をはじめとする御為替組は、幕府公金為替の取り組み額と取り組み相手を大坂町奉行所に報告していた。幕府公金で、どれくらいの為替手形を誰から購入したか、逐一報告の義務を負っていたことになる（当然、実際は為替手形を買い取る体裁で融資に転用した）。これにより御為替組は、預かった幕府公金よりも多く、融資に転用できないようになっていた。ところが、幕府の人事交替の混乱に乗じて、宝暦一二年（一七六二）分以降についてては、御為替組が個々の取り組み額と取り組み相手を非公開にすることに成功した。

これは延為替貸付の拡大に寄与した。なぜなら、幕府に個々の取り組み額と取り組み相手を報告しなくてもよくなったということは、御為替組が預かった幕府公金の額を超えて、自己の私金を幕府公金為替として融資しても、幕府から追及される心配がなくなったからだ。寛政元年（一七八九）には、取り組みの総額さえも、大坂両替店は大坂町奉行所に報告しなくなった。こうして大坂両替店は、債権保護の極めて厚い延為替貸付を広く展開できた。

なお、顧客側からみて、債務不履行（返済不能）時に財産差し押さえの可能性が高い延為替貸付を受ける利点は何だったか。この点、延為替貸付の場合、金利が安かったことが重要である。貸主としては、回収可能性が高くなるので、安心して金利を下げることができ、借主としては、財産差し押さえの可能性が高くなるので、低利でなければ融資契約に合意しなかったはずだ。したがって、顧客の利点としては、（大名貸ほどではなくとも）比較的大口、かつ低利の融資を得られることにあった。

実際、法による債権保護が強くなると、金利が下がることについては、筆者と中林真幸が農村部の例で提示したことがある（Mandai and Nakabayashi 2018）。天保《てんぽう》一三年（一八四二）、江戸北町奉行の遠山景元《とおやまかげもと》（一七九三〜一八五五）も、債権保護の厚い金銭貸借契約については、通常のそれよりも金利が低いとの認識を持っていたことがわかっている（石井一九八二）。

3　多様な融資方法

延為替貸付のほかには、家質貸《かじちかし》と質物貸《しちもつかし》があった。家質貸と質物貸は、三井のような特権的商人に限らず、誰でも契約を結べる融資方法だ（ただし、家質貸と質物貸の場合、連帯保証人としての町役人《ちょうやくにん》の奥印が必要で、相応の交渉費用がともなった）。家質貸と質物貸の違いは、借主が貸主に提供する担保の違いにある。家質貸は、借主の家屋敷（不動産）を担保とし、質物貸は、借主の品物（動産）を担保として金銭貸借契約を結ぶ方法である。

煩雑を避けて説明を省いたが、延為替貸付の場合にも、契約を結ぶ際に借主が貸主に担保を提供した。ただし、延為替貸付の担保は、売却・譲渡できて相応の価値があれば何でもよかった。不動産、動産、他者に譲渡可能な債権など、担保は多種多様であった。

債権保護の違い

延為替貸付と家質貸、質物貸の債権保護の違いについて簡単に触れておく。

延為替貸付（幕府公金為替）の債権保護は強かったから、大坂町奉行所は借主に対し迅速かつ執拗に返済を命じた。担保がどのようなものであっても、期日までに借主が返済できない場合には、その担保を他者に売却し返済金を用意させるか、大坂両替店に譲渡させた。それでも完済に至らないときには、財産差し押さえ命令が下った。このとき、借主の財産は町役人らの立会のもとで他者に売却され、原則としてその売却金が大坂両替店に渡された。

しかし、延為替貸付の強力な債権保護も、唯一、対抗できない権利があった。これこそが先取特権《さきどり》だ。先取特権は、家質貸と質物貸に付帯した権利のことで、優先弁済権ともいう。

たとえば、原告（貸主）が被告（借主）に給付訴訟を提起し、被告が大坂町奉行所から財産差し押さえ命令を受けたとする。本来ならば町役人らの立会のもと、被告が自らの財産を売却し、この売却金を原告に引き渡したはずだ。ところが、財産の一部に先取特権が設定されていた場合、その財産は、第三者の先取特権者（家質取り主、あるいは質物取り主）に現物のまま引き渡された。原告は、第三者に先取された財産を諦《あきら》め、残りの財産の売却金を受け取るしかなかった。

延為替貸付の返済滞納で大坂両替店が給付訴訟を提起し、大坂町奉行所から迅速かつ優先的に財産差し押さえ命令が下ったとしても、借主の財産の一部に先取特権が設定されていれば、その財産は差し押さえの対象外であった。だからこそ、のちの第3章で詳述するように、顧客の財産に先取特権が設定されていないかの調査を大坂両替店はおこなったわけだ。

大坂両替店にとっての延為替貸付の利点は、借主が返済できなかった場合、先取特権が設定されていない限り、借主の財産を迅速かつ優先的に総取りできた点にあった。一方、顧客の持つ財産の一部が非常に魅力的で、借主が返済できなかった場合にその財産を必ず確保したいときには、大坂両替店は家質貸か質物貸を選択した。これら家質契約と質物契約には、財産の一部に先取特権を設定できたからだ。

延為替貸付の債権保護が「面」に広く強く及ぶものとすれば、家質貸と質物貸は無敵の

図7　大坂両替店の延為替貸付元金、家質貸元金、質物貸元金

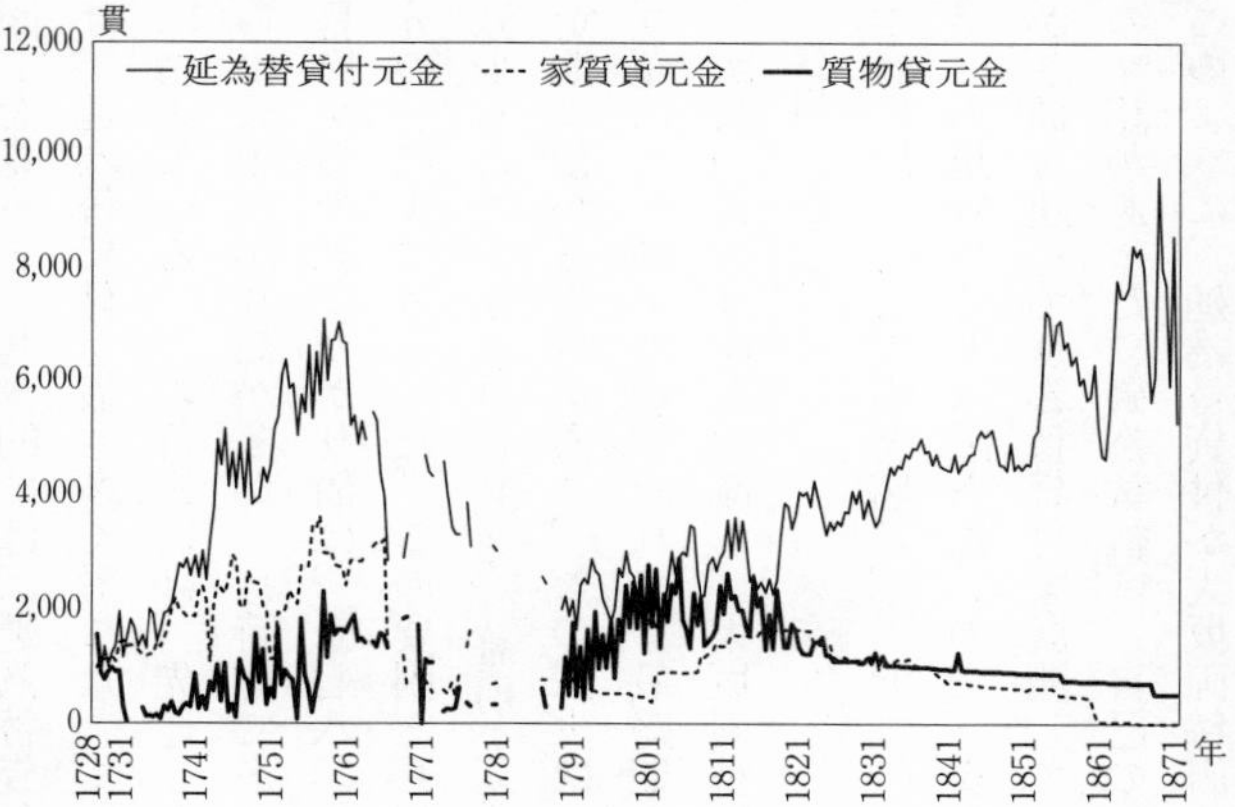

「点」の一点突破であった。

延為替貸付の推移

さて、前提の説明に紙幅を費やしてしまったが、ここでは、大坂両替店の延為替貸付、家質貸、質物貸の量的推移を確認してみたい。

まず、図7にそれぞれの貸付元金を示した。これは、利息を除く元本《がんぽん》債権を示し、その時点で大坂両替店に返済されていない分だ。三井の場合、貸借対照表と損益計算書から成る勘定《かんじょう》目録《もくろく》は、七月と一二月に作成された。したがって、勘定目録を分析することにより、七月、一二月時点で大坂両替店が有した資産（債権や不動産）を把握することができる。このような理由から、図7には、判明する限り半季ごとに示している。

図7を見ると、基本的には、延為替貸付元金が多くを占めていたことがわかる。大坂両替店は、延為替貸付を最も多くおこなっていた。とくに一七四〇年代には、延為替貸付が爆発的に増えている。この背景には、先述したように貨幣改鋳による景気好転があったが、幕府からの公金預かり額が多かった時期であったことも大きく作用した。

幕府からの公金預かり額は、一七八〇年代中頃を境に減少し、一七九〇年代には最盛期の八分の一にまで減少した。この要因として、京都や大坂での出費が増大し、江戸への送金額が減少したことがあげられる。幕府公金の預かりには、御為替組が定期的に預かる定式《じょうしき》と、不定期に預かる臨時があり、この減少は定式の場合だ。したがって臨時を含めると、公金預かり額はやや増えたが、それでも最盛期の六分の一に過ぎない。とくに一八二〇年代以降には、臨時の預かり額も激減し、大坂両替店が預かった額は半年で銀五〇〇貫目にしかならない（賀川一九八五）。

これに反して大坂両替店は、一七九〇年代以降も延為替貸付を拡大していた。図7の貸付元金は新規貸付分とは限らないので、安易な比較はできないが、それでも大坂両替店が公金預かり額を超えて延為替貸付を展開していたことは理解できる。この背景には、大坂町奉行所の黙認があった。御為替組は、自己の私金を幕府公金為替として融資できたからだ。

このように、延為替貸付が大坂両替店の主力であったことは間違いない。ただし、それに追随した家質貸と質物貸の存在も無視できない。

家質貸の推移

家質貸は、一七六〇年代末までは、大坂両替店の第二位を占める融資方法であった。ところが、明和五年（一七六八）には民間による家質奥印《かじちおくいん》差配所《さはいじょ》が設置され、家質貸は減少傾向に転じた。差配所の設置により、家質契約には差配所の奥印が必須となり、契約者は奥印を得るたびに手数料を納めることになったからだ（宮本一九八五）。

こうして家質契約を結ぶたびに余計な費用を要することになったので、家質契約の数や機会が減少した。家屋敷を担保とする金融が縮小した結果、家屋敷自体の価値も低下した。このような事態は町人たちの反発を招き、安永《あんえい》四年（一七七五）に差配所が廃止されたが、幕府は差配所から税収を得ていたので、それに代わる別の冥加金《みょうがきん》を町々に課した（宮本一九八五）。これは新たな課税となったから、結局、家屋敷の価値に悪影響を与えた。家屋敷の値段に新規課税分が上乗せされ、そこから得られる賃料の収益率が低下したからだ。この要因については、当時、家屋敷を借りて住む借家人《しゃくやにん》は流動的であり、家持《いえもち》は容易に家賃を増額できなかったことも背景にあった。

家質貸は、借主が多重債務者であっても、債務不履行の場合には、貸主が必ず担保の家屋敷を受け取れることに利点があった。しかし、家屋敷の価値が低下した結果、家屋敷を差し押さえても収益率が低く、空室率が高ければ赤字の可能性さえあった。さらには、ひとたび被災すると、修復に膨大な出費が生じた。かつて渡辺尚志（一九九四）が江戸周辺の豪農の例で明らかにしたように、家屋敷の賃貸経営は容易ではなかった。

よって大坂両替店は、差し押さえても所有する価値があると判断した家屋敷のみ、家質貸として担保にとったことになる。家質貸の縮小は、契約相手を選び抜いた結果だ。

質物貸の推移

一方、質物貸は、一七八〇年代まで大坂両替店の第三位を占める融資方法であったが、一七九〇年代以降には延為替貸付に匹敵するほどの規模に増加した。この背景には、入替両替《いれかえ》たちへの巨額の融資があった。

入替両替は、米切手《こめきって》（諸大名が発行した米の引換券）を担保に融資した両替屋だ。享保一五年（一七三〇）に堂島米市場《いちば》が公認されたあと、米仲買たちが将来的な米価の高下を予想して米切手を売買する正米商内《しょうまいあきない》が盛んにおこなわれた。ただし、米切手は一枚当たり米一〇石（約一・五トン）との交換を約束する証券であったから、米仲買が正米商内に参加するには多額の資金を要した。そこで、米仲買に資金融通したのが入替両替だ（高槻二〇一二）。

当然、多数の米仲買に資金を貸与した入替両替にも、多額の資金が必要だった。とくに米切手一〇枚の束は「丸物《まるもの》」の切手、その売買は「丸物」商《あきな》いと呼ばれたが、この「丸物」の切手を担保に資金融通する入替両替は、莫大な元手金を要したから、潤沢な資金源を有した六名に限られたという（石井二〇〇七）。六名は、鴻池屋庄兵衛《しょうべえ》、加島屋《かじまや》（長田《おさだ》）作次郎《さくじろう》、加島屋（長田）作五郎《さくごろう》、米屋伊太郎《いたろう》、天王寺屋弥七《てんのうじややしち》、島屋利右衛門《りえもん》から成った。

実は、この六名に融資していたのが大坂両替店だ。六名への融資は大口取引であり、しかも取引が頻繁であったから、大坂両替店は多額の利息収入を得た。

しかし、この多額の利息収入も長くは続かなかった。一八一〇年代前半、肥前佐賀《ひぜんさが》藩と筑《ちく》後久留米《ごくるめ》藩が米切手の過剰発行で取り付け騒ぎを起こし、筑後米切手と肥前米切手の価値が暴落した。入替両替の六名は、多くの場合、筑後米切手と肥前米切手を担保として米仲買に融資していたから、多額の損失をこうむった。

大坂両替店の六名への融資金についても、回収が滞った。文化《ぶんか》一二年（一八一五）には、大坂両替店が加島屋作次郎、天王寺屋弥七、島屋利右衛門への融資金（合計銀九〇〇貫目）をやむなく無利息に切り換え、一年ごとに少額を返済させることにした。

これを教訓としてか、大坂両替店は入替両替への融資を縮小し、一八三〇年前後には新規融資を停止した。一八三〇年代以降にも質物貸元金が多くみられるのは、三名の少額返済が

図8　大坂両替店の延為替貸付利息金、家質貸利息金、質物貸利息金

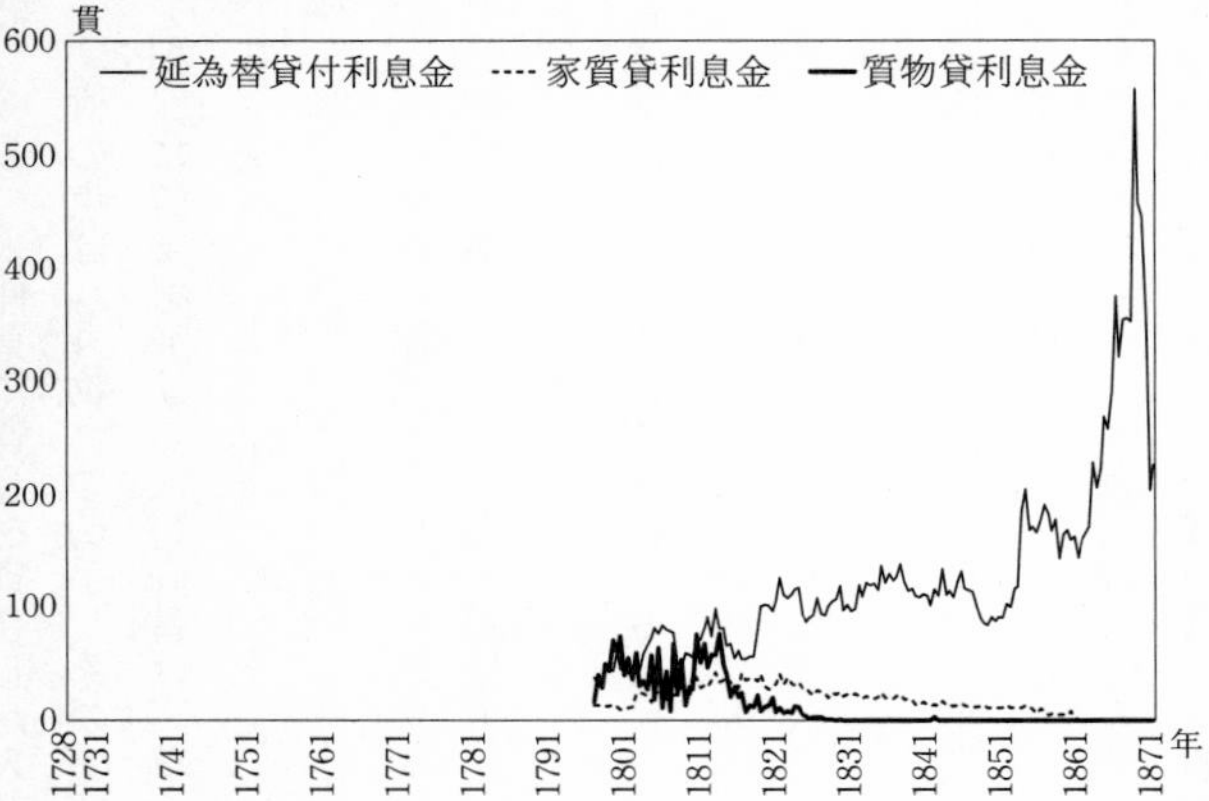

続いていたからに過ぎない。

以上のように、家質貸と質物貸が重要な位置を占めた時期もあったが、これらは政策の変化や事件の発生により、大きく左右されがちだった。対して、延為替貸付は安定的かつ順調に拡大した。幕府公金為替を認められた大坂両替店だからこそ可能な経営であった。

なお、貸付元金だけでなく、実際の利息収入の内訳も確認しておく。利息収入の内訳は、寛政九年（一七九七）の秋季からしか判明しないので、これ以降を半季ごとに図8に示した。図8を見ても、やはり延為替貸付の利息収入が群を抜いていたことがわかる。大坂両替店の業績回復と成長を大きく支えたのは、延為替貸付の拡大であった。

第2章　組織と人事

1　店舗の立地とそれを取り巻く経済状況

大坂の店舗と居住空間

大坂の概略図は、図9に示した。

大坂が都市として本格的に出発したのは、天正《てんしょう》一一年（一五八三）の大坂城の築城にともなう城下町の建設からである。当初の城下町は概ね上町《うえまち》台地と天満《てんま》地域の一部であったが、慶長《けいちょう》三年（一五九八）には大坂城三の丸の整備がはじまり、北船場《きたせんば》の一部が開発された。慶長五年（一六〇〇）には阿波座堀《あわざぼり》と西横堀《にしよこぼり》、慶長一七年（一六一二）年には道頓堀《どうとんぼり》（もとの名は南堀）の開削《かいさく》がはじまった。こうして一七世紀半ばには、ほぼ図9のような姿になったという。なお、寛永一一年（一六三四）には、将軍家光《いえみつ》が大坂町人に対し地子銀《じしぎん》（固定資産税に相当）を免除した（内田一九九三、塚田二〇〇二、大澤二〇一九）。

江戸時代の大坂は、北組・南組・天満組の三組にわかれていた。天満組は、図9の天満地域に相当する。一方、北船場と南船場を区分した本町《ほんまち》通りが東西に走っており、これをだい

図9　近世大坂の概略図

注：吉田編（1992）の「都市図集」および岩田（1993）の第1図の一部を加工、削除して作成

たいの境として北側が北組、南側が南組に属した。三組を総称して大坂三郷《さんごう》と呼ぶ。

都市の基礎行政単位は町《ちょう》であり、概ね、町は道路を挟んだ両側のひとつのまとまりだ。町の一例として、高麗橋一丁目の一部を図10に示した。南北に八百《やお》屋町筋《やまちすじ》と堺筋が通り、東西に高麗橋通りが走る。高麗橋通りを挟んだ両側が高麗橋一丁目の一部だ。これ以外の

図10　高麗橋1丁目　慶応3年（1867）4月

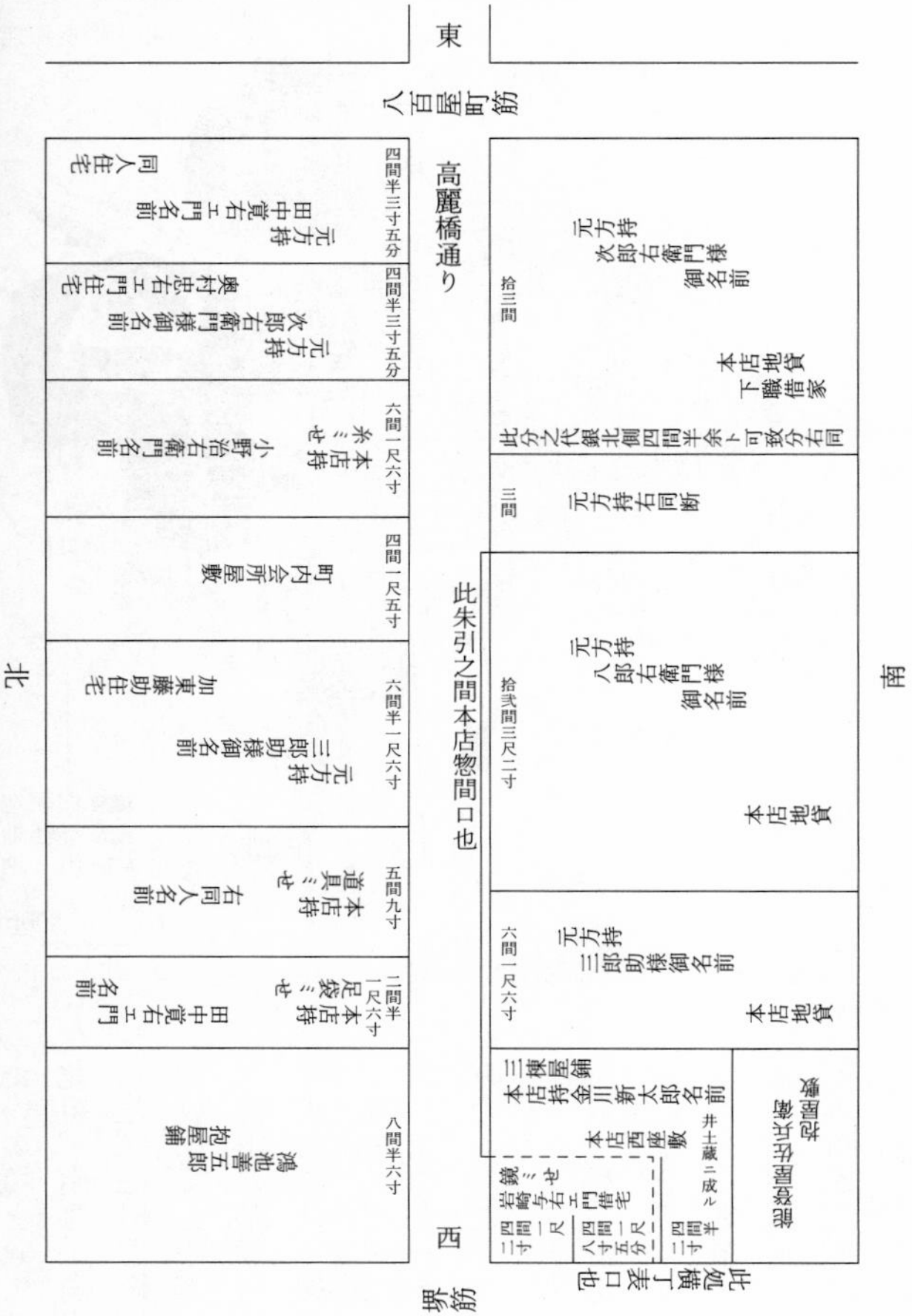

高麗橋一丁目は、八百屋町筋から東へ、東横堀川に突き当たるまで続いた。

ここで商店街を想像してもらいたい。高麗橋通りを西から東に歩き、左右にみえるのが様々な店舗だ。道路に面した家屋《かおく》（店舗）を表店《おもてだな》といった。図10には「此朱引之間《このしゅびきのあいだ》本店《ほんだな》（呉服店）惣間口也《そうまぐちなり》」とあるが、ここが三井大坂呉服店の表口であり、出入口の暖簾《のれん》をくぐると竹が植えてあった。この竹を境に東西に売場があり、両売場で奉公人が接客したという。

三井大坂呉服店の東隣も三井（大元方）が所有したが、ここには三井大坂呉服店に出入する職人たちが居住した。職人たちは三井から家屋を借りて住む借家人《しゃくやにん》であり、その多くは衣服の裁ち縫いや縫い直しをする仕立屋《したてや》であったようだ。三井大坂呉服店の向かい側、つまり北側には、三井の別家が営む糸店や道具店、足袋《たび》店があった。別家《べっけ》とは、奉公人が雇用者の主家《しゅけ》から独立を許され、暖簾わけして自ら店舗を構えた者のことだ。彼らも、三井から家屋を借りて商売を営んだ。三井とその別家がほぼ独占した図10の一帯は、『浪華百事談《なにわひゃくじだん》』に次のように記される。

この店（三井大坂呉服店）の他に優れるところは、〔三井大坂〕呉服店の向かい北側には〔堺筋より八百屋町筋まで〕支店が軒《のき》を並べ、糸店、鼈甲《べっこう》店、紙店、紅白粉《べにおしろい》店、塗《ぬ》り道具店、また堺筋の角の小家に鏡店があって、婦女、嫁入りの拵《こしら》え（身じたく、準備）はこのところに来ればことごとく皆揃《そろ》うようになっていた。

これを記載した『浪華百事談』は、作者不詳ながら、明治二五〜二八年（一八九二〜九五）頃に幕末維新期の大坂の様子を回顧したものとして知られる。三井大坂呉服店の向かい側が本当に「支店」であったかについては留保が必要だが、少なくとも嘉永四年（一八五一）には、三井大坂呉服店が「向《むかい》五軒」から諸品の仕入れをしていたことが判明している。いずれにしても図10の一帯は、衣服や装飾品、化粧道具が一度に揃う著大な繁華街であったようだ（松本一九七五）。

ただし、ここで注意すべきは、図10に示した所有者（「〇〇名前」）ごとの区画に、それぞれひとつだけ家屋があったとは限らないことだ。多くの場合、それぞれの区画のなかには、複数の家屋、土蔵《どぞう》、共同設備（路地や井戸、雪隠《せっちん》）があり、この区画全体を家屋敷《いえやしき》（町《まち》屋敷）といった。一例として、大坂両替店が所有、管理した北富田屋町《とんだやちょう》（現大阪市西区で、本来は北を冠しないが、便宜上、北富田屋町とする）の一区画を図11に示しておいた。

北富田屋町は西船場の南端に位置し、長堀《ながほり》川と接した町だ。大坂両替店は、享和元年（一八〇一）以降、北富田屋町の一画をすべて所有し、その表口は合計四六間六寸（京間で一間は約一・九七メートル、よって約九三・四メートル）に及んだ。

図11　北富田屋町　文化7年（1810）12月

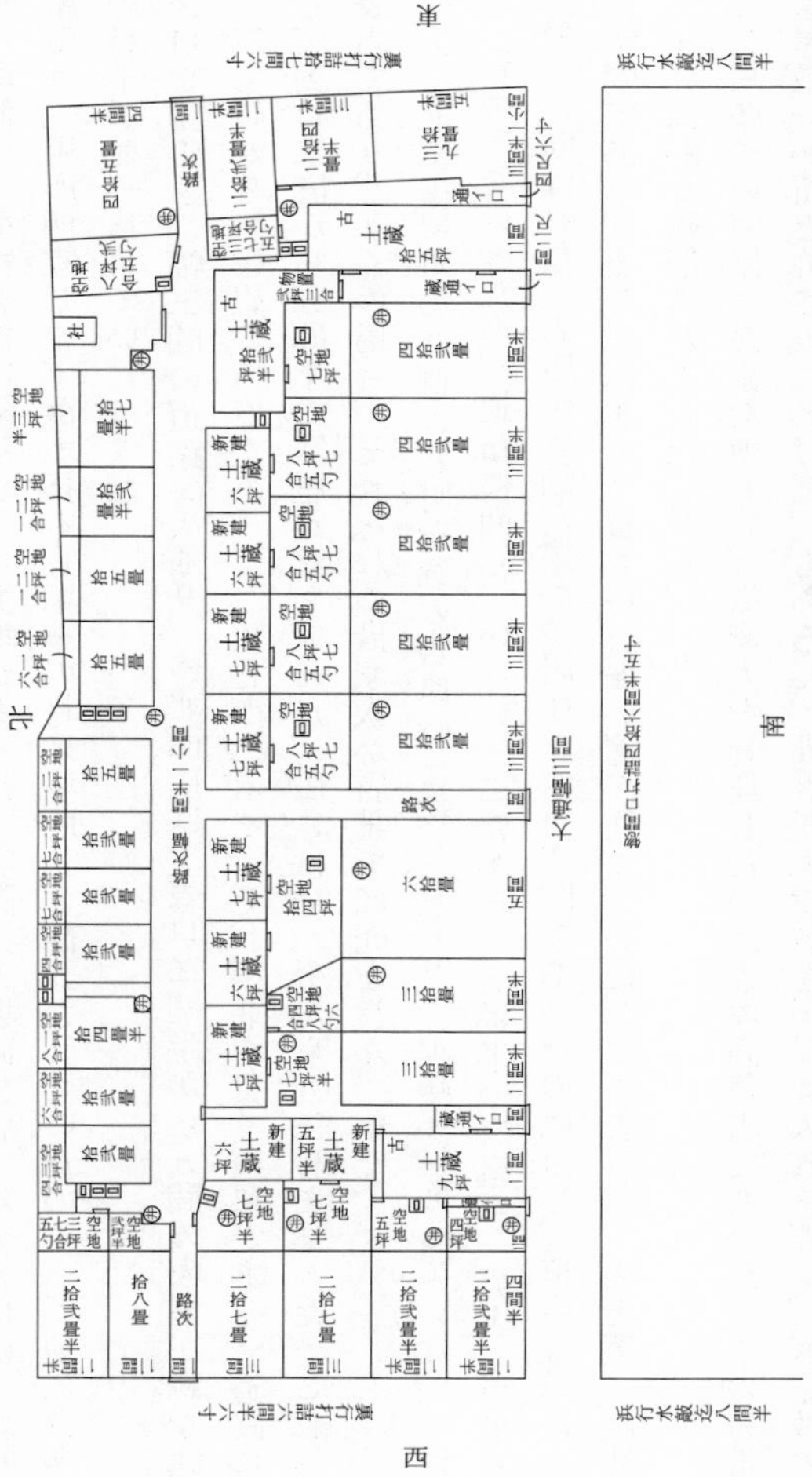

北富田屋町の場合、道路の南側は長堀川であったから、道路の両側に町があったわけではなく、南側には荷物を揚げ降《あお》ろしする浜地があった。実際、大坂両替店の奉公人には、北富田屋町は「場所柄宜《よろ》しく、浜地抔《など》も長堀一の材木場所」と認識されていたので、浜地には多数の材木が並べられていたはずだ。

図11を見ると、幅三間の道路（大通り）の北面には、表口二間半から五間の家屋が軒《のき》を連ね、三〇畳から六〇畳の広さがあった。東と西にもそれぞれ南北を貫く道路があり、道路に面して表口二間から五間半の家屋が建ち並んだ。広さは一八畳から九三畳であった。これらが表店であり、多くの場合、それぞれの借家人が店舗で商売を営んでいた。

一方、北富田屋町の北側は新町遊廓《しんまちゆうかく》の吉原町《よしわらちょう》に接しており、道路には面していなかった。路次《ろじ》（路地）を入った奥、道路に面していない一二畳から一七畳半の家屋は、裏店《うらだな》（裏借家、裏長屋《ながや》）と呼ばれた。表店が店舗営業かつ居住をする空間であったのに対し、裏店は単なる居住空間であり、そこにはおもに貧しい日雇い層が住んでいた。このように、表と裏では社会的・経済的な階層差があった（谷二〇〇五）。

これら多くの家屋や設備を所有し、借家人を管理したのが大坂両替店であった。この一帯が家屋敷一か所と称されたわけだ。もちろん、顧客が家屋敷を担保に入れる際も、家屋敷の区画内には複数の表店や裏店、設備がある場合が多かったことに注意しておきたい。

家屋敷の所有者は家持《いえもち》と呼ばれた。家持は町人であり、町運営に参加する権利と義務を有した。逆に家屋敷を持たない借家人は、厳密にいえば町人ではなく、町の寄合などに参加できなかった。町には町人から選ばれた町年寄《ちょうどしより》がおり、町年寄は町人たちの代表、かつ町自治の中心として存在した。町年寄の補佐役が月行司《がちぎょうじ》で、基本的には、家持二名が毎月交替で月行司を務めた。家持がその町に住んでいない場合、代理人として家守《やもり》が配置された。家守は、他町・他国住みの家持の代わりに家屋や借家人の管理に携わった。町人と家守は近隣の者同士で五人組を構成し、五人組は相互監視機能や相互扶助機能を備えた（塚田一九九六）。

三井大坂両替店の立地

次に、三井大坂両替店の位置を確認する。

図12に高麗橋三丁目の絵図を示した。東に中橋《なかばし》筋、真ん中に栴檀木《せんだんのき》筋、西に丼池《どぶいけ》筋がそれぞれ南北をつらぬき、東西に高麗橋通りが走る。中橋筋より東に進むと、高麗橋二丁目、さらに一丁目にたどり着く。北側には、水道と小路を隔《へだ》てて今橋《いまばし》二丁目と尼崎町《あまがさきちょう》一丁目が隣接し、南側は水道を隔てて本天満町《もとてんまちょう》に隣接した。北の裏側に小路があったのが特徴的である。

図12でいうと左上、つまり北東の角に店舗を構えたのが三井大坂両替店だ。高麗橋通りに

図12　高麗橋３丁目　安政３年（1856）５月

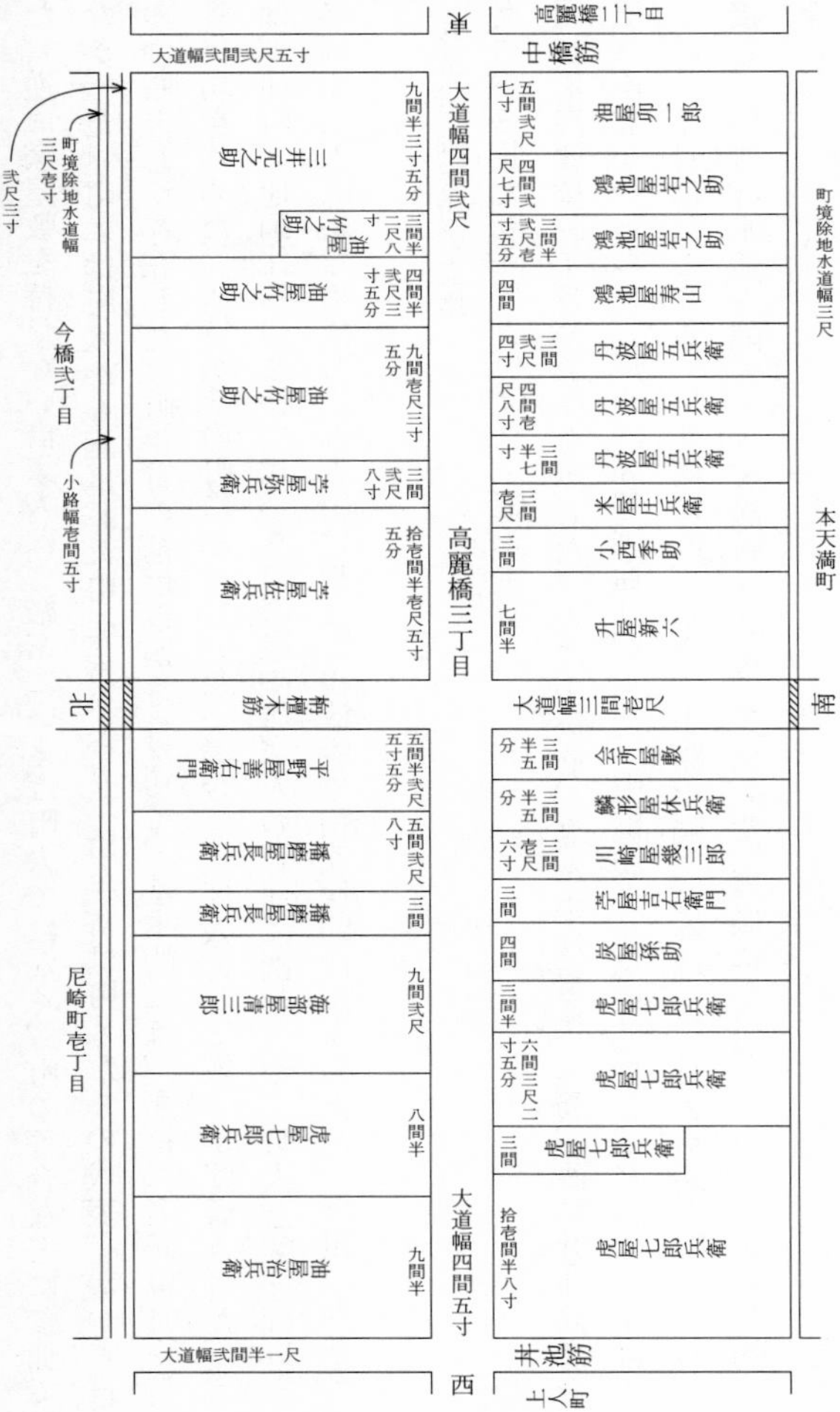

注：賀川・樋口（1983）の「高麗橋３丁目の屋敷図（安政３年）」の一部を参考に作成

面した表口は九間半三寸五分（約一〇・八メートル）であり、中橋筋に面した裏行《うらゆき》（奥行《おくゆき》ともいう）は二〇間（約三九・四メートル）であった（賀川・樋口一九八三）。現在は高麗橋三丁目ではなく高麗橋二丁目に名称を変更しているが、ここは、令和四年（二〇二二）一二月に営業を終了した三井ガーデンズホテル大阪淀屋橋があったところだ。

高麗橋三丁目は、いわゆる「銀行街」というわけではなかった。図12にみえる苧屋《からむしや》弥《や》兵《へ》衛《え》と苧屋佐兵衛《さへえ》は麻苧《あさお》（麻糸《あさいと》）屋、虎屋七郎兵衛《とらやしちろべえ》は菓子《かし》屋（饅頭《まんじゅう》・羊羹《ようかん》屋）として有名だ。とくに虎屋の場合、一八世紀末刊行の『摂津名所図会《せっつめいしょずえ》』に「虎屋饅頭纔《わず》か五文《ごもん》、店前《たなさき》終日《しゅうじつ》百花群《ひゃっかむら》がる」とあるほど盛況であった。一方、高麗橋三丁目で本両替《ほんりょうがえ》（おもに金銀を取り扱った両替屋）仲間に属したのは大坂両替店（三井元之助）だけであり、三井以外の巨大店舗は、苧屋と虎屋のみだった。

さて、大坂両替店の内部を示したものが図13である。図12と間数にやや誤差があるが、南側の九・五間八寸が高麗橋通りに面した表口だ。右下、つまり表口の右側に出入り口があり、そこから顧客が入ると左手に一一畳半の座敷（見世《みせ》）があった。ここで奉公人と顧客の商談がおこなわれたようだ。座敷の西隣には次の間《ま》（中ノ間）と勘定場《かんじょうば》があり、契約を結ぶことになった顧客は次の間で待機し、そのかん、奉公人は勘定場で金銭勘定をしたはずだ。このように、高麗橋通りに面した部屋で主要な営業がおこなわれたと思われる。

図13　大坂両替店の間取り図

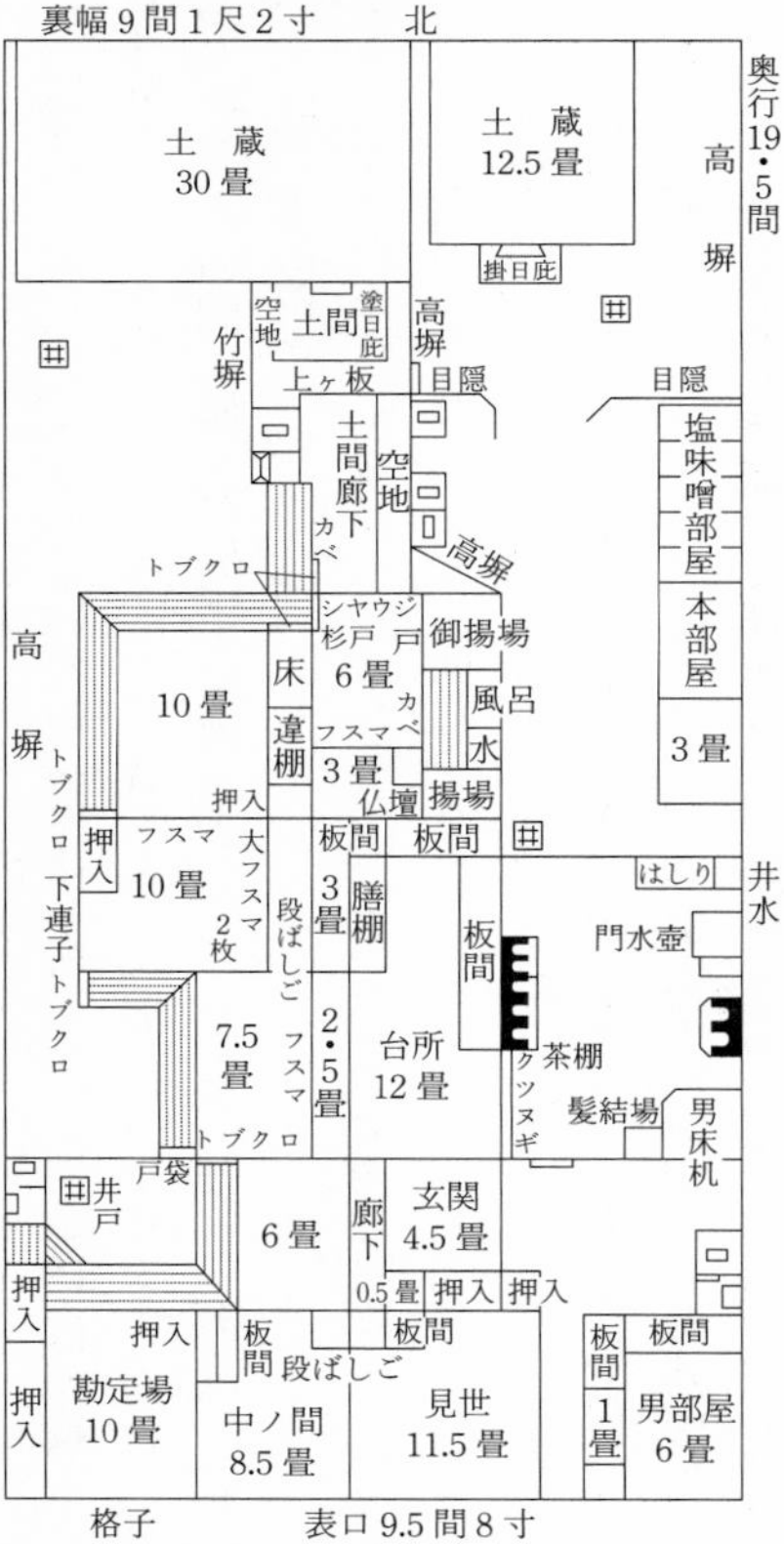

注：日本経営史研究所編（1983）の第4－8図を転載

一方、出入り口から奥に進むと、突き当たり左手に玄関があった。店舗内に玄関が設置されたのは、幕府御用を引き受けていた格式を示すためであったという。玄関を通った先には、六畳、七畳半、一〇畳の部屋があり、これらは三井同族が出張時に使用したか、奉公人が身分の高い役人などと対面するときに使用したと考えられる。奉公人たちは、奥の六畳や一〇畳の部屋で寝泊まりした。奉公人のうち、おもに家事を担当した下男（後述）たちは、六畳の男部屋で寝泊まりした可能性が高い。一番奥には土蔵がふたつあり、ここに重要書類や貨幣が保管された。

以上を念頭に置きながら、図14をみてもらいたい。図14は、明治四四年（一九一一）、元大坂両替店の奉公人で当時絵画教師の上田源次郎《うえだげんじろう》（南嶺《なんれい》）が、明治初年の大坂両替店を回想して描いたものだ（樋口一九九四）。図14をみると、高麗橋通りに面した表口の右側に出入り口があったのがわかる。これは図13と整合する。表口には出入り口を除いて格子《こうし》と暖簾があり、商談の様子を外からみることはできなかった。格子の設置は、大名貸商人、加島屋久右衛門の本宅にもみられた（大阪市立住まいのミュージアム編二〇二二）。

図14　幕末維新期の大坂両替店復元絵図

注：樋口（1994）の「大阪三井両替店略図」の一部を削除、加工して作成

大坂の経済的位置

では、大坂両替店を取り巻く経済状況はどのようなものであったか。

大坂は、大量の物資が移入、移出された一大集散地であった。安政三年（一八五六）、大坂町奉行の久須美祐雋《くすみすけとし》が在職中に著した『浪花《なにわ》の風』には、次のような記述がある。

浪花の地は日本国中船路の枢要《すうよう》にして財物輻輳《ふくそう》（寄り集まる）の地である。よって世俗の諺《ことわざ》にも、大坂は日本国中の賄 所《まかないどころ》といい、または台所であるともいわれている。

このように、大坂には大量の物資が全国から集まっていたことから、大坂は日本の「台所」としての異称を持っていた。現在、私たちがよく目にする「天下の台所」と似た表現がなされているが、野高宏之（二〇〇七）によると、「天下の台所」は大正時代、『大阪市史』の編者幸田成友《こうだしげとも》（幸田露伴《ろはん》の弟、一八七三～一九五四）が生み出した造語である。

第1章で述べたように、幕府は西国に点在した領地からの年貢米を大坂に廻送し、大坂で換金していた。これは幕府に限ったことではなく、全国の諸藩も年貢米や特産品を大坂で換金し、江戸の藩邸に送金した。江戸は人口一〇〇万人から一一五万人前後を有する巨大都市であったが（高島二〇一八）、とくに一八世紀後半までは、その消費需要を満たすほどに周辺の生産地が成熟していなかったから、江戸では大坂からの諸物資の移入が重要な意味を持った。江戸からの消費需要も重なって、大坂には、商品を仕入れて卸売《おろしう》りする問屋や、様々な手工芸品を製造する職人が数多く出現し、繁栄した。

正徳《しょうとく》期（一七一一～一六）に幕府が実施した調査によると、問屋・両替屋・船宿類として把握された業者の数は、少なくとも五六六五軒以上（干鰯《ほしか》問屋の軒数が不明）であり、仲《なか》買《がい》・質屋・製造業・諸国宿屋類として把握された業者の数は、二三四三軒に及ぶ。職人として把握された者の数は、九七四七人であった。ただし、この職人数には徒弟や賃労働者が含まれておらず、それらを含めると、実際の職人の数は数万人（家族を含めると大坂三郷人口の二～三割程度）であったとする説もある（作道一九九八）。

一方、正徳四年（一七一四）に幕府が大坂の移出入品を調査した記録（写本）がある。これによると、大坂に移入した商品の総額は、年貢米を除いて銀二八万六五六一貫五一一匁であり、このほか年貢米一一二万三〇〇〇石と雑穀七万三〇〇〇石があった。移入品については、米・菜種・材木・干鰯・白木綿が上位を占め、生活必需品が全体の約四五％を占めた。対して大坂から移出した商品の総額は、銀九万五七九九貫五八五匁であり、移出品については菜種油・縞《しま》木綿・長崎下り銅・白木綿・綿実油が上位を占め、全体の約五四％を占めた。

これらをみると、大坂では大幅な移入超過であったことになる。移入超過の評価をめぐっては諸説があるが、大坂および大坂周辺地域が消費市場としての性格も備えていたから、移出の割合が移入に比べて低いとする説が有力だ（大石一九七五）。したがって大坂は、商業都市、手工業都市だけでなく、消費都市としての性格も強く備えていたといってよい。

一方、大坂は大名や商人が資金を調達する金融都市でもあった。大名の場合、米の将来的な売却益などを担保にして大坂商人から融資を得ることが多かった。当初は米を換金するために大坂に廻送していたのが、借金を返済するために米を大坂に廻送する大名もみられるようになった。これらを支えた背景には、米取引を円滑にした堂島米市場の存在が大きい。

ところが、大坂は一八世紀末から次第に衰退していったとする説がある。その理由は、大別して次の二点がある。

第一に、大坂の人口減少だ。大坂三郷の人口の推移を図15に示した。図15をみると、人口は明和二年（一七六五）を最盛期として減少傾向を示し、天明《てんめい》四年（一七八四）を境に大きく減少した。これ以降も減少傾向を示し続け、明治元年（一八六八）には最盛期の六七%にまで落ち込んだ。対して、近畿《きんき》地方の人口は享保六年（一七二一）から明治五年（一八七二）までほぼ横ばいであり、大坂を除く摂津の人口も宝暦七年（一七五七）から横ばい、むしろ微増傾向であったから（鬼頭一九九六、速水二〇〇九）、大坂の人口減少が際立《きわだ》つ。

第二に、大坂への移入量の減少だ。これについては、天保一三年（一八四二）三月に大坂町奉行の阿部正蔵《あべしょうぞう》（?～一八四八）が作成した意見書が引用されることが多い。この意見書は、阿部正蔵が大坂の窮状を憂《うれ》い、大坂町奉行所与力《よりき》（配下の実務役人）の内山彦次郎《うちやまひこじろう》（?

～一八六四）へ極秘に調査を命じて作成したものであり、幕府の流通統制を求めて江戸幕閣に提出する予定であった。しかし、提出の直前に幕府が株仲間解散令を発令したので、意見書が不要となり、保管されることになった。これには、自由競争を推し進める老中水野忠邦《みずのただくに》（一七九四～一八五一）と対立する内容が含まれていたからだ（斎藤一九九四）。結局は提出されなかった意見書だが、次に示すように、当時の大坂の様子を示す内容を含んでいる。

図15　大坂三郷の人口の推移

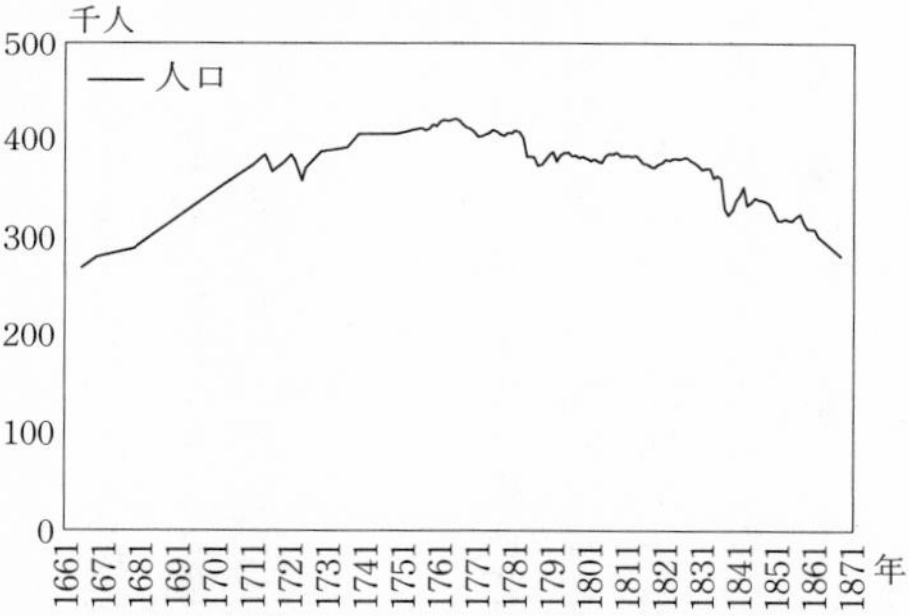

注：宝暦6年（1756）から安政6年（1859）の統計は連続して残っているが、その前後の時期については欠年があっても実線で結んでいる。斎藤（2002）にも同様の図がある

ところどころの姦商《かんしょう》（悪徳商人）どもは、近年の諸色《しょしき》（諸品）不融通の時合《じあい》に乗じ、右赤間ヶ《あかまが》関《せき》（現山口県下関《しものせき》）に寄り集まり、国々から上《かみ》方《がた》筋（京阪地方）を目指して積み登る品はもちろん、大坂商人が仕入れる荷物をも勝手気ままに引き留め、そのところの者が馴《な》れ合い、高値に競《せ》り売り、競り買いをしている。そのほか瀬戸内と唱え、右の赤間ヶ関から上方に至るまで

の浦（漁村）付きの場所、あるいは大坂最寄りの浦々にても同様に、〔姦商どもが〕高値に途中で売買し、だんだん増長《ぞうちょう》に及ぶので、大坂への移入量が減り、そればかりか右競り買いの値段も荷主・船頭の見比べになって、さらに大坂での相場が引き上がるから、世上の諸色値段に響き、一同が難儀するとのことを聞いています。

（「諸色取締方之《しょしきとりしまりかたの》儀《ぎ》ニ《に》付《つき》奉伺候《うかがいたてまつりそうろう》書付《かきつけ》」）

これによると、大坂に廻送されてくるはずの荷物が萩《はぎ》藩領の下関に集まっていたので、大坂に物資が届かず、物価上昇を引き起こしていたようだ。下関や瀬戸内で廻送途中の荷物を競売する者たちを、阿部が「姦商」と称したことは、大坂中心的な発想を端的に示していて興味深いが、なぜこのような事態が生じたのか。最も大きな要因は、萩藩の政策にあった。

萩藩の重臣村田清風《むらたせいふう》（一七八三〜一八五五）は、天保一一年（一八四〇）に下関の「越荷《こしに》方《かた》」を拡充した。「越荷方」とは、買積船《かいづみせん》（船主が商品を購入し需要地で販売する商船）から商品を預かって融資する倉庫金融業だ。「越荷方」の貸付資金を萩藩が出資し、「越荷方」から利息を得ていた。

北陸や九州方面から下関へやってきた買積船の多くは、上方で物資が少なくなり物価が騰《とう》貴《き》するまで待ち、そのかん、荷物を下関の「越荷方」に預けて融資を受けていた。したがって、萩藩が「姦商」（買積船）の売り控え行為を支援し、大坂への物資廻送量の減少と物価の騰貴に加担したといっても過言ではない。結局、幕府に目を付けられた萩藩は、「越荷方」の名称を変更し、事業を後退させていったが、大坂への廻送量減少の背景には、藩独自の倉庫金融業があった（木部二〇〇七）。こうした藩営の倉庫金融業は、やがて広島藩、松江藩、岡山藩にもみられるようになったという（山本二〇二一b）。

一方、阿部の意見書では、領内の特産物を独占集荷する諸藩の専売制《せんばいせい》も批判された。諸藩が大坂問屋を経ないで、需要地に販売することがあったからだ。もちろんそれだけでなく、大坂以外で商品を換金できるほど、瀬戸内・大坂周辺地域が成長してきたこと、都市特権問屋から融資を受けない内海船《うつみぶね》（買積船）が瀬戸内海で躍進してきたことも看過できない。

このように、諸藩の倉庫金融業と専売制の拡大、瀬戸内・大坂周辺地域の需要増大、内海船の展開は、大坂での物価騰貴を招いた。実際、意見書で示された大坂への廻送量をみると、一八四〇年前後には、文化・文政《ぶんせい》期（一八〇四〜三〇）に比べて瀬戸物・木綿は三〇％台、実綿・繰り綿・蠟《ろう》・紙・石は六〇％台、米・炭は七〇％台に減少していた（安岡一九八五）。

以上が大坂衰退説の根拠だが、それは一面的にしか過ぎないとする説もある。

第一に、品種銘柄によっては大坂が依然として集散地としての地位を維持していたという説だ。たとえば西向宏介（一九九五）は、姫路藩の当初の意向に反して播磨《はりま》の長束木綿《ながそくもめん》が大坂に多く出荷されていたこと、大坂への出荷量の比重は幕末期に増大したことを解明した。森本幾子（二〇二二）は、幕末維新期を事例に、阿波《あわ》の廻船問屋山西《やまにし》家が阿波藍《あい》と白砂糖の大部分を大坂で売却し、米穀・肥料類を大坂で購入していたことを明らかにした。

第二に、幕末期においても大坂の金融都市としての地位は低下していなかったという説だ。たとえば本城正徳（一九九四）は、大坂の大名貸商人がむしろ融資相手の諸藩に年貢米の途中売却を勧め、その歳入増により利息金を得ようとしたことを高く評価した。小林延人（二〇一五）は、大坂の大名貸商人銭屋佐兵衛家を事例に、開港後の大名貸の拡大とその高い収益性を明らかにした。一方、石井寛治（二〇〇七）は、幕末期においても大坂とその周辺地域では手形取引が盛んにおこなわれたことを解明し、森本幾子（二〇二二）も、阿波の廻船問屋山西家にとって大坂商人との金融取引が重要な位置を占めたことを指摘した。

これらの点から、人口の減少傾向と移入量の全体的な減少だけで、大坂が全面的に衰退したとはいえない。少なくとも金融都市としての命脈は保っていた。

人口の減少についても、大坂周辺では人口が横ばい、むしろ微増傾向であったから、農村部から大坂に出向く行商人《ぎょうしょうにん》や通勤労働者が多くいたはずで、総需要としてはそれほど減少しなかった可能性がある。実際、幕末期の大坂近郊には、大坂へ日々売り歩く行商人が村人口の約四〇％も占める村があった（渡邊一九九七）。

2　奉公人の昇進と報酬

次に、大坂両替店で実際に働く奉公人について説明する。京都呉服店に関しては西坂靖の重厚な研究があるので（西坂二〇〇六、友部・西坂二〇〇九）、西坂の研究を参考にしながら、大坂両替店の特徴を示しておきたい。

奉公人の構成と食生活

奉公人には、店表《たなおもて》と台所《だいどころ》という二種類の区別があった。店表とは、いわゆる営業部門に相当し、これは手代と子供（丁稚《でっち》）に区別された。手代は一人前の従業員であり、子供は手代を補助する半人前の従業員だ。子供は、一六〜一九歳の元服を経て手代に昇進した。一方、台所とは、炊事などの家事労働や接客以外の単純労働に従事する家事・雑務部門に相当した。平《ひら》の奉公人たちは、住み込みで共同生活を営み、すべて男性から構成されていた。

店表と台所の違いは、業務内容だけにとどまらない。勤務形態と方針も異なった。店表の場合、勤務形態は「手代奉公」と呼ばれた。「手代奉公」は、営業熟練者の養成を目的とし、一〇年以上の長期雇用を想定したものだ。これに対し台所の場合、勤務形態は「下男《げなん》奉公」と呼ばれた。「下男奉公」は、早めの給金の取得を目的とし、半年または一年の短期雇用を想定したものだ。以下では、とくに断らない限り、店表の奉公人について解説する。

店表の奉公人は、多くの場合、子供からはじまった。基本的には、大坂および大坂周辺から集められ、入店する年齢は一〇～一三歳だ。親元から離れた子供たちは、住み込み生活を約五年続けたうえで、元服し、手代に昇進できた。少年時代から入店し、店内で養育された者のことを子飼《こが》いといった。三井の主眼は、子飼いを一人前にすることにあった。

しかし、子供が一人前の手代になっても、住み込み生活は変わらなかった。表1は、大坂両替店の奉公人の職階を示したものだ。子供が手代に昇進したあと、まず初元《はつもと》として三年間くらい勤め、手代の末端として業務の習熟に努めた。そして初元の四年目には、平の手代に昇進した。このあとも、職階の階梯《かいてい》を一段ずつ登っていくことになる。

平を約六年、入店して一六年ほど勤続すると、役づきの手代に昇進した。このとき二六歳前後だ。さらに勤務を続け、勤続二三年目、三三歳前後には、住み込みの最上位として店を統括する支配に昇進した。そして勤続三〇年目、四〇歳前後に至ると、別宅手代に昇進した。

別宅手代になると、店外の自宅から重役として店に通勤するようになり、経営の監督や意思決定を担当した。彼らは、この時点ではじめて妻を迎え、家族を持つことができた。ようやく住み込みから脱したわけだ。なお、職階については、京都呉服店に比べて大坂両替店のほうが簡素化されていたが、両方とも別宅手代になる勤続年数と年齢はほぼ同じであった。

このように職階は、概ね勤続年数に応じた年功序列で上昇した。表2に、安政三年（一八五六）一一月時点の大坂両替店の奉公人を示した。これをみると、元〆《もとじめ》の福田万右衛門《ふくだまんえもん》と勘定名代の石島保右衛門《いしじまやすえもん》が重役として通勤し、経営の中枢を担ったこと、石井与三次郎《いしいよそじろう》・吹田《すいた》四郎兵衛《しろべえ》が支配として店を統括したことがわかる（原則、店表の奉公人は店内で苗字を名乗っていた）。しかも役づきは、全員一〇歳前後から入店し、勤続してきた子飼いの奉公人であった。もちろん、平・初元もその例に漏れない。

表1　大坂両替店の奉公人の職階

		職階	勤続年数（年目）	年齢（歳）
別宅	名目役（役づき手代）	元〆	56	66
		加判名代	46	56
		元方掛名代	43	53
		勘定名代	33〜38	44〜48
		名代	32	43
		後見	29〜33	39〜43
住み込み		支配	24〜28	34〜37
		支配格	19〜23	29〜35
		組頭	17〜18	28
		組頭格	15〜18	25〜28
	平	平	9〜17	19〜27
		初元	6〜9	16〜19

注：安政3年（1856）11月、文久元年（1861）7月、元治元年（1864）7月、慶応元年（1865）7月時点のものを合算した

一方、佐田半七《さだはんしち》は子飼いではなく、元服後の二六歳で中途採用された中年者《ちゅうねんもの》だ。山尾周五郎《やまおしゅうごろう》は、四〇歳で中途採用され、天保三年（一八三二）から嘉永四年（一八五一）まで勤務し一時退店したが、すぐに再勤した。表2をみると、彼らは、営業部門とは異なる「書方」に属したことがわかる。京都呉服店の場合、中年者は基本的に「書札方」に属し、書

表2　安政3年（1856）時点の奉公人

名前	職階	勤続年数（年目）	年齢（歳）
福田万右衛門	元〆	56	66
石島保右衛門	勘定名代	38	48
石井与三次郎	支配	24	35
吹田四郎兵衛	支配	24	34
杉本久次郎	支配格	23	32
福田吉十郎	組頭格	16	27
阿部善三郎	平	14	25
池田庄三郎	平	13	24
福田文次郎	平	12	23
清水泰次郎	平	11	21
鳥井豊三郎	平	10	20
米田兵次郎	初元	9	19
秋田長次郎	初元	8	19
石島恒三郎	子供		
加藤正蔵	子供		
中井岩之助	子供		
小野富三郎	子供		
岩崎清次郎	子供		
七助	子供		
吹田勘十郎	家方新田下役	1	50
山尾周五郎	書方	6	64
佐田半七	書方	1	26
（下男2名）	下男（台所）		

類・帳簿の作成と子供への教育を担当したというから、佐田と山尾も、これらを担当できる技能の持ち主として中途採用されたとみてよい。吹田勘十郎《かんじゅうろう》については不明な点が多いが、臨時的な雇用として、大坂両替店が管理した家屋敷や新田を見回る役目を担ったと思われる。一八五〇年代半ばには地震が各地で発生したから、この雇用は地震被害への対応であったかもしれない。

大坂両替店の食生活についても確認しておく。

宝暦二年（一七五二）二月、両替店の元〆たちが定めた掟書によると、朝夕の食事は一汁一菜であり、毎月一日と一五日には必ず生魚が提供された。生魚はこの日だけに限定したわけではなく、魚が安価なときや暑寒が厳しいときには、生魚を提供すべきことが記されている。毎月一日と一五日は月例集会の日でもあり、この集会の場では飲酒が許されたようだ。このほか、正月の三が日と一五日、大晦日、五節句の日には一汁二菜、神事や祭事などの日には一汁三菜、酒三献、吸い物などが提供された。

大坂両替店は半季ごとに「賄方入目目録《まかないかたいりめもくろく》」という帳面を作成しており、これには生活必需品の購入費や奉公人への給料が記録されている。

安政三年一二月時点の「賄方入目目録」によると、白米一九石《こく》一斗《と》四升《しょう》（一石が約一八〇・三九リットルで、約三四五三リットルに相当）が購入されていた。一日に三合《ごう》九勺《しゃく》一才《さい》余（飯茶碗《めしぢゃわん》六・六杯）を食べる計算で、奉公人の数よりもやや多めの三〇人分が計上されている。このほかにも、大豆、麴《こうじ》、醬油、酒、酢、塩、魚、青物《あおもの》（野菜）などが購入されており、店内では、大豆と麴から味噌《みそ》が作られていたようだ。実際、前掲図13には「塩味噌部屋」がみえる。購入額は、白米、魚、青物の順に多かった。

一日に飯茶碗六・六杯というのは、江戸時代では平均的な摂取量である。しかし、醬油や味噌、塩が用いられ、新鮮な魚や青物が並ぶ食事は、当時としては悪くない水準の食生活であったはずだ。当然、これら生活費は大坂両替店が負担した。

奉公人の退職

大坂両替店では、概ね年功序列の職制が採用され、奉公人は長く真面目に勤続すれば重役へ昇進することができた。食生活も、恵まれているほうであったといえる。

しかし、退職者は少なからず発生し続けた。京都呉服店の場合、入店した子供のうち、元服し手代になった者の比率は五八・一%、役づきに昇進した者は二三・六%、別宅手代に昇進した者はわずか三・六%であった。入店した子供が一〇〇人であったとすると、実に四二人が子供時代に退職し、子供時代を乗り越えても、役づきになるまでにさらに三四人が退職したことになる。親元から離れて、共同生活を営む子供時代に退職が多いのは、食生活のよさを割り引いても、訓練や共同生活が厳しかったことを物語っている。

大坂両替店の場合、子供の推移をみることが難しいので、手代以上の退職・死亡・別宅人数を表3に示した。奉公人が子飼いか中年者かの判断が難しいから、表3の勤続年数は、元服後の子飼いであれ、中途採用の中年者であれ、奉公人が手代として出勤した年からの勤続年数としている。表3をみると、総勢七一人の奉公人のうち、一〇年以内に退職した者は四四人（七一％）に達する。別宅手代まで勤めあげた者は、わずか五人（八％）であった。

とくに役づき以上で退職すると、相応の退職金が支給され、越後屋の屋号と暖簾印の使用が許された。役づき以上で退職した者は、店から離れて自ら商売を営むことになった。

退職理由は、①病気による退職、②規律違反による退職、③相続筋による退職の三点に大別できる。このうち相続筋による退職とは、表面的には、実家や親戚の家業を継ぐために退職することを指したが、実際は自己都合による自発的な退職であったと考えてよい。呉服店の場合、奉公人の自己都合による退職は認められず、店側が退職を通告することを建前としたが、すでに一八世紀初頭にはその建前は崩れていたようだ。これは、後述するとおり、早くに共同生活を脱し、世帯独立を夢みて退職する者が多かったことを示唆《しさ》する。

表3　大坂両替店の奉公人の退職・死亡・別宅人数

出勤後勤続（年目）	退職人数	死亡人数	別宅人数
26～30	1	0	4
21～25	0	1	1
16～20	6	1	0
11～15	11	2	0
7～10	22	0	0
4～6	9	1	0
1～3	13	1	0

注：天明4年（1784）退職から慶応3年（1867）退職までを対象とした

なお、京都呉服店の場合、規律違反による退職の多くは、横領《おうりょう》（店の金銭の使い込み）に対する解雇処分であったことが明らかにされている。解雇は、謹慎処分や懲罰的な夜間勤務と違って、最も重い処罰であり、横領、家出、盗みのいずれかに対する処罰だった。両替店の場合も、規律違反による退職については、横領に対する解雇処分が多くを占めたと思われる。

たとえば、江戸両替店の場合、文政一〇年（一八二七）には、組頭の村上又吉《むらかみまたきち》が金一八八三両一歩と銀二分を、平手代の井上惣次郎《いのうえそうじろう》が金二二四両一歩と銀一三匁七分を横領したことが発覚し、解雇処分を受けた。江戸両替店は、彼らの親や身元保証人から横領金を分割で回収することになったが、大金のためか、回収は難航し、横領金は積立金などから償却された。

一方、大坂両替店の場合、万延元年（一八六〇）には、平手代の松野喜三郎《まつのきさぶろう》が「不埒《ふらち》」なことをしたために「永々暇《えいえいいとま》」（解雇処分）を命じられた。この「不埒」の中身は不明だが、書類上では病気による依願退職の形式がとられていたので、少額の横領であったのかもしれない。

奉公人の基本給

これまで述べてきたように、呉服店と両替店では、奉公人の自発的な退職や逸脱《いつだつ》（横領や軽犯罪）行為が少なからず発生した。これらを防ぐためには、奉公人の勤労意欲を高める仕組みが必要だ。つまり、早くに共同生活を脱し少々の満足度を得る、あるいは、逸脱行為をして短期的な利益や満足度を得るよりも、少しでも真面目に長く勤続したほうが、将来的な利得（利益、満足度）が高いことを奉公人によく理解してもらう仕組みである。この仕組みのひとつが、三井の報酬制度だ。そこで、大坂両替店の報酬について順に解説する。

まず基本給として、住み込みの奉公人に毎年支給される小遣《こづか》いと役料《やくりょう》があった。小遣いは、子供時代から奉公人に毎年支給されるもので、奉公人が組頭格以上に昇進すると、役料という名称に変わる。支給額は、奉公人の職階（および勤続年数）に応じて決まっていた。小遣

表4　大坂両替店の基本給

単位：匁／年

職階	元文4年（1739）	1860年代前半
支配6年目	1,300	1,950
支配5年目	1,200	1,950
支配4年目	1,100	1,950
支配3年目	1,000	1,800
支配2年目	900	1,650
支配1年目	800	1,500
支配格		1,350
組頭5年目	800	1,200
組頭4年目	700	1,050
組頭3年目	600	900
組頭2年目	500	750
組頭1年目	400	600
組頭格	400	450
平6年目	330	330
平5年目	330	330
平4年目	330	330
平3年目	290	290
平2年目	290	290
平1年目	290	290
初元3年目	250	250
初元2年目	250	250
初元1年目	250	250
角前髪		170
子供		150

注：空欄は記載なし

い・役料から成る基本給を示したものが表4だ。これには、元文四年（一七三九）時点の給与規程と、一八六〇年代前半時点の給与規程を掲示した。

表4をみると、職階の上昇にともなって支給額が次第に増加し、組頭格以上の役づきになると昇給率が大きく上昇していったことがわかる。とくに注目すべきは、一八六〇年代前半の場合、約一二〇年前に比べて大幅な改訂がなされていたことだ。子供から手代に昇進してすぐの初元時代には毎年銀二五〇匁、平の六年目までは毎年銀三三〇匁の支給であり、一二〇年前と変化がない。しかし、組頭四年目には銀一貫目を超え、支配四年目には銀一貫九〇〇匁にまで昇給した。一八六〇年代前半には、一二〇年前に比べて昇給額が大幅に上昇しており、役づき手代以上の場合、基本給の増額は物価の上昇に対応していたといえる。

京都呉服店との違いは、大坂両替店では子供・角前髪《かどまえがみ》（半元服《はんげんぷく》、手代への昇進直前）時代にも小遣いが支給されていたことだ。京都呉服店の場合、子供・角前髪はもちろん、初元二年目までは基本給がなく、初元三年目から小遣いの支給がはじまった。初元二年目までは、小遣いの代わりとして季節に応じた衣服が現物支給された。初元三年目になって、ようやく小遣いが支給され、手代たちは自らの裁量で衣類や生活用品を購入するようになった。

現物支給は、幼少の奉公人には好き放題に給与を使わせない措置であったと考えられるが、大坂両替店では、子供時代から小遣いの用途と管理が任せられていたことに注意したい。日頃から金銭勘定に携わる両替店の場合には、幼少から金銭管理の素養を備えることが必要と考えていたのかもしれない。ただし、表4をみると、元文四年については子供・角前髪の記載がみられないから、元文四年時点では子供・角前髪には基本給が支給されず、一八六〇年代前半までに子供・角前髪にも支給されるようになった可能性もある。この場合、大坂両替店は子供時代にも基本給を与えることで、入店者数を増やそうとしたと考えられる。

なお、平手代に支給された毎年銀二九〇〜三三〇匁というのは、ほかと比べてどの程度であったのか。

先に示した安政三年の「賄方入目目録」によると、非熟練労働の日雇い賃は一日銀二匁五分であった。仮に三〇〇日働いたとして、年間銀七五〇匁となる。これには生活費が含まれていないので、大坂両替店の奉公人と同じ水準の生活をしたと仮定して計算してみる。

日雇い一人当たりの食費は年間銀三五七匁余、光熱費（炭・薪・油・蠟燭《ろうそく》代）は年間銀一七三匁余、そのほか嗜好品購入費（茶・煙草《たばこ》代）、娯楽費（髪結《かみゆい》代・祭事代）、諸道具代は年間銀七八匁余であり、これらの合計は銀六〇八匁となる。手元に残るのは銀一四二匁だが、借家人の場合、ここから家賃が引かれる。仮に一畳当たり毎月銀七分の裏借家（五畳）に住んだとして、家賃は年間銀四二匁だ。残りは銀一〇〇匁となる。さらにここから、適宜、衣服代や医療費が引かれた（大坂両替店は奉公人たちの医療費も負担した）。

この推計は単身者のものであるから、扶養家族が増えると赤字となる。したがって、日雇い層は、大坂両替店の奉公人よりも生活費を低く抑えて生計を立てたはずだ。以上のように考えると、大坂両替店の奉公人たちは、それなりに恵まれた水準の食生活で、かつ（生活費や医療費は自ら負担せずに）数百匁の基本給を得たわけであるから、少なくとも日雇い層よりは多くの満足度と収入を得られたと思われる。

奉公人への様々な報酬

大坂両替店の奉公人に支給されたのは、基本給だけではなかった。第一に、年褒美《ねんほうび》という餞別金《せんべつ》があった。これは、角前髪から平手代の間まで支給され、基本給と違って店に預けておくものだ。奉公人が適宜、自分勝手に年褒美を使うことは許されておらず、年褒美は退職・別宅の際に餞別金として支給された。ただし、勤務期間中でも親元が困窮した場合には、年褒美が支給されることもあったようだ。この年褒美の支給額を示したものが表5である。年褒美についても、勤続年数が長くなるにつれて支給額が増加したことがわかる。

第二に、割銀《わりぎん》という賞与金（ボーナス）があった。これは、組頭格以上の役づき手代に支給されたものだ。三井では、三年ごとに「三年勘定」と呼ばれる特別な決算をした。両替店一巻の「三年勘定」とは、以下の手順をふんだ。京都両替店が大元方に功納金を納めたあとの残りの利益金から、損失補塡《ほてん》・退職金・家屋修繕のための積立金を差し引き、そのあとの残余を三年間内部留保した。そして、三年ごとの決算時には、内部留保してきた三年間の残余利益のうち、一〇%を奉公人の賞与とし、残りを大元方に分割上納した。一〇%は、傘下の諸店の営業成績に応じて配分され、そのあと個々の奉公人には職階に応じて配分された。

大坂両替店の賞与金を表6に示した。表6をみると、たとえば嘉永元年（一八四八）には、弘化《こうか》三年（一八四六）から支配格を一年、支配を二年勤めた奉公人に対して、銀五貫六八〇匁が支給されていた。支配格から支配二年目までは、基本給として累計銀四貫五〇〇匁が支給されたわけだから（前掲の表4）、三年に一度とはいっても、この奉公人は基本給三年分を超える額を得ることができた。安政《あんせい》二年（一八五五）のように、割銀のほかに特別給付（別段合力《ごうりき》）が支給されることもあった。別宅手代には基本給がな

表5　大坂両替店の年褒美

単位：匁／年

職階	1830～40年代	1860年代前半
平8年目	200	250
平7年目	180～190	200
平6年目	150～190	170
平5年目	130～150	150
平4年目	120～130	120
平3年目	90～110	100
平2年目	80～90	80
平1年目	50～70	60
初元3年目	43～50	43
初元2年目	30～35	30
初元1年目	15～25	20
角前髪	15	15

注：1830～40年代については、天保10年（1839）2月から嘉永2年（1849）2月までを対象とした

表6　大坂両替店の賞与金
嘉永元年（1848）と安政2年（1855）

	職階	勤続（年目）	年齢（歳）	割銀（匁）	別段合力（匁）
嘉永元年	加判名代	48	58	21,220.00	
	元方掛名代	47	59	11,160.00	
	支配	24	36	6,850.00	
	支配格1年・支配2年	23	34	5,680.00	
	支配格	20	31	4,548.00	
	組頭	17	56	4,169.00	
	組頭格1年・組頭2年	18	30	3,411.00	
	組頭格	16	27	2,653.00	
安政二年	元〆	55	65	22,626.40	2,850.00
	加判	54	66	17,598.40	1,850.00
	後見1年・名代2年	37	47	8,260.50	760.00
	支配	23	34	4,668.90	500.00
	組頭2年・支配格1年	23	33	3,591.50	200.00
	組頭格1年・組頭2年	22	31	2,514.10	0.00

く、原則三年に一度の賞与金しか支給されなかったが、別宅手代の最高位の元〆に至っては、合計銀二五貫四七六匁余が支給されており、これは大坂周辺の大地主収入の二年半分に相当した。もっとも、住み込みの奉公人については、割銀も退職時に一括して渡される場合が多かったようだ。

第三に、合力銀・望性《もうしょう》銀という退職金があった。平手代の退職時に支給されたものが合力銀で、役づき手代の退職時に支給されたものが望性銀だ。このほか、手代が在職中に死亡した場合に親元へ支給されたものは香奠《こうでん》と呼ばれたが、ここでは割愛する。

大坂両替店の退職金を表7に示した。

表7をみると、やや振れ幅があるものの、概ね勤続年数が長くなるにつれて支給額が増加したことがわかる。なぜ同一勤続年で振れ幅があったかというと、退職者が在職中に店から基本給の前借り（「遣過《つかいすぎ》」）をしていた場合、退職金から前借り分が差し引かれたからだ。ここでいう退職金の退職とは、正確にいえば、住み込み手代からの退職を意味し、住み込みを脱し別宅手代に昇進する者にも退職金が支給された。奉公人は別宅手代に昇進した時点で多額の退職金を得て、これを運用や商売の資金に回し生計を立てていたと思われる。別宅手代も、通勤の合間に自ら商売を営んでいたからだ。

この退職金は、元手《もとで》銀とも呼ばれた。奉公人の最も大きな夢は、退職金を元手（資本）に

表7　大坂両替店の退職金

勤続（年目）	合力銀・望性銀（匁）
35	15,000
34	
33	
32	15,000
31	15,000
30	
29	
28	15,000
27	
26	
25	4,300～7,000
24	8,000
23	
22	
21	2,000～3,000
20	1,500～2,150
19	1,500
18	1,000～1,290
17	860～1,000
16	860～1,000
15	750～860
14	215～860
13	600～1,000
12	301～1,290
11	300～600
10	129～430
9	86～261
8	43～215
7	43～301

注：空欄は該当者なし。死亡時の香奠と、金で渡されて銀に換算できないものについては除外し、天明4年（1784）退職から慶応3年（1867）退職までを対象とした

独立し、家庭を持ち、自ら商売を営むことにあったからである。将来的に世帯独立をするという目的があったからこそ、奉公人たちは共同生活を耐えて独身で長く勤続した。しかも、入店してくる奉公人は、親元の家から弾き出された次男以下が多く、したがって家庭を持ち、自らの店を創始する意欲は人一倍強かったと考えられる。とくに勤続二四年目前後（支配以上）になると退職金の額は跳ね上がったから、まず奉公人はそこを目指したわけだ。

実際には、前掲の表3をみてわかるように、二一年以上勤続できた者は、基本的にそのまま別宅手代への昇進を選ぶことが多かった。二〇代から三〇代前半の多感な時期を辛抱強く勤務し続けた者たちにとっては、もはや三井のもとで重役をするほうが、満足度が高かったのであろう。対して、二〇代から三〇代前半の奉公人が共同生活に飽き飽きし、早く独立したいという欲求を強めることもあった。このとき、将来的な退職金増額よりも今すぐ退職するほうが、自らの満足度が高いと判断して、退職に至る奉公人もいたはずだ。

最後に、大坂両替店の奉公人が退職までに取得する総所得のモデルを図16に示した。これは西坂が試みたように、奉公人の生涯賃金モデルに相当する。賞与金を加味すれば、組頭二年目には生涯賃金は銀一〇貫目を超えた。組頭以上については退職金も銀一貫目を超える時期であったから、早く独立したい奉公人にとっては、このあたりが適当な退職時期だった。一方で、支配二年目まで勤続すれば、生涯賃金も大きく上昇した。これ以降の退職金の急激

図16　奉公人が入店から退職までに取得する総所得のモデル

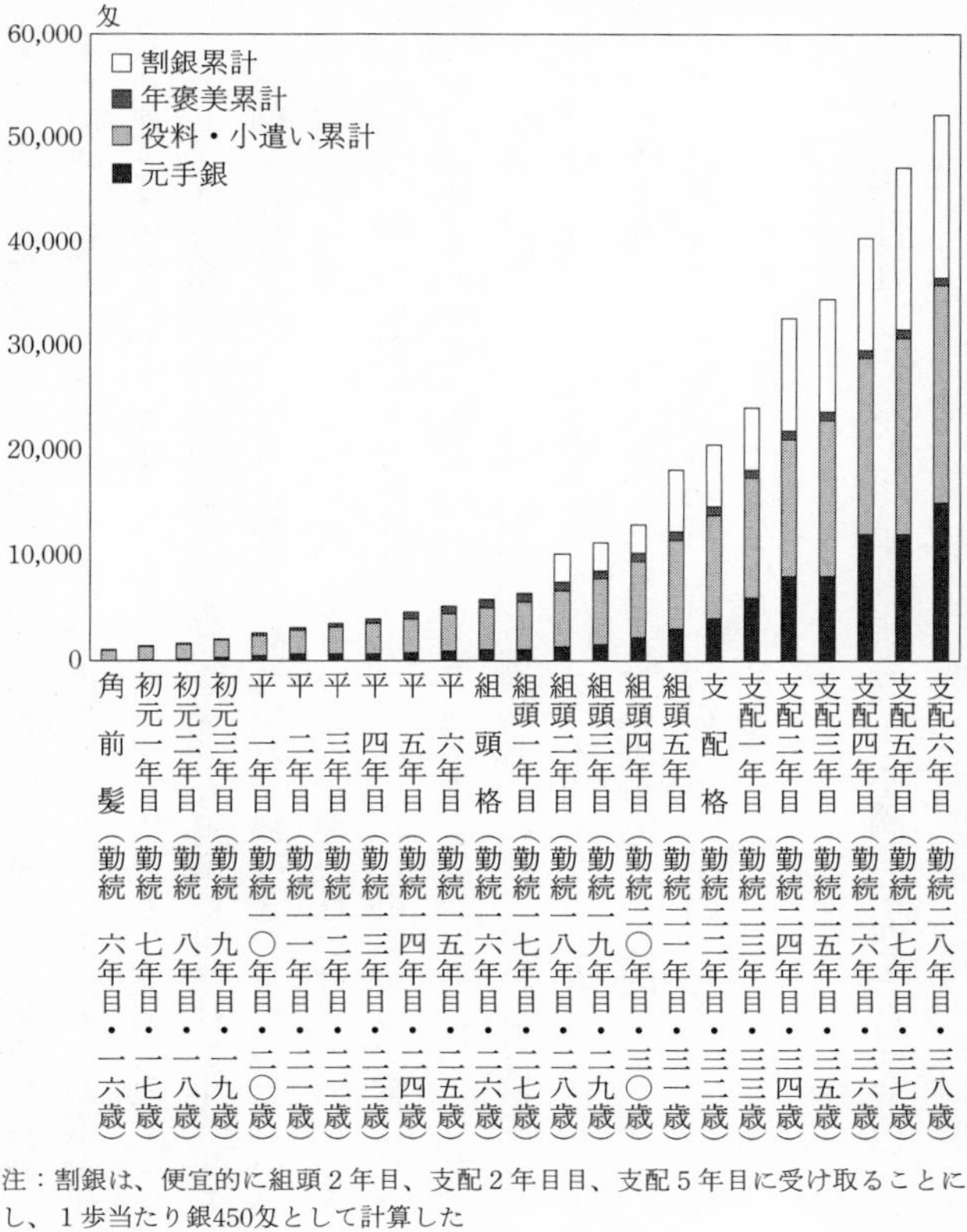

注：割銀は、便宜的に組頭２年目、支配２年目目、支配５年目に受け取ることにし、１歩当たり銀450匁として計算した

な上昇は、三井が熟練の奉公人を引き留めるために構築した仕組みの真髄にあたる。

西坂が明快に指摘したとおり、三井は、世帯独立という奉公人の願望を前提に、その願望を実現可能とする報酬制度を組み込むことで、奉公人たちの定着と勤労を実現していた。しかし一方で、世帯独立という願望は、常に自発的な退職の可能性を生み出した。三井と奉公人は、報酬を媒介にして、定着と独立の間で絶えず綱引きをしていたといってよい。

ただし、生涯賃金モデルをみると、もうひとつ重要な仕掛けがあったことに気づく。三井の昇給制度は、概ね組頭格までの昇給カーブを緩くし、組頭から次第に昇給カーブをきつくして、昇給が急上昇する仕組みだったことが重要である。これは、いわば（とくに集団生活の）不適格者に退職を促し、長く勤続した適格者に高給で報いる昇給制度だったともいえる。この昇給制度には、奉公人を定着させたいが、不適格な奉公人は淘汰し、重役になるような勤勉な奉公人を残したいという、三井の人材育成の方針が端的に示されている。

なお、上記のほかにも勤労や功績に対する褒賞金、手当金があったが、額としては微々たるものであったから、ここでは除外している。

3　男性社会の奉公——抑圧と欲求不満、浪費と遊所通い

奉公人たちの浪費

これまで述べてきたように、奉公人たちは十数年から数十年の間、世帯独立や別宅を夢みて共同生活を営んだ。しかし、厳格な職階による上司と部下の上下関係や、同僚同士の対抗意識、そして窮屈な男性のみの住み込み生活は、苛立《いらだ》ちや欲求不満を増幅させたはずだ。

この抑圧感は、後述するように、奉公人たちの浪費を招くことがあったと思われる。実際、大坂両替店では、奉公人たちによる基本給の前借りが大きな問題となっていた。たとえば安政三年（一八五六）九月には、支配の石井与三次郎（三五歳）、支配の吹田四郎兵衛（三四歳）、支配格の杉本久次郎（三二歳）が、上司かつ別宅手代である元〆の福田万右衛門（六六歳）と勘定名代の石島保右衛門（四八歳）に対し、次のような反省文を提出していた。

近頃、一統《いっとう》（全員）の心得違いにて、小遣い過上《かじょう》（前借り）銀が多分になり、このたび御叱責をうけ申し訳なく思っています。これより以来、一切、小遣い銀の過上をしないように今般一統が誓います。もっとも、向後《きょうこう》、支配・組頭役の者については御役料を半季ごとにお渡しくださるうち、なるべく過上のうちへ返済するようにいたします。なおこのうえ精々倹約を守り、過上高が減少するように一同が心得、精勤いたしますので、このたびのところは何卒お聞き置きくださるよう願い上げます。以上。

（「《小遣銀過上御察度ニ付一統申堅一札》」）

ここでは「一統」とあるように、石井・吹田・杉本の三名が、大坂両替店の住み込み奉公人を代表して反省文を提出したとみてよい。大坂両替店では、基本給だけでは足りず、日常的に前借りをおこなう奉公人が多発していたことがうかがえる。

そして、同じく安政三年九月には、石井・吹田・杉本の三名が基本給の前借りについて規則を定め、上司の福田・石島に提案した。

これによると、たとえば支配・組頭が前借りするときには、六〇日間で基本給（年額）の六分の一までを前借り上限額としたい（六〇日を過ぎないうちに年額の六分の一を超えて前借りできない）こと、平手代のうち、たとえば基本給・銀三三〇匁を得る手代が前借りするときには、六〇日間で銀一〇五匁までを前借り上限額とすることを提案した。ここで例示した以外にも、基本給の高低や勤続年数の長短に応じて、それぞれの前借り上限額が細かく提案された。とくに、初元一年目から三年目までの場合には、買物をするたびに賄《まかないかた》方担当の手代から事前に承認を得て、指示を受けるべきことも付言された。

上記の規則が実際に適用されたかについては判然としないが、前借りの上限額を設定し、初元一年目から三年目の手代には買物の事前報告を求めるほど、奉公人たちが際限なく前借りを繰り返していたことがわかる。

ただし、ここで注意すべきは、前借り自体を禁止する方向には進んでいなかったことだ。西坂が京都呉服店の事例から指摘したとおり、店側は、ある程度までの前借りを不可避のこととして黙認し、日常的な前借りについても、奉公人たちを住み込み生活につなぎとめるための手立てとして位置づけていたといってよい。

実は前借りは、遅くとも一八世紀中頃から問題となっていた。そこで、奉公人たちが守るべき規律を定めた掟書を確認する。掟書が多数現存する呉服店の事例からみてみよう。

安永三年（一七七四）一一月、京都呉服店の重役手代は、呉服店一巻（正確には本店《ほんだな》一巻）の諸店に掟書を示した。これに対し、諸店の奉公人たちが掟書の内容遵守を誓って押印した。この掟書兼誓約書が諸店で保管され、今も一部が現存する。ただし、大坂呉服店の場合、安永三年時点のものは天保八年（一八三七）の大塩平八郎《おおしおへいはちろう》の乱で焼失したようで、天保九年以降に再作成した掟書兼誓約書が現存している。したがって、作成年は天保九年だが、掟書の内容としては安永三年時点のものだ。この史料のうち、前借りの記述を次に抜粋する。

小遣い過上（前借り）のことは、前々より古役《こやく》の奉公人たちから批判され、過上にならないことをたびたび申し渡されました。しかし、それぞれの奉公人の小遣い前借り額はとにかく嵩《かさ》み、このままでは〔額が多くて請求書類や諸帳簿との照合を〕正しく計算することができず、まずもって〔住み込みの手代は〕別宅手代に昇進するとき、〔多額の前借り分が差し引かれて〕退職金の手取りが少なくなった状態で退職し、世帯独立を果たすことになります。現在、彼らの家督継承の姿は、誰もが見聞きされるとおり〔資金難で相続が厳しい様子〕で、〔重役手代としては〕苦々しく思っています。この傾向では〔三井が退職金を十分に払っていないと噂をされて〕世間体が〔よろしくなく〕落ち着きません。なにとぞ過上高を減らすよう、〔奉公人たちが〕よくよく思慮すべきこと。

（「内寄会慎書」）

このように、すでに一八世紀中頃には、退職金から多額の前借り金が差し引かれて、世帯独立しても経営難に陥る者が多発していた。この掟書の内容は、毎月の定例集会（「内寄会」）のとき、役づき手代が奉公人たちに読み聞かせたようだ。これ自体は大坂呉服店のものだが、奉公人たちが守るべき規律については、呉服店・両替店の別なく共通する面が多いので、大坂両替店の場合も、役づきの手代が奉公人たちに同じような内容を読み聞かせたはずだ。

実際、享保一六年（一七三一）冬、三井高房《たかふさ》（高平の長男、一六八四〜一七四八）が呉服店の奉公人たちを律するために制定し、翌享保一七年に追記した掟書（「式目」）の末尾には、次のような記述がある。

右の掟書については、本店《ほんだな》（呉服店）の役づき手代が定例集会のとき、不変にこれを〔奉公人たちに〕読み聞かせ、序文に書き顕《あらわ》した本書に記すとおり、人道の常理《じょうり》（変わることのない道理）、店の興基《こうき》（勢いが盛んになる基礎）、繁栄の建てかた、人びと業（なすべきこと）を勤め、己《おのれ》を修《おさ》め、人を治《おさ》めることの要義《ようぎ》（大切な趣旨《しゅし》）などを、各々〔奉公人が〕よく会得《えとく》し、とくに今後、新役《しんやく》の奉公人たちには、なおさらこの旨をよく承知させ、忠誠をもって勤励《きんれい》させなさいと〔高房が〕これを認《したた》め、申し渡したところである。両替店一巻についても、当然〔呉服店と比べて〕書面の文体の違いは多少あるが、その意味は大概同じことなので、書きあらために及ばずのこと。両替店の役づき手代も、定例集会のときにこの掟書を〔奉公人たちに〕読み聞かせ、怠《おこた》りなく心得るべきものである。

（「内寄会式目」）

したがって、前借りを減らすよう戒《いまし》めた安永三年の掟書についても、大坂両替店の役づき手代が奉公人たちに読み聞かせていた可能性が高い。

前借りの繰り返しによる浪費の積み重ねは、多額の横領《おうりょう》を招くこともあった。大坂両替

表8　中井喜七郎が退職した際の負債計上

単位：匁

勘定科目	金額
嘉永4年分の役料	1,755.00
嘉永4年分の煙草料	60.00
勤労褒賞手当	86.00
衣類諸道具売却金	2,631.61
望性銀	15,000.00
別段合力銀	2,150.00
割銀（累計）	22,571.60
年々積立金	3,795.00
年褒美	910.00
前借り金	▲46,999.97
横領金	▲35,728.62
その他負債残高	▲857.66
合計	▲34,627.04

店の場合、嘉永四年（一八五一）九月に退職した中井《なかい》喜七郎《きしちろう》は、過去最大級の横領を働いた元役づき手代だが、基本給の前借りも繰り返しおこなっていた。表8は、前借り金と横領金の清算がなされた際の勘定科目を示したものである。どうやら喜七郎は、退職が決まり、退職金などが支給されるときに至って、多額の横領が発覚したようだ。想像をたくましくすれば、喜七郎が退職するときをねらって、内部告発した手代がいたのかもしれない。

表8をみると、前借り金は銀四七貫目ほど、横領金は銀三五貫目余に及んでおり、この合計額の銀八二貫目余は、大坂両替店の年間延銀《のべぎん》（純利益金）を超えるほどの額だ。大坂両替店に出入りした日雇いの収入でいえば約一一〇年分、大坂周辺の大地主収入でいえば約八年分に相当する。なぜこのような巨額の横領が可能であったのかは判然としないが、清算書の記述によると、喜七郎は利息金の一部を少しずつ横領していたようだ。

結局、喜七郎が受け取る退職金や賞与金の積立分だけでは、前借り金と横領金を返済できず、残りの銀三四貫目余については喜七郎の親が借金として背負うことになった。ただし、大坂両替店の重役手代は、喜七郎の二七年間の勤続を考慮してか、幾《いく》ばくかの担保を取り、返済は出世次第（事実上、無期限）でよいとする出世証文を交わすことにとどめた。

奉公人たちの遊所通い

では、なぜ喜七郎のように巨額の前借りと横領が必要であったのか。巨額を費やした要因を探らなければならない。先述した安永三年の掟書には、これを知る手がかりがある。

小遣い過上（前借り）の基《もと》を〔重役手代が〕尋ねると、全員が遊参《ゆさん》・遊所《ゆうしょ》の華美《かび》に遣《つか》い捨てたこととみえます。当然、遊山の方法については前々よりの規則に背いていることも多くなっているかと〔大元方の幹部が〕推察されています。驕奢《きょうしゃ》（奢《おご》って贅沢《ぜいたく》なこと）と申すものは、自分では何ひとつ〔自らが〕驕奢であるとは自覚せずとも、次第に栄耀《えいよう》（贅沢）に移りやすき人情です。よくよく己《おのれ》の分限《ぶげん》（身のほど）を顧《かえり》みるべきこと。

（「内寄会慎書」）

この箇条《かじょう》は重役手代が奉公人たちに対し贅沢を戒め、身の丈《たけ》に合った生活を心がけるよう命じたものだが、これによると、奉公人たちは、遊参（遊山）、遊所通いをするために前借りをしていたようだ。ここでいう遊参（遊山）とは、観光や見物《けんぶつ》のことではなく、売春を生業とする遊女《ゆうじょ》を抱えた遊山茶屋（色茶屋《いろぢゃや》）で遊ぶことである。遊所で華美（贅沢かつ派手）に無駄遣いする、という文言からもそれをうかがえる。したがって、巨額の浪費の多くは、奉公人たちの頻繁な売春宿通いが原因であったことになる。実際、京都呉服店の場合、奉公人の石井嘉助《いしいかすけ》が遊所で浪費し、他者から借金してしまったことが露顕《ろけん》した例もある。

しかし、上記の掟書には、「遊山の方法については前々よりの規則」があると述べられているように、遊所通いが禁止されていたわけではなかった。そこで、大元方の幹部や重役手代が遊所通いをどのように位置づけていたかを確認しておく。

同じく安永三年の掟書には、奉公人たちの遊興《ゆうきょう》についての戒めが複数みられる。

①〔奉公人が〕数年に及び勤務していれば、少しずつは軽き遊興もあってよいことです。しかし、色欲《しきよく》（性欲）のことは、とくに優先しやすいものにて、たとえば一度〔遊所へ〕通ったときより、二度目は面白く、二度目より三度目はなお面白く、〔遊所通いは〕数度に重なるほど、次第にそのことへ没頭し、深入りするものです。たとえ一日に大金を費やし、過分の慰《なぐさ》みをしたとしても、これで満足するということはなきものです。

②遊興のこと、掟書にもあるとおり、〔奉公人が〕野郎・白人《しろうと》（素人）などを呼び、乱行《らんぎょう》（不品行な行為）をすることがあったならば、必ず〔処罰を〕申し渡すので、絶対に〔このような行為をすることは〕なきように心得なさい。ただし、たまに鬱散《うっさん》に出向き、酒などを飲みたく思えば、組（生活上の集団）ごとの集会で相談し、先方〔の居酒屋〕を決めておき、少しの間の慰みを終えたら店に帰るよう心得なさい。倹約の時節なので、〔取り決めた居酒屋を除いて〕店外で慰むことは遠慮しなさい。

③支配人をはじめ、すべての奉公人が私用で外出し、帰宅の門限までのうち、ふと遊所に立ち寄ったとしても、〔重役手代が店として〕指定しておいた茶屋以外に出向くことは、必ず無用に申し渡します。万が一、指定した以外の茶屋に出向く奉公人がいたと〔重役手代が〕知った場合には、必ず処罰を命じます。もちろん、支配人であっても白人などを呼んで遊ぶことは必ず無用に申し渡します。

（「内寄会慎書」）

①では、重役手代が（奉公人たちの）軽微《けいび》な遊興を認めつつも、遊所通いは深入りしやす

いものであることを警告している。直接的な表現は避けられているが、「色欲」とあるように、ここでの遊興、遊所通いとは、売買春のことを示している。

実際、元文五年（一七四〇）に江戸の三井綿店《わただな》で発覚した手代の不正事件では、遊所通いに没頭した手代がいたことが報告されている（杉森二〇〇六）。平手代の鈴木定次郎《すずきさだじろう》は、最初は岡場所（非公認の遊里）の遊女と遊んでいたが、それでは飽き足らず、新吉原の上層の遊女と茶屋で遊興を重ね、不正に取得した金を使い込んだという（村二〇二二）。①は、この教訓をもとに作成されたのかもしれない。

②では、鬱散（欲求不満の解消）のために、たまにであれば、組ごとで指定した居酒屋で飲酒してよいことが示されている。ただし前文では、男色を売る野郎、非公認の遊女である白人（私娼《ししょう》）を奉公人が呼び、乱行することが禁じられていることに注意したい。この文脈のなかで居酒屋が指定されているから、この居酒屋も、酒食だけを提供する料理茶屋ではなく、酒を提供しつつも遊女を抱える茶屋であった可能性がある。

実際、京都呉服店は、京都祇園《ぎおん》の茶屋（事実上の遊女屋）を奉公人が「ほどよく鬱散」する場所として認識していたから（村二〇二二）、この箇条にある「鬱散」についても、性欲解消の意味合いが強いと思われる。

③では、奉公人が私用外出時に遊所へ立ち寄ったとしても、店指定の茶屋以外には出向い

てはならないことが示されている。この箇条においても、遊所に立ち寄ること自体は許可されており、あくまで指定外の茶屋で売買春することが禁じられた。

ここで問題となるのは②と③の違いだが、店指定の茶屋の場合、奉公人が茶屋で遊んだ費用については店が後日まとめて支払い、奉公人ごとに基本給から差し引いたか、あるいは前借りとして計上したので、店指定の茶屋で遊ぶほうが奉公人にとっては（無利息、無担保で店から借金できるようなものだから）便利であった。したがって、手持ちの金銭で飲酒を中心に遊ぶときは②の茶屋、後払いで売買春を中心に遊ぶときは③の茶屋、といった区別がありうる。しかも村和明の研究によると、少なくとも京都呉服店の場合、店が遊興人数に応じて定額の金銭を茶屋に支払っていたようだ。通勤・家賃補助ならぬ、遊興補助である。

大坂両替店の場合、店指定の茶屋はどこにあったのか。現時点で確証は得られていないが、一五〇人以上の奉公人を抱える大坂呉服店が、大坂両替店の出入り（贔屓《ひいき》）の茶屋も一括して指定、監督した可能性がある。この場合、大坂呉服店と大坂両替店は同じ茶屋を指定していたと考えられる。したがって、ここでは大坂呉服店が指定した茶屋を確認しておく。

まず、明治四四年（一九一一）に聴取された元手代の回顧録を確認する。最幕末に大坂呉服店で勤務した林甚三郎《はやしじんさぶろう》らの回顧録（樋口一九九二）には、出入り茶屋について言及がある。

大阪（大坂）の店もまた、京都と同じように、遊びに行く出入りの茶屋があった。南地《なんち》では京駒《きょうこま》、惣左衛門町（宗右衛門町《そうえもんちょう》の誤り）のほうでは見山屋《みやま》。この見山屋という方は維新後のほうで、古くは京駒という方が出入り茶屋になっていた。

（「大阪呉服店古老談話大要」）

ここでいう南地とは、明治時代、芸妓《げいぎ》や娼妓《しょうぎ》を抱える茶屋が多く建ち並んだ南地五花街《ごかがい》（道頓堀《どうとんぼり》の宗右衛門町、九郎右衛門町《くろうえもんちょう》、櫓町《やぐらまち》、坂町《さかまち》、難波新地《なんばしんち》）のことだ。

実際、明治三九年（一九〇六）一〇月一四日の『大阪毎日新聞』の記事によると、住吉大社の神事では南地五花街の芸妓らが供奉《ぐぶ》の市女《いちめ》を務めたようで、その市女に京駒の芸妓が名を連ねている。一方、明治四一年二月二日の『大阪毎日新聞』の記事には、神社仏閣に参拝する南地芸妓の一行として、見山屋の芸妓の名がみられる（大谷編二〇〇九）。ただし、明治末期では京駒の名を確認できるが、江戸時代の道頓堀界隈で京駒（もしくは京屋駒××）という名の茶屋は確認できない。

そこで考えられるのは、京駒は江戸時代から続く老舗で、江戸時代には別の店名であった可能性だが、それを確認する手段はない。ともあれ、店名が不確かであったとしても、大坂呉服店の奉公人たちが南地の茶屋に出入りしていたのは間違いなさそうだ。

この点で、注目すべき帳面が現存している。幕末の約二年間にわたって作成された「心《こころ》得《え》違《ちがい》遣過扣《つかいすぎひかえ》」は、大坂呉服店が奉公人たちの前借りの使途と金額を記録したものだ。この帳面には、衣類や小道具・土産物・嗜好品の購入費、参詣費、祝儀代などが計上されているが、ひときわ金額が大きい費目が多数みられる。これらは「泉庄」、「いづ庄」、「いづ正」に対し「口々入用」として支払われたもので、一件当たりの支払い額は、概ね金二〇両から金四二〇両（金一両を銀九七匁一分として銀二貫目から銀四〇貫目くらい）に及ぶ。

使途は残念ながらぼかされているが、同じ帳面にある次の記事が参考になる。元治《げんじ》元年（一八六四）正月、大坂呉服店が「泉庄」の店への支払い金一二両二歩を奉公人に持たせ、派遣したところ、この奉公人は途中で遣《つか》い捨てたので、これを前借りとして計上したとある。この奉公人は退職したようだが、注目すべきはその理由が「遣い捨て」とあることだ。三井の場合、茶屋での遊興費を「遣い捨て」と表現することが多かった（村二〇二二）。したがって、奉公人が支払い目的で派遣されたのは遊所であり、彼は誘惑に負けて遊興してしまったと考えることができる。

支払い金額の高さからみても、「遣い捨て」がなされる立地に泉庄（泉正）の店があったことからみても、泉庄の店は、遊所に位置した茶屋であった可能性が高い。土地台帳をみると、安政三年（一八五六）時点の道頓堀立慶町《りゅうけいまち》（のちの櫓町の一部）には、和泉屋《いずみや》庄兵衛《しょうべえ》の店があった。和泉屋庄兵衛の居住地は安土町《あづちまち》一丁目（現大阪市中央区）であったから、立慶町では嶋屋弥兵衛《しまややへえ》という者がその家守《やもり》（代理人）を務めていた（木上二〇一五）。一方、大坂両替店の信用調査記録を読むと、立慶町の嶋屋弥兵衛は信用調査の対象となっており、安政五年八月時点で彼は「芝居茶屋」を営み、「泉屋正兵衛」の家守を務めていたとある。

当時、立慶町は、歌舞伎芝居や人形操《あやつ》り芝居が興行される芝居小屋と、芝居の見物客を相手とする飲食店や嗜好品店が建ち並ぶ芝居町として著名だった（神田二〇一三）。実際に、土地台帳で和泉屋庄兵衛の店の位置を確認すると、西隣には、からくり芝居の劇場である竹田芝居小屋があった（木上二〇一五）。竹田芝居小屋が表口一二間（約二三・六メートル）、奥行二〇間（約三九・四メートル）であったのに対し、和泉屋庄兵衛の店の表口は三間（約五・九メートル）、奥行二〇間であったから、和泉屋庄兵衛の店は（もちろん劇場などを備えない）小規模な店構えだったことがわかる。この店が芝居茶屋であったとすると、文字どおり芝居の劇場に隣接し、表向きは見物客を相手とした茶屋であったことになる。

一般に、茶屋の公認営業権である茶屋株を持つ家持は、自ら営業することはなく、公認営業権を借家人に貸与して営業を委任し、定額の賃貸料を得ることが多かった。ただし、塚田孝（二〇〇六）が明らかにしたように、茶屋株を持ちながら自ら茶屋を営業した家持も存在したから、和泉屋庄兵衛も、立慶町に芝居茶屋の店を置き、家守に茶屋営業の実務を任せていた可能性がある。なお、単純な比較は難しいものの、近隣の芝居小屋の場合、芝居小屋の所有者は他町の町人で、実際の運営については家守が従事した例もあった（木上二〇一五）。あるいは、家守の嶋屋弥兵衛が和泉屋庄兵衛の茶屋株を購入し、表向きは和泉屋庄兵衛の名前で営業していた可能性もある。

実際、大坂両替店の信用調査書をみると、名前を使い分けて複数の商売を営む者もいた。たとえば、安永五年（一七七六）の亀屋伊右衛門《いえもん》は糠《ぬか》問屋であったが、木綿《もめん》問屋株《かぶ》（営業権）を購入し、信濃屋四郎兵衛《しなのやしろべえ》という名前で木綿問屋も営んだ。これは、もともと信濃屋四郎兵衛に木綿問屋の営業権を付与されていたが、信濃屋四郎兵衛が亀屋伊右衛門に株を売却し、伊右衛門は表面上、四郎兵衛として営業したことになる。

ともあれ、①回顧録によると、出入り茶屋は道頓堀にあったこと、②奉公人たちが泉庄なる者の店に多額の浪費をし、この泉庄の店は遊所にあった可能性があること、③泉庄の店の家守は芝居茶屋を営んでいたことを勘案すると、幕末の場合、大坂呉服店（および大坂両替店）の指定茶屋は、和泉屋庄兵衛が所有した立慶町の芝居茶屋であった可能性が高い。

ただし、天保改革の影響で、天保一四年（一八四三）一〇月から安政四年（一八五七）一二月の茶屋再赦免《しゃめん》前までは、立慶町の芝居茶屋が遊女屋のような商売に従事することは禁じられていた（木上二〇一五、吉元二〇二二）。一方、和泉屋庄兵衛は慶応元年（一八六五）には立慶町の店を手放したようだから、京駒との関連はなかった可能性がある。

したがって、大坂呉服店（および大坂両替店）が和泉屋庄兵衛を出入りの茶屋に指定した期間は、安政四年一一月から慶応元年の間であったと推測できる。この期間以外については、他の茶屋が指定されていたはずだ。

では、なぜ芝居茶屋なのか。江戸時代の大坂には公認遊廓である新町もあったし、道頓堀や堀江地域には遊女を抱える泊《とま》り茶屋も多数あった。後者は、遊女を複数人抱えることが事実上黙認されていたといわれる（塚田二〇〇六、吉元二〇一九）。そうであるのに、大坂呉服店（および大坂両替店）が芝居茶屋を出入りに指定した理由は何か。

そこで注目すべきは、塚田孝と村和明の研究だ。

塚田によれば、道頓堀の芝居茶屋は、客の求めに応じて、付近の元伏見坂町《もとふしみさかまち》や難波新地《なんばしんち》の茶屋から遊女や芸妓を呼んでいた（塚田二〇一五）。一方、村によると、京都呉服店が遊女屋ではなく茶屋を出入りに指定した理由は、奉公人たちに馴染《なじ》みの遊女をつくらせない（一人の遊女に金銭をつぎ込ませない）ことであったという（村二〇二二）。

したがって、奉公人たちが一人の遊女に執着し浪費することを避けたい大坂呉服店（および大坂両替店）にとっては、特定の遊女を抱えず、付近から不特定の遊女を呼ぶ芝居茶屋は、最も理想的な業態であったわけだ。通常、茶屋では一階で酒食を楽しみ、二階で遊女と遊興をしたから、芝居茶屋も二階に遊女や芸妓を呼んだ可能性がある。

ここまで、奉公人たちの遊所通いを説明してきたのは、単に彼らの浪費の原因を指摘したかったわけではない。経営の観点からみると、大坂呉服店がわざわざ芝居茶屋という業態を指定したことについては、奉公人たちの浪費の制御を試みつつ、遊興の場を提供して、彼らの勤続意欲を向上させようとした狙いがあったと理解できる。そして、遊所通いの規則には、もうひとつ重要な仕掛けが存在した。村和明の研究（二〇二二）から説明しておく。

京都呉服店が出入りの茶屋に宛てた定書《さだめがき》によると、茶屋から帰店する門限が職階ごとに定められ、平手代は二〇時、筆頭《ひっとう》は二〇時半、上座《かみざ》は二三時、役頭《やくがしら》は二四時を門限とした（呉服店では職階が細かかった）。これは改訂された可能性もあるが、門限の差はあった。支配・組頭については門限がなく、宿泊も可能であったようだ。このほか平手代の場合、茶屋が用意する遊女・芸妓のランクの上限が決まっていたかのような記述もある。

仮に、京都呉服店の規則が大坂呉服店（および大坂両替店）にも適用されていたとする。この場合、店と指定茶屋との連携は、勤続意欲を向上させる誘因となったはずだ。なぜなら奉公人にとっては、後払い可能で遊興補助もあり、茶屋を通すクラスの遊女と遊ぶことができ、しかも昇進するにつれて遊興の規模も拡大できたからである（なお、手代が別宅手代に昇進したとき、前借り金はすべて返済し、これ以降は前借りや遊興補助を得られないので、無制限に遊べたわけではない）。

すでに村が指摘したとおり、店側が抑圧と欲求不満に苛《さいな》まれた奉公人たちを（勤続させるよう）制御するために設計した仕組みは、何も昇給・退職金制度だけではなかった。遊興の提供と統制も、その重要な仕組みのひとつだった。

ただし、後者の仕組みは、女性との売買春を利用し、男性社会である奉公人集団を成り立たせるという、極めて歪《ゆが》んだ構造のなかで成立したものであったことを忘れてはならない。

第3章　信用調査の方法と技術

本章では、いよいよ、顧客の信用情報を調査する「聴合《ききあわせ》」業務の説明に入る。

なお、現代における信用情報とは、日本弁護士連合会の定義では、以下に掲げる個人の返済能力を判断するために資する情報をいう（日本弁護士連合会二〇〇一）。

一、与信契約における与信額、返済状況、残高等、与信取引に関する情報。
二、支払延滞、代位弁済、銀行取引停止処分等の事故情報。
三、信用判断に直結する資産、負債、収入、勤務先等、個人の経済状況に関する情報。
四、氏名、生年月日、住所等、前記各号に付随して、個人を識別するための情報。

もちろん、江戸時代には銀行などはないので、これらはあくまで指標である。

1 「聴合」から成約までの流れ

奉公人ごとの役目

第2章では、大坂両替店の奉公人（元服前は子供、元服後は手代）が勤続年数に応じて昇進し、概ね年功序列的な職階を構成していたこと、重役の別宅手代が通勤して店の監督と意思決定をおこない、支配の住み込み手代が店を統括したことを説明した。

では、彼らは実際にどのような業務に従事したか。文久《ぶんきゅう》元年（一八六一）時点の大坂両替店手代の役目を示したものが表9だ。このうち、元方掛名代の石島保右衛門と後見の石井与三次郎・吹田四郎兵衛が別宅手代である。表9をみると、別宅手代がそれぞれ四〜六種の役目を担当しており、支配の住み込み手代が最多の九種の役目を担当したことがわかる。

大坂両替店の最高幹部であった石島保右衛門は、①会計書類などの監査業務に相当する「本帳諸帳面《ほんちょうしょちょうめん》・諸向調役《しょむきしらべやく》」を唯一担当しており、彼が大阪両替店の最高責任者であったことを示している。

保右衛門以外の手代も含めて、このほかの役目の内容もみてみよう。

たとえば、②「家方《いえかた》」は大坂両替店が管理した都市不動産の経営、③「新田方《しんでんかた》」は大坂両替店が管理した菱屋《ひしや》新田（現大阪府東大阪市）の経営、④「御用方《ごようかた》」は御為替御用などの幕府御用の遂行、⑤「銅座《どうざ》・銀座引替方《ぎんざひきかえかた》」は改鋳《かいちゅう》貨幣の引き替え、⑥「取組掛合《とりくみかけあい》・打銀利足《うちぎんりそく》催促方《さいそくかた》」は顧客との交渉や利息金の支払い督促、⑦「江戸仕送繰合《えどしおくりくりあわせ》・京引合方《きょうひきあわせかた》」は江戸への送金為替や京都との送受金の手配、⑧「取組証文改方《とりくみしょうもんあらためかた》」は契約書の文言や印鑑の確認、⑨「帳合方《ちょうあいかた》」は基本的な会計書類の照合に相当したと思われる。

住み込み手代の最上位に位置した杉本久次郎《すぎもときゅうじろう》の役目をみると、④から⑧のほかにも、⑪

表9　文久元年（1861）時点の大坂両替店手代の役目

名前	役目	職階	勤続年数（年目）	年齢（歳）
石島保右衛門	①本帳諸帳面・諸向調役、②家方、③新田方、⑭当町内掛り両替仲間・質仲間、⑯笠間御屋敷、⑳龍野御屋敷方	元方掛名代	43	53
石井与三次郎	②家方、③新田方、④御用方、⑤銅座・銀座引替方、⑰紀州御屋敷、⑱加納様	後見	29	40
吹田四郎兵衛	⑥取組掛合・打銀利足催促方、⑦江戸仕送繰合・京引合方、⑧取組証文改方、⑫加入方帳合	後見	29	39
杉本久次郎	④御用方、⑤銅座・銀座引替方、⑥取組掛合・打銀利足催促方、⑦江戸仕送繰合・京引合方、⑧取組証文改方、⑪賄方帳合改方、⑬京本状・江戸状方、⑮店繕普請掛、⑲沼田・高崎御屋敷方	支配	28	37
中井文三郎	⑨帳合方、⑩出入番帳合改方	組頭	17	28
清水泰次郎		組頭格	16	26
鳥居豊三郎		組頭格	15	25
米田兵次郎		平	14	24
石島恒三郎		平	10	19
加東正蔵		初元	8	19
中井岩之助		初元	7	17
岩崎清次郎		初元	6	16

注：空欄は記載なし

奉公人たちの基本給を管理する「賄方帳合改方《まかないかたちょうあいあらためかた》」、⑬京都両替店や江戸両替店との書状を作成する「京本状《きょうほんじょう》・江戸状方《えどじょうかた》」、⑮店の修繕工事を監督する「店繕普請掛《たなつくろいふしんかかり》」などを担当しており、支配の杉本久次郎は店の統括者として、店の状況把握に努めていた感がある。

これら以外には、諸大名との連絡・交際に従事する役目があった。⑯「笠間御屋敷《かさまおやしき》」は常陸《ひたち》国笠間藩（牧野《まきの》家）、⑰「紀州御屋敷」は紀伊国和歌山藩（紀伊徳川家）、⑱「加納様《かのう》」は上総《かずさ》国一宮《いちのみや》藩（加納家）、⑲「沼田《ぬまた》・高崎《たかさき》御屋敷方」は上野《こうずけ》国沼田藩（土岐《とき》家）と上野国高崎藩（大河内松平《おおこうちまつだいら》家）、⑳「龍野《たつの》御屋敷方」は播磨国龍野藩（脇坂《わきさか》家）との連絡・交際役だ。三井は原則、大名貸を禁じていたが、特別な事情がある場合には金銭的な関係も持った。たとえば、牧野家に対しては、三井が幕府から御為替御用を請け負ったときに便宜を図ってもらった恩義があり、紀伊徳川家は、三井の出身地である伊勢松坂の領主であった。大河内松平家については、大坂城代《じょうだい》への就任を契機とし、脇坂家については、龍野藩に対する嶋屋市兵衛《いちべえ》の大名貸債権が、彼の財産差し押さえを経て大坂両替店に移転したことを契機とした（賀川一九九六）。

一方、表9をみると、組頭格、平手代、初元手代には役目の記載がない。もちろん、これは彼らに役目がなかったことを意味しない。京都呉服店の例をみてみると、それぞれの役目については、基本的に役づき手代が一～二名、平手代が数名で構成されていた（西坂二〇〇六)。したがって大坂両替店の場合も、組頭以上の役づき手代がそれぞれ①~⑳の責任者であり、組頭格と平・初元手代がその部下として①~⑳に配属されていた可能性が高い。

では、顧客の信用情報を調査する「聴合」の仕事を、だれが担当したのか。

信用調査書をみると、文久元年には、組頭格の清水泰次郎《しみずやすじろう》(二六歳)と鳥居豊三郎《とりいとよさぶろう》(二五歳)が信用調査を担当していた。この泰次郎と豊三郎については、まだ平手代であった安政五年(一八五八)前後から、「聴合人」として信用調査書に名がみられる。彼らは、平手代時代から継続して信用調査に従事していた。これに対し、「聴合人」に組頭以上の役づき手代の名はみられない。

したがって、信用調査に従事したのは、原則二〇代の若手の手代であったことになる。彼らが配属されたのは、⑥の「取組掛合・打銀利足催促方」であろうか。

ただし、上司の杉本久次郎は、嘉永五年(一八五二)の組頭格時代(二八歳)から安政二年(一八五五)の組頭時代(三一歳)まで、平手代たちに交じってときおり信用調査に従事したから、案件によっては三〇歳前後の手代も信用調査に携わった。一方、信用調査の対象者が複数であった場合、子供が手伝いとして顧客の一部を調査することもあった。いずれにしても信用調査の仕事は、手代(ときには子供)の訓練の機会になった可能性がある。

以下では、右に述べた業務のうち、金融業の基本ともいえる信用調査業務を解説する。

信用調査書の作成

大坂両替店の信用調査書は一三冊あり、表10のように表題は「日用留《にちようどめ》」、「日用帳《にちようちょう》」、「聴《きき》合帳《あわせちょう》」となっている。江戸時代の「日用《ひよう》」といえば、日雇稼ぎの者を想起するが、「日用留」・「日用帳」については「日次記《ひなみき》」の意味合いが強い。文政九年（一八二六）以降の場合、表題は「聴合帳」に統一されており、「聴き合わせ」は「問い合わせる」、「照会する」という意味を持ったので、内容面からすると「聴合帳」のほうが適合的である。もちろん、すでに一七三〇年代にも、奉公人が顧客の信用情報を調査する際には、「聴合」という語を用いていたから、「日用留」・「日用帳」を「聴合帳」と表記しても差し支えない。

表10　信用調査書の表題と期間

表題	調査対象期間	史料番号
日用留	享保17年（1732）～寛保３年（1743）	本248
日用帳	寛保３年（1743）～宝暦元年（1751）	本351
日用帳	宝暦２年（1752）～宝暦８年（1758）	本249
日用帳	宝暦８年（1758）～宝暦11年（1761）	本250
日用帳	宝暦11年（1761）～安永６年（1777）	本251
日用帳	安永６年（1777）～天明３年（1783）	本252
日用帳	天明３年（1783）～寛政７年（1795）	本253
日用帳	寛政７年（1795）～文化９年（1812）	本254
日用帳	文化９年（1812）～文政９年（1826）	本255
聴合帳	文政９年（1826）～弘化３年（1846）	本378
聴合帳	弘化３年（1846）～嘉永７年（1854）	本379
聴合帳	嘉永７年（1854）～万延元年（1860）	本380
聴合帳	万延元年（1860）～明治２年（1869）	本381

　一八世紀末以降の信用調査書をみると、それまでと比べて、明らかに情報量が多くなっ

ていることに気づく。一八世紀中頃の場合、顧客の人柄や家計状態の記載は短く、信用調査書には簡単な担保の情報しか記載されていないこともあったが、一八世紀末以降では、それらの記載は長文化し、顧客の親類や分家に至るまで詳細に調査された例もみられる。大坂両替店は、一八世紀後半の経営不振を打開するため、信用調査の精度を高めようとした可能性がある。以下では、おもに一八世紀末以降の信用調査を紹介することにしたい。

ここで、まずは信用調査に至るまでの具体的な流れを確認する。

借入希望者である顧客は、大坂両替店の店舗を自ら訪問したか、あるいは金融仲立人《なかだちにん》（多くは口入《くにゅう》と呼ばれた）がその代理として訪問した。金融仲立人とは、いわば顧客と金貸し業者とをマッチングさせ、手数料収入を得ることを生業とした者で、顧客が希望する条件と提供できる担保を記した折紙を様々な金貸し業者に持参し、交渉を試みた。

筆者の見立てによると、金融仲立人が介在した件数は、信用調査書に明記されている分だけでも全体の約半数に及んだ。よって、金融仲立人たちが借入希望者の情報を大坂両替店に持ち寄ってくることは、日常的であったと考えられる。とくに三井大坂両替店は著名かつ有力な金貸し業者であったから、借入希望の顧客であれ、代理人としての金融仲立人であれ、条件に合うと考えれば、まずは借入を打診する候補として機能したはずだ。

さて、顧客、あるいは金融仲立人が大坂両替店に借入を打診したとする。これに対し契約の可能性があると手代が判断した場合、顧客の信用情報を調査した。

たとえば、一九世紀中頃の信用調査書を読むと、顧客ごとに記録された信用情報の末尾には、「右のとおり近辺にて承りましたこと。〔安政五年〕七月五日、聴き合わせ鳥居豊三郎」、「右のとおり近辺にて承りましたまま記しておくものです。午《うま》〔安政五年〕七月九日、清水泰二郎〔泰次郎〕」などとある。信用調査書は、手代らが顧客の近辺でその信用情報を聞き回り、記録したものであることがわかる。

このように若手の手代が顧客の信用調査を実施したわけだが、実際の文言を読むと、若手の手代が役づき手代に顧客の信用情報を報告する形態がとられていたことがわかる。

たとえば、万延《まんえん》元年（一八六〇）七月の事例では、「右〔の顧客について〕聴き合わせましたところ、まず相応にございます。いまだ〔顧客の担保物については〕家質に差し入れておらず、しかしながら取り組み〔契約〕のことはしっかりと御勘考《ごかんこう》ください。右あらまし承りましたまま写しおくものです。九月一二日、〔松野〕喜三郎」とある。

これによると、顧客の提供する担保は相応で、いまだ家質にも入っていない〔顧客が他者に家屋敷を質に差し入れて金銭を借り入れていない、つまり担保の家屋敷に先取特権が設定されていない〕こと、しかし契約を結ぶかどうかについては入念に審査してほしいことを、平手代の松野喜三郎《まつのきさぶろう》が意見する形をとっている。「御勘考ください」という文言をふまえると、これは明らかに上司である役づき手代に対して報告したものだ。

したがって、信用調査書は、基本的に、平の手代たちが顧客の信用調査を上司の役づき手代に報告するために作成されたものであり、この報告書を役づき手代たちが審査して、契約を結ぶかどうかの判断を下したと考えられる。あくまで平の手代には審査し、契約の承諾を決定する権限はなく、その権限は基本的には役づき手代たちにあったといってよい。

ただし、例外もある。たとえば安政元年（一八五四）一二月の事例では、「右聴き合わせましたところ、堺筋北久宝寺町《さかいすじきたきゅうほうじまち》の泉屋という者へ〔担保物を〕銀二七、八貫目の家質に差し入れておりますので、取り組み（契約）の断り（謝絶）を〔顧客に〕知らせましたこと、一二月一七日、聞き合わせ池田庄三郎《いけだしょうざぶろう》」とある。庄三郎は当時、平手代だ。一方、安政七年正月の事例では、「右承りましたまま記す。右のとおりにてあまり身体向《しんだいむき》（家計状態）がよろしくないとのことなので、断り（契約の謝絶）を〔顧客に〕知らせましたこと。申《さる》（万延元年）正月五日、〔清水〕泰二郎（泰次郎）」とある。

これらの例によると、すでに顧客の担保物が他者への質に入っていたり、顧客の家計状態がよろしくないと手代が見聞きしたりして、契約を結ぶ見込みがないときには、平手代の判断で契約を断っていたことがわかる。よって正確にいえば、平手代には契約を承諾する権限はなかったが、見込みがないと判断した際に契約を断る権限はあったことになる。

もっとも、信用調査書には、役づき手代への報告書という性格のほかに、もうひとつ重要な用途があった。それは、契約の見込みがなくとも、後日、参考にするために記録しておく備忘録的用途だ。たとえば、文化一四年（一八一七）七月の事例では、「堂嶋弥左衛門町《どうじまやざえもんちょう》の播磨屋弥兵衛《はりまややへえ》が御印《おしるし》（延為替）で銀一二〇貫目を〔借り入れたいと大坂両替店に〕申し来て、すぐに〔大坂両替店の手代が弥兵衛の信用情報を近辺で〕聞き合わせましたところ、まったく相手にできないものにございましたが、今後の心得のため控えおきます」とある。

文政元年（一八一八）九月の事例では、「右人（顧客の伏見屋嘉兵衛《ふしみやかへえ》）の世間向《せけんむき》の気受けは甚《はなは》だよろしくありませんとのこと。すでに〔嘉兵衛の〕同商売（紙商売）については、売買はもちろん、問屋（紙問屋）一統（全員）なども〔嘉兵衛とは〕取引などは一切していませんとのこと。そのため〔嘉兵衛の〕身上向《しんじょうむき》（家計状態）はよろしくありませんとのこと。もちろん〔嘉兵衛は〕他者へ〔自らの家屋敷を〕家質に差し入れており、当時は目安《めやす》（訴訟）中でございます。到底《とうてい》、相手にすることもございませんが、後日に至るときの心得のために控えておきますこと」とある。

これらの例のように、大坂両替店にとっては門前払いに値する顧客であっても、手代が必要と判断すれば、後日のためにその顧客の信用情報を調査しておくことがあった。このような情報の蓄積は、のちの判断材料、あるいは後任の手代の参考資料になったはずだ。

では、このような信用調査は、三井大坂両替店に特有のものであったのか。実は、決して大坂両替店のみが顧客の信用情報を調査していたわけではない。

宝暦一〇年（一七六〇）九月、大坂両替店の手代が日向町《ひゅうがまち》（現大阪市西区）の阿波屋源右衛門《あわやげんえもん》の信用情報を調査した例を次に示す。

右のとおり〔の阿波屋源右衛門〕を〔大坂両替店の手代が〕聞き合わせましたところ、〔源右衛門の〕身上柄《しんじょうがら》（家計状態）はあまりよろしくなく、あちら側では不評とのこと。居宅（日向町）ならびに三右衛門町《さんえもんちょう》の家屋敷は無疵《むきず》（質に入っていない状態）だが、このとき諸方《しょほう》より〔源右衛門の〕聞き合わせに出向いたとのこと。十分に吟味《ぎんみ》するよう会所にて〔町《ちょう》役人が〕申しました。居宅町（日向町）へは今朝から五人ばかり出向いたとのこと。〔源右衛門は〕不行跡《ふぎょうせき》（不品行）とのこと、あちら側から噂があり、同じく取り組み（契約）無用のものです。

（「日用帳」）

これによると、大坂両替店のほかに「諸方」が源右衛門の信用情報を調査しており、大坂両替店よりも先に源右衛門の居宅のある町へ五人ほど信用調査に出向いていたことがわかる。

そして、この五人の信用調査によると、源右衛門の品行はよくないとの噂《うわさ》であり、大坂両替店の手代も（五人の誰かから聞いたのか）それを耳にしたので、契約は無用と判断して帰店したようだ。

仮に五人が五軒の金貸し業者であったとした場合、源右衛門は大坂両替店を含む六軒の金貸し業者に借入を打診し、六軒はそれぞれ源右衛門の信用情報を調査したことになる。大坂両替店の手代の初動が遅かったのか、大坂両替店への依頼が遅かったのかについては判然としないが、いずれにしても、大坂の金貸し業者はそれぞれ顧客の信用情報を調査していたことは間違いない。すでに鹿野嘉昭が指摘したとおり、二〇世紀初頭の古老の回顧録によると、両替屋たちは手代を派遣して顧客の店の模様を観察していたようだ（鹿野二〇一三）。

一方で、顧客の側にも、複数の金貸し業者に借入を申し込み、一番有利な条件を探るような選択肢が存在したことも忘れてはならない。実際、大坂両替店が顧客の信用情報を調査している間に、その顧客とほかの金貸し業者との契約が決まって断られることもあった。

大坂両替店にとっての競合相手は、大坂両替店と同じく、幕府公金を預かって融資に転用した御為替組（十人組）の両替屋たちであった。

このうち、とくに有力な両替屋が島田（恵美須屋《えびすや》）八郎左衛門《はちろうざえもん》家だ。島田は呉服屋と両替屋を営み、京都を本拠としたが、大坂の高麗橋一丁目に支店を構えていた（宮本一九六七）。

大坂両替店の信用調査書を読むと、島田が先に顧客の信用調査を試みていたり、すでに顧客が島田に担保を入れ、幕府公金為替名目の金銭（御為替銀《おかわせぎん》）を借りていたりした例がある。

当然、島田も、債権保護の強い延為替貸付を広くおこなった。第1章で述べたように、延為替貸付の場合、滞納相手が複数名から訴えられた多重債務者であっても、大坂町奉行所は最優先で訴訟を受理した。この点に延為替貸付の強みがある。しかし、大坂両替店と島田がそれぞれ同一相手に延為替貸付をし、給付訴訟に至ったときには、訴訟提起日の順番で受理された。換言すると、先に島田が訴えた借主に対し、大坂両替店があとから貸金回収を訴えても、島田の貸金回収が解決するまで順番待ちになった。だからこそ、大坂両替店は、顧客に島田からの借金がないかを入念に確認する必要があった。

ただし、大坂両替店と島田は、単に顧客の獲得をめぐって対立していたわけではない。顧客の家屋敷が島田に担保として入っていたことを知った大坂両替店の奉公人が、その真偽と契約内容を島田に尋ね、島田がそれらを回答した例もあった。お互いが給付訴訟時に競合しないよう、同一相手に融資することを避けていた可能性がある。

このほかにも、延為替貸付をおこなった者がいた。信用調査書を読むと、十人組の竹川彦《たけがわひこ》太郎《たろう》に担保を入れて、御為替銀を借りていた顧客の例が複数みられる。一方で、大坂両替店の訴訟記録には、上田組が大坂商人に御為替銀を貸与していた例も確認できる。

竹川彦太郎は、江戸の南茅場町《みなみかやばちょう》（現東京都中央区）と大坂の尼崎町《あまがさきちょう》一丁目（現大阪市中央区）に両替店を置いた有力両替屋であった。上田組は、上田家同族三名から成る後発の御為替組で、このうち筆頭の上田三郎左衛門は大坂の上中之島町《かみなかのしまちょう》（現大阪市北区）を本拠とする廻船問屋だったが、一八世紀末には経営難で御為替組から退身した。

このように大坂では、低利かつ比較的大口の融資をする金貸し業者たちが競合していた。当然、彼らも顧客の信用調査を実施し、常連客になりうる顧客の確保に努めたはずである。なお、付言しておくと、大坂両替店でのみ顧客の信用情報が調査されたわけではない。京都両替店には幕末維新期の信用調査書（「聴合帳」）が一冊現存しているし、江戸両替店も顧客の信用情報を調査した形跡がみられる（樋口二〇〇一）。

三井以外についても、甲斐国巨摩郡荊沢村《かいのくにこまぐんばらざわむら》（現山梨県南アルプス市）の豪農市川家が、江戸の赤坂田町《あかさかたまち》二丁目（現東京都港区）の家屋敷を担保に借入を希望してきた者に対し、担保となる家屋敷を入念に調査していた（岩淵二〇二一）。このほか、大坂町奉行所や尾張藩が公金を融資するにあたり、借入希望者の身辺調査をしたことも明らかにされている（竹内二〇〇九、大塚二〇一四）。三井に信用調査書の現物が現存していることが極めて稀有《けう》なだけで、顧客の信用情報を調査すること自体は全国的にみられたはずだ。

信用調査から契約成立までの流れ

それでは、実際の一事例で、信用調査から契約成立までの流れを確認する。

嘉永六年（一八五三）一一月、雛屋町《ひなやまち》（現大阪市中央区）の天満屋六次郎《てんまやろくじろう》が大坂両替店に借入を申し込んだ。希望借入額については記載がないが、六次郎は延為替貸付を希望していたようだ。六次郎の提供できる担保は、雛屋町唐物町《からものまち》通り御堂筋《みどうすじ》西南角の居宅と、雛屋町唐物町通り御堂筋西へ入る居宅裏手の抱屋敷《かかえやしき》であった。

まず、平手代の池田庄三郎が、六次郎が持参した書状の内容を確認した。この書状には、担保の情報が記載されており、手代はこれが正しいかを最初に調べた。

庄三郎が現地で確認したところ、書状の内容のとおり、居宅の町役《ちょうやく》（町《ちょう》の共同経費である町入用《ちょうにゅうよう》の負担基準）は「三ツ《みっつ》」、表口は九間一尺五歩（約一七・九メートル）、奥行は二〇間（約三九・四メートル）で、土蔵《どぞう》が三か所あった。抱屋敷の町役は「五ツ《いつつ》」、表口は一九間（約三七・四メートル）、奥行は一五間（約二九・六メートル）で、土蔵が二か所あった。

この現地調査の際、庄三郎は、居宅と抱屋敷の過去の売券《うりけん》価格（契約書上の売却価格）と、一か月間の町入用、一か月間の家賃も調べて記録していた。

居宅の売券価格は表口一間当たり銀五貫五〇〇匁から銀六貫目、町入用は町役一つ当たり銀二五匁、表店の家賃は一畳当たり銀一匁五、六分くらいで（裏借家の記載なし）、抱屋敷の売券価格は表口一間当たり銀四貫目から銀五貫目くらい、町入用はおそらく居宅と同じ、表店の家賃は一畳当たり銀一匁二、三分、裏借家の家賃も銀一匁二、三分であったようだ。
次に庄三郎は、顧客の年齢や人柄、家計状態の調査記録を次のように上司に報告した。

右（天満屋六次郎について）聞き合わせましたところ、右の家屋敷（居宅と抱屋敷）二か所どもについては、〔六次郎が〕家質《かじち》、および諸請負《うけおい》などの書入《かきいれ》（諸領主から諸役職を引き受けるにあたっての担保）等〔に差し入れていること〕は一切ございませんとのこと。当主（六次郎）の年齢は四一、二歳くらい、至りて〔相応の〕人柄とのこと。子どもが三人いるとのこと。〔六次郎の〕姉の娘に養子があり、これ（この養子）は南都（奈良）の笠置屋《かさぎや》という富家から参りました。年齢は一五、六歳くらい、名は六兵衛という。当主（六次郎）の女房は堂島の桑庄（桑名屋庄助《くわなやしょうすけ》か）方から参って（嫁《とつ》いで）いるとのこと。〔六次郎の〕身体向《しんだいむき》（家計状態）は至りてよろしく、商売は菅笠《すげかさ》・備後表《びんごおもて》（畳表）・蓑《みの》など下《しも》（地方《ちほう》）への下《くだ》し入り（販売）とのこと。〔菅笠・備後表・蓑などを〕おもに紀州の地と四国へ下《くだ》されていますとのこと。〔六次郎の〕家内は二〇人ばかりございます。店の支配人は乙助《おとすけ》といい、随分才人《ずいぶんさいじん》（才能のある人）とのこと。現在、喜兵衛《きへえ》という雇い入れの人（一時的に雇用されている奉公人）もいるとのこと。この人は、おもに帳面付けの支配〔指揮役〕をいたされていますとのこと。

現在、〔六次郎の〕親類は左のとおり。

堂島の桑庄（桑名屋庄助か）　これは女房の里《さと》（実家）。

伏見町《ふしみまち》の佐渡《さど》市（佐渡屋市兵衛《いちべえ》）　これは女房の妹の嫁ぎ先なので親類。

堺筋の平勘（平野屋勘兵衛《ひらのやかんべえ》か）とかいう砂糖屋。

備後町《びんごまち》の塚口屋《つかぐちや》（塚口屋喜右衛門《きえもん》か）という質屋。かじま（加島屋）の隣。

久太郎町《きゅうたろうまち》栴檀木《せんだんのき》筋西へ入る

天満屋、〔商売〕白粉屋《おしろいや》　これは当主（六次郎）姉へ養子に入り、分家とのこと。

阿波伊《あわい》（阿波屋伊兵衛《いへえ》）　これは当主（六次郎）妹の嫁ぎ先。

右のとおりにございますとのこと。かつまた、〔六次郎には〕別家六、七人がいますとのこと。あらまし〔別家の〕名所《などころ》（名前と居住地）を承りましたまま、左のとおり。

諸品下下《しもくだ》し　天満屋万兵衛《まんべえ》　南久宝寺町浪花橋《みなみきゅうほうじまちなにわばし》〔筋〕西へ入るところ。

扇屋　天満屋庄助　米屋町《こめやまち》（南本町《みなみほんまち》）難波橋《なにわばし》〔筋〕東へ入るところ。

紙屋　天満屋勘兵衛《かんべえ》　米屋町（南本町）心斎橋《しんさいばし》〔筋〕東へ入るところ。

荒物屋《あらものや》　天満屋嘉兵衛《かへえ》　唐物町御堂筋《からものまちみどうすじ》西へ入るところ。

下駄屋　　天満屋彦兵衛《ひこべえ》　御堂筋《みどうすじ》南本町。

金細（細工《さいく》）屋　俵《たわら》屋《や》彦兵衛　唐物町御堂筋北へ入るところ。

ただし、〔彦兵衛は分家六兵衛の〕別家ではありますが、当代六兵衛の母親（六次郎の姉の娘）の里（実家）とは中絶いたして（交際が切れて）おりますので、このように〔俵屋と〕名乗っていますとのことにございます。

右のとおりにございます。また、ほかにも〔六次郎には別家が〕ございますけれども、分かりかねますので、ここには記しません。

右のとおりに〔六次郎には〕別家もいるとのことで、なかなか身体《しんだい》（家計状態）はよろしいとのこと。掛屋敷（抱屋敷）なども数多あり、〔そのうち〕栴檀木筋久太郎町の角屋敷のところは、家質流し（貸主の六次郎が借主から引き取った家屋敷）のため、このたび新築いたされますとのこと。心斎橋〔筋〕戎橋《えびすばし》西へ入るところにも〔抱屋敷が〕あるとのこと。立売堀《いたちぼり》にも〔抱屋敷が〕あり、また、町内（雛屋町）にても多く家質を取られているとのこと。〔六次郎の〕居宅の向かいの、細屋清右衛門《ほそやせいえもん》の居宅と借家（抱屋敷）どもを〔六次郎が〕銀三五貫目で家質に取っているとのことにございます。

右のとおり、近辺にて承りましたまま、記しておきますこと。聞き合わせ池田庄三郎。

（「聴合帳」）

これによると、天満屋六次郎については、担保、人柄、家計状態に問題がなく、親類や別家も多く存在した。有能な支配人もいたらしい。しかも六次郎は、菅笠・畳表・蓑などを地方に販売した一方で、抱屋敷を多く所有し、家屋敷を担保に取る金貸し業もおこなっていたから、多くの財産を持っていたことが推測される。借入理由については明記されていないが、家計状態に不安があったり、何か揉《も》めごとがあったりしたわけではなさそうなので、六次郎は菅笠・畳表・蓑などの仕入れの増大か、金貸し業の拡大を目指したのかもしれない。

結果、新規契約・契約更新を記録した「究帳《きめちょう》」と担保物の詳細を記した「書入帳《かきいれちょう》」をみると、この報告を受けた役づき手代は、六次郎との新規契約を承諾したようだ。

こうして大坂両替店は、六次郎に対し、雛屋町の居宅と抱屋敷を担保に取って銀四〇貫目を融資した。契約形態は延為替貸付で、月利は〇・五五%だった。

なお、居宅を表口一間当たり銀五貫五〇〇匁、抱屋敷を表口一間当たり銀四貫目で計算すると、両方で銀一二六貫目の価値があったことになるが、実際の融資額はその価値の三二%に過ぎない。しかし、池田庄三郎が担保の情報を記録した付記には、「このあたりでは売券〔価格〕が高値とのこと」とあることが重要だ。後述するように、売券価格は過去の売却価格であり、しかも売券価格はあくまで書類上の価格であったから、実際には売券価格とは異なる時価で売買されていた場合もあった。よって、報告を受けた役づき手代は、嘉永六年一一月当時では売券価格ほどに価値がないと判断し、融資額を抑えたことになる。家屋敷の立地や状態にも左右されるが、大坂両替店の場合、時価の五〇〜八〇％が融資額になったから、雛屋町の居宅・抱屋敷の時価は、表口一間当たり銀三貫目程度であったと予想できる。

以上が信用調査から契約成立までの流れだが、信用調査に関して注意すべき点がある。天満屋六次郎の例で示したように、厳密にいえば信用調査には二段階があり、原則として手代は最初に担保物の内容を確認し、それを終えてから顧客の信用情報を調査した（もちろん、これは一九世紀中頃の例で、場合によっては同時並行でそれぞれを調査するときもあった）。この作業が極めて大切であった。なぜなら、顧客側は提供できる担保の情報を折紙に記して持参してきたわけだが、そこに記載されている情報が必ずしも正しいとは限らなかったからだ。

たとえば、天保六年（一八三五）五月、新靭町《しんうつぼちょう》（現大阪市西区）の鳥羽屋万五郎《とばやまんごろう》が、新靭町の居宅と油掛町《あぶらかけちょう》（現大阪市西区）の抱屋敷を担保として大坂両替店に借入を打診してきた。万五郎が持参してきた折紙には、居宅は表口四間半・奥行一七間、抱屋敷は表口四間半・奥行七間と記されていた。ところが手代が現地で確認すると、居宅は表口四間・奥行一四間であり、抱屋敷は表口四間、奥行三間しかなかった。

この誤りが故意なのか、不注意なのかについては判然としないが、万五郎に対する評価が下がったのは間違いない。実際、万五郎が大坂両替店と契約を結んだ形跡はみられない。担保物が顧客の申告どおりなのかを確認することが信用調査の第一歩だった。

なお、家屋敷の確認は、町会所《ちょうかいしょ》でなされることが多かった。町会所には、土地台帳や家質割印帳などが保管されていたからだ（谷二〇〇五）。実際には、手代は町役人を通して確認したと思われる。現在の私たちは、法務局に申請すれば、特定の不動産の現況と権利関係を登記簿で確認できるが、それと同じようなことが江戸時代においても可能であった。

2　都市不動産の時価と立地調査

担保物の移転

第1章で説明したが、借主（顧客）から貸主（大坂両替店）への財産、とくに担保物の移転について振り返っておきたい。

仮に顧客が大坂両替店に対し元金の返済、利息の支払いを遅滞したとする。この場合、大坂両替店は給付訴訟を提起し、大坂町奉行所が顧客に期日付きの返済命令を下した。そして、顧客が返済期日までに債務を履行できなかったときには、財産差し押さえが執行された。

この強制執行については、延為替貸付か、家質貸・質物貸かによって内容が異なった。ここでは、延為替貸付と家質貸の強制執行について整理する。

大坂両替店が顧客と延為替契約を結んでいた場合には、第三者からの先取特権が顧客の財産に設定されていない限り、担保物をはじめとするすべての財産が差し押さえられ、原則として財産の売却金が大坂両替店に渡された。一方、大坂両替店が顧客と家質契約を結び、担保の家屋敷に先取特権を設定していた場合には、先取特権を設定した家屋敷が差し押さえられ、家屋敷の現物が大坂両替店に引き渡された。すでに第1章で指摘したとおり、延為替貸付の債権保護が「面」に広く強く及ぶものとすれば、家質貸は無敵の「点」の一点突破だ。

もちろん質物貸の場合も、担保物が商品なだけで、上記の特徴は同じである。

ともあれ、顧客が債務不履行に陥《おちい》った場合、担保物の売却金か、もしくは現物が大坂両替店に移転したわけだから、担保物の価値を見極めることが非常に重要であった。

都市不動産の価値

では、価値が高い家屋敷とはどのようなものであったか。

江戸の場合、岩淵令治が明らかにした下総国関宿《しもうさのくにせきやど》（現埼玉県幸手《さって》市）の干鰯《ほしか》問屋喜多村壽富《きたむらひさとみ》の家訓が極めて示唆に富む（岩淵一九九六、岩淵一九九七）。壽富が一九世紀半ばに著した家訓には、家屋敷購入の方針が記されているからだ。ここから、当時の地主層がどのような家屋敷に価値を見いだしたかを知ることができる。

最も重要なのは、購入対象とする家屋敷の収益（地代・家賃）と支出（町内諸雑費）を確認することだが、次に重要なのは、家屋敷の賃貸形態と立地であった。このうち賃貸形態には、土地と家宅を貸して地代込みの家賃を得る貸家形態と、土地のみを貸して地代のみを得る貸地形態があり、貸地形態の場合には借地者が自費で家宅を建てて居住した。

壽富は、「店賃物《たなちんもの》（貸家形態を前提とする家屋敷）については購入してはならない。安歩《やすぶ》（低い収益率）であっても、角屋敷または三方角屋敷で地代（貸地形態）の上物《じょうもの》（上等の品物）を望みなさい」とする。壽富は、二方面が道に面した角屋敷、あるいは三方面が道に面した三方角屋敷の購入を勧め、かつ貸地形態での経営を推奨している。

そして利回り（この場合、証文上の家屋敷購入額に対する年間収益）については、「角屋敷惣《そう》地代極上物《ごくじょうもの》」（角屋敷で表店・裏借家すべて貸地）が三・〇％から三・四％余、「惣地代物《そうちだいもの》」（角以外の家屋敷で表店・裏借家すべて貸地）が三・六％前後から四・四％余、「表地代裏店《おもてちだいうらだな》」（表店が貸地で裏借家が貸家）が五％から六％、「惣店賃物」（表店・裏借家すべて貸家）が七％から一〇％であったという。しかし壽富は、「表地代裏店」と「惣店賃物」の購入を無用とし、「角屋敷惣地代極上物」の購入を勧めている。

一見すると、貸家形態のほうが利回りは高かったわけだが、これらの利回りはあくまで空室がなく、臨時的な出費がなかった場合のものだ。とくに貸家形態は、火災時の再建費用が多額に及ぶことを難点とした。地主は、火災後の灰の処理から家宅・共有施設の再建まで、すべて負担する必要があったからだ。これに対し貸地形態であれば、地主の負担は灰の処理と共有施設の再建だけで済み、家宅の再建費用については借地人が負担した。購入額が安く、家賃で高い利回りが予想される家屋敷については、満室が前提の、みせかけの利回りである場合が多かったから、利回りが低くとも集客率と立地に優れた家屋敷が望まれた。

一方、人通りが多く、客足が伸びやすい角屋敷は商人に好まれたから、角屋敷のほうが満室を見込みやすい。実際、壽富は、初期投資である購入額が高く、利回りが一見低そうな角屋敷こそが安全な資産であること、これを購入し貸地形態で経営すべきことを説いている。

では、大坂の場合はどうであったか。実は大坂では、貸地形態は極めて稀《まれ》であり、ほとんど貸家形態で賃貸がなされていたという（谷二〇〇五）。これは逆にいえば、土地と家宅を所有する家持が少なく、土地も家宅も持たない借家人が多かったことを示す。実際、大坂の場合、借家人の戸数が町全体の八〇〜九〇%を占める町も多数確認されている（牧一九八九、乾二〇〇二、斎藤二〇〇二）。ただし、借家人が全員、貧窮層であったわけではない。

たとえば、道修町《どしょうまち》三丁目（現大阪市中央区）の場合、一八世紀中頃には、奉公人を雇用する借家層が町全体の五〇%を超え、一九世紀前半には、借家層すべてが家事使用人である下《げ》女《じょ》を一人以上雇用していた（斎藤二〇〇二）。よって、店舗を構えて商売を営む表店層さえも、実際には借家人である場合があった。事実、奉公人を一六名も抱えた鴻池屋重太郎《じゅうたろう》は、表店を借りて商売を営む借家人だった（小堀一九九六）。このような者がいた理由については、町役負担を嫌がって、あえて町人（家持）にならなかったとする見解がある（谷二〇〇五）。

話がやや横道にそれたが、大坂では貸家形態での賃貸が基本だったから、高い価値を示す家屋敷を見極めるために確認すべきは、やはり立地であった。

大坂両替店が管理した家屋敷（大元方持《おおもとかたもち》一五か所、大坂両替店持二二か所）の場合、筆者が家屋敷ごとの月平均の利回り、表口一尺当たりの取得家賃を計算した結果、①角に位置しない家屋敷よりも、角に位置した家屋敷のほうが高い傾向にあったこと、②概ね、集客率の高い北船場の高麗橋と平野町、堂島と堂島周辺、西船場の南東部と堀江の北東部（四三頁の前掲図9を参照）が高かったことがわかっている。

実は、先に少し触れたとおり、信用調査書には、表口一間（京間で約一・九七メートル）当たりの売券《うりけん》価格（史料上では「売券書上《かきあげ》」、「うりけん」ともある）、あるいは「直打《ねうち》」（値打《ねう》ち）が記されている場合がある。売券価格とは過去の契約書上の売買価格を指し、値打ちとは時《じ》価《か》、すなわちその時々の予想売却価格を指す。なぜ、両者が区別して書かれたのか。

家屋敷の売買価格を予想するとき、一番手っ取り早いのが過去の売券価格の確認である。

なぜなら、売券の控えが保管されている町会所に手代が出向き、そこで目当ての家屋敷の売券価格を調べればよいからだ。しかし、売券価格には、ふたつの問題点があった。

まずひとつは、売券価格は過去の売却価格であったことである。その過去が最近であればよいが、何かしらの事情で十数年も家屋敷の売買がなされなかった場合、売券からは十数年以上前の売却価格しか知りえない。先述した天満屋六次郎の雛屋町のように、十数年の間で、当然、家屋敷の状態や町全体の景気が変化し、価値が高下することもありえた。

もうひとつは、売券価格は町掟《ちょうおきて》に左右される場合があったことである。町内で家屋敷の売買があった場合、家屋敷購入者は、家屋敷所在の町に台帳切替手数料（「帳切銀《ちょうぎりぎん》」）を支払う必要があり、台帳切替手数料は概ね売券価格の五％と定められていた。ここでの要点は、時価ではなく、売券価格の五％としていたことである。なぜなら町は、売券価格を不変の公定売却価格（たとえば表口一間当たり銀五貫目など）として指定することができたからだ。

当然といえば当然だが、時価の五％を手数料とすると、時価が暴落したときに手数料収入も激減した。時価は暴落する場合があったのに対し、公定売却価格は不変であったから、町側は公定売却価格から手数料を算出することで一定の手数料収入を見込めた。一方、実際の売買は時価でおこなわれたが、家屋敷購入者は、公定売却価格よりも時価が低かったとしても、公定売却価格の五％を手数料として支払った。この点で、売買への町の規制があった。

したがって、売券上に記された売却価格は上辺《うわべ》のもので、実際には時価で売買された場合があった。このなかなか知りえない時価を、信用調査書は教えてくれる。

そこで、大坂両替店の信用調査書からみえる時価の分布を図17と表11に示した。判明するのは、元文四年（一七三九）から万延元年（一八六〇）までの家屋敷一二四一か所である。信用調査書には、家屋敷の位置（角、筋・通り・橋との距離など）も記している場合があるので、可能な限り、それも図には反映した。ただし、ここでは時期の差を考慮していないから、そのあたりに関しては割り引いて参照してもらいたい（大体の場所は四三頁の前掲図9を参照）。

図17と表11をみると、中央の繁華街である北船場には表口一間当たり銀一〇貫目以上の高い時価を示す家屋敷が多く、とくに今橋《いまばし》一丁目、高麗橋一～三丁目、道修町一～三丁目、平野町一～三丁目、淡路町《あわじまち》一～三丁目のあたりが高い時価を示していた。

ほかにも、北東から流れた旧淀川《よどがわ》・堂島川・土佐堀川《とさぼりがわ》流域の時価が高い傾向にあった。具体的には、天満の天満青物市場《あおものいちば》付近・天満菅原町《すがはらちょう》、北船場の北浜《きたはま》一～二丁目・過書町《かしょまち》・大川町《おおかわちょう》、上町《うえまち》の京橋《きょうばし》三～六丁目、堂島の堂島新地一～三丁目、中之島の上中之島町《かみなかのしまちょう》・肥後島町《ひごじまちょう》・久保島町《くぼしまちょう》・西信町《さいしんまち》・常安町《じょうあんまち》、西船場の玉水町《たまみずちょう》などだ。これらの傾向は、一八世紀初頭に幕府が実施した家屋敷の価格調査と同じだが（野高二〇〇五）、天満や堂島の価格上昇が著しい。

図17　信用調査書にみる大坂家屋敷の時価の分布図

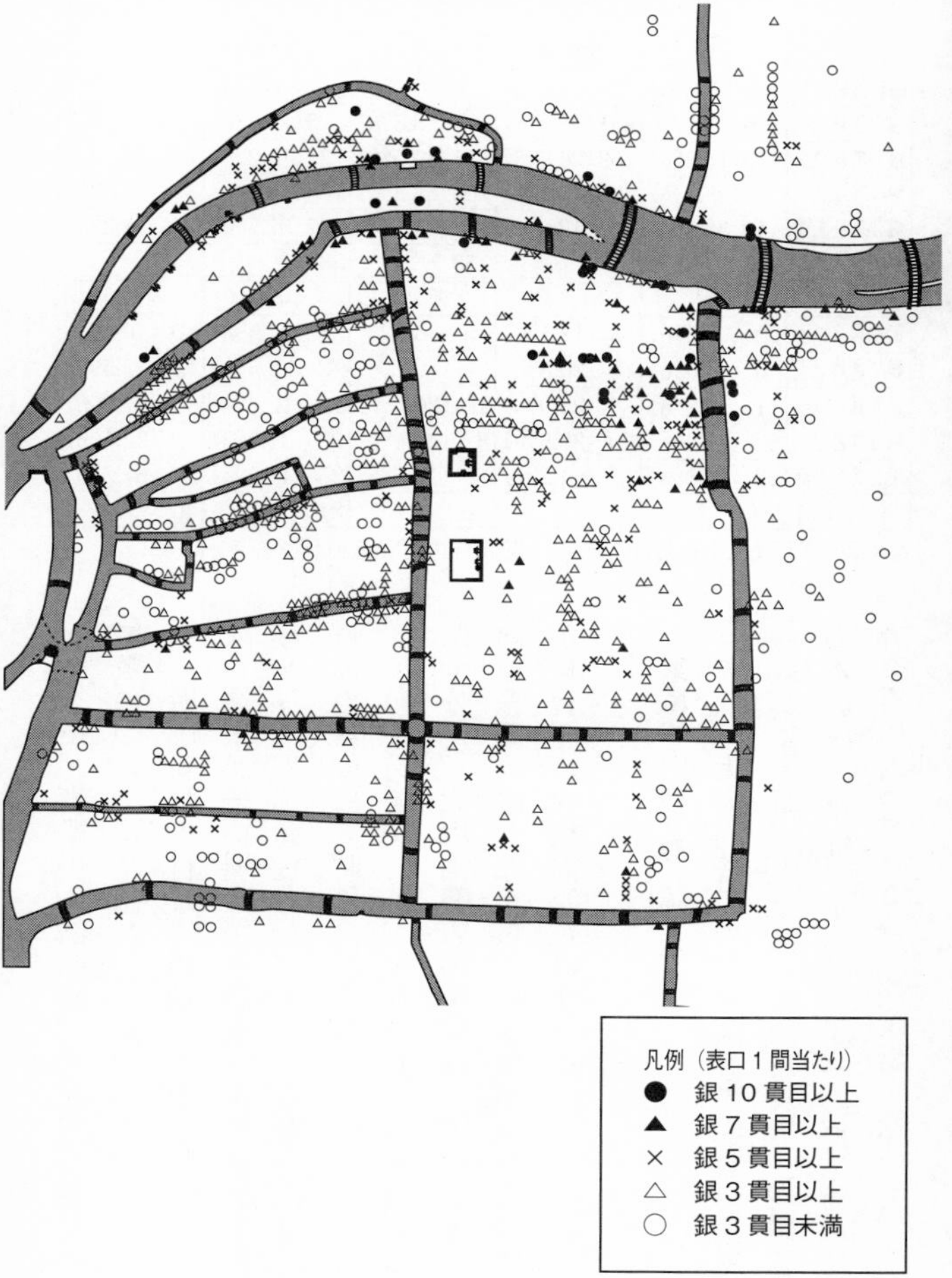

表11　信用調査書にみる大坂家屋敷の時価

単位：か所

	上町	北船場	南船場	西船場	島之内
銀10貫目以上	4(3.8%)	14(6.0%)	0(0.0%)	1(0.3%)	0(0.0%)
銀7貫目以上	6(5.7%)	31(13.3%)	6(3.8%)	5(1.4%)	2(2.7%)
銀5貫目以上	15(14.3%)	62(26.6%)	31(19.5%)	37(10.2%)	18(24.0%)
銀3貫目以上	40(38.1%)	98(42.1%)	103(64.8%)	183(50.4%)	39(52.0%)
銀3貫目未満	40(38.1%)	28(12.0%)	19(11.9%)	137(37.7%)	16(21.3%)
小計	105	233	159	363	75

	堀江	中之島	堂島	天満	周縁部
銀10貫目以上	0(0.0%)	3(12.5%)	5(6.9%)	4(4.9%)	0(0.0%)
銀7貫目以上	0(0.0%)	5(20.8%)	7(9.7%)	2(2.5%)	1(2.5%)
銀5貫目以上	11(12.2%)	6(25.0%)	19(26.4%)	10(12.3%)	3(7.5%)
銀3貫目以上	52(57.8%)	9(37.5%)	32(44.4%)	30(37.0%)	9(22.5%)
銀3貫目未満	27(30.0%)	1(4.2%)	9(12.5%)	35(43.2%)	27(67.5%)
小計	90	24	72	81	40

注：表口1間あたりの時価。確実に時価が判明する家屋敷のみ示した

一方で、南船場や西船場、島之内、堀江の家屋敷については時価が低い傾向にあった。ただし、遊廓新町の付近や道頓堀の遊所付近など、人の往来が多い場所では時価がやや高い家屋敷もみられた。もちろん、後述するように家屋敷自体の状態にも時価は左右されたので、これらは傾向に過ぎないが、人気のある地域を知るには十分だ。大坂両替店の手代は、このような傾向を念頭に置きながら、担保価値に借入希望額が見合うかを検討したはずである。

家屋敷の聞き取り調査

では、大坂両替店の信用調査の場合、家屋敷の収益（家賃）と支出（町内諸雑費）の確認、あるいは「無疵《むきず》」か否か（すでに担保物が第三者に質に入っているか）の確認を除いて、手代

が何を基準として家屋敷の聞き取り調査をしたかを確認しておく。

以下、項目別に事例を提示しながら説明を加える（すべて「聴合帳」類）。家屋敷の所在地については、だいたいの地域を示したので、適宜、四三頁の前掲図9を参照していただきたい。

①担保の家屋敷が角屋敷、あるいは橋筋に位置したか。

明和三年（一七六六）、平右衛門町《へいえもんちょう》（南船場、佐野屋橋北《さのやばし》）の家屋敷。

橋筋・角屋敷なので、時価もよろしくありますとのこと。

安永七年（一七七八）、櫂屋町《かいやまち》（西船場）の家屋敷。

橋筋、とくに角屋敷なので、時価がよろしい。

天明六年（一七八六）、坂本町《さかもとちょう》（西船場）の家屋敷。

奥行のほうは南北ともに橋筋《はしすじ》のため、表通りよりは格別賑わしくみえます。

天明六年（一七八六）、道修町《どしょうまち》一丁目（北船場）の家屋敷。

時価は現在〔表口一間当たり〕銀七貫目くらい、建物などもよろしく、とくに（この家屋敷は）角屋敷のことなので、大いに取り組み（契約）をしてよいとのこと。

天明七年（一七八七）、雑喉場町《ざこばちょう》（西船場）の家屋敷。

橋筋よりも西であれば時価も格別によろしいけれども、〔この家屋敷は〕東寄りなので時価がよろしくない。

文化一一年（一八一四）、信濃町《しなのまち》（西船場）の家屋敷。

場所は橋筋通りにありますので、賑わしく、随分よろしいように思います。

喜多村壽富《ひさとみ》の家訓にあったとおり、やはり角に位置した家屋敷が好まれたことがわかる。家屋敷に面した道路が多いほど、客足が伸びやすかったからである。

一方で注目すべきは、家屋敷が橋筋に面した場合も、高い評価がなされたことだ。当然、橋の付近には、橋を渡ろうとする人びとがいったん歩みを緩めたわけだから、付近にある店に視線が行きやすくなる。実際、天明元年（一七八一）、宮川町《みやがわちょう》（堀江）の家屋敷については、「橋筋なので人通り多き筋だ」とある。反対に、享和《きょうわ》三年（一八〇三）、京町堀《きょうまちぼり》一丁目（西船場）については、「全体東へ〔通じる〕橋がないので、場所もよろしくないとのこと」とあるから、堀川に面した家屋敷であっても、付近に橋がなければ価値が低くなった。

大坂両替店の都市不動産経営をみても、橋に近い家屋敷ほど高い利回りを実現していたことがわかっている（Mandai and Nakabayashi, 2023）。

②担保の家屋敷が人通りの多い通りや筋に面しているか。
安永八年（一七七九）、津村東之町《つむらひがしのちょう》（北船場）の家屋敷。

居宅の裏行は御堂筋《みどうすじ》にて甚《はなは》だ繁盛の場所だ。

天明七年（一七八七）、安堂寺町《あんどうじまち》二丁目（南船場）の家屋敷。

堺筋通りゆえ場所柄がよろしい。

寛政二年（一七九〇）、立売堀南裏町《いたちぼりみなみうらまち》（西船場）の家屋敷。

表口は新町通り、奥行は江戸堀寄りの通り橋筋にて、夜商《あきな》いもすることができ、とくに角屋敷にて繁盛の場所だ。


これも角や橋筋と同じように、人通りの多さが重要な要素となっている。現在の私たちにも馴染《なじ》み深い御堂筋や堺筋は、大坂三郷の中央を南北につらぬくメインストリートのような様相を呈《てい》していたから（宮本二〇〇八）、これに面した家屋敷が好まれたわけだ。

一方、立売堀南裏町の家屋敷の場合、公認遊廓の新町《しんまち》の西大門（出入り口）から延びる大通りに面したから、とくに夜間に遊廓へ向かう人びとが家屋敷の前を行き交ったはずだ。この意味で、この家屋敷は、夜の商いもできるような好立地に位置したといってよい。

③担保の家屋敷が位置する町は、賑《にぎ》わう盛況な町か、寂《さび》れて不況な町か。
安永六年（一七七七）、相生町《あいおいちょう》（道頓堀界隈）。

近頃では甚だ不繁盛の場所にて、一向に家質などの取り手がなく、借家などにするときには、家賃が一切集まりにくいとのこと。

安永六年（一七七七）、西国町《さいごくまち》（西船場）。

所柄《ところがら》（場所柄）は至極淋しきところにて、まったく時価はなし。家も古く、現在は明《あき》家《や》（空き家）だ。

安永六年（一七七七）、天満九丁目（天満）。

随分繁盛の場所にて、〔町内の家屋敷の〕売買価格は甚だ高値になっているところだ。

天明三年（一七八三）、呉服町《ごふくまち》（北船場）。

町内は淋しく、借家人はよろしくない者が多くいるはずなので、無用。

文政二年（一八一九）、橘通《たちばなどおり》二丁目（堀江）。

場所の北表筋は賑わしく、前々より明家は一軒もできていないとのこと。

嘉永六年（一八五三）、常安町《じょうあんまち》（堂島）。

先年は一向に不景気でございましたが、近年では次第に繁栄し、店商売も随分評判になっているとのこと。（中略）常安町抱屋敷は、前文の次第にて以前から繁盛にもなってございます。明家《あきや》（空き家）などになることはございませんので、〔今後〕家の時価が下がるというわけにはございませんとのこと。

安政三年（一八五六）、上福島村《かみふくしまむら》（堂島の北西）の家屋敷。

右場所は諸店繁盛のことにて、家賃も高く、家の時価などもよろしきことにございます。

ここでは、担保の家屋敷が角や橋筋、繁華な通り・筋に面しているかではなく、町全体が盛況であったかが確認されている。注目すべきは、盛況で繁盛した町では、家屋敷の売買が活発で、家屋敷の売買価格も高騰していたことだ。対して、不況で閑散《かんさん》とした町では、家屋敷自体の価値がなかった。実際、天明三年（一七八三）、内淡路町《うちあわじまち》三丁目（上町）については、「近頃売買がなく、時価のところをしっかりと知れません」とある。家屋敷の価値は、まずもって過去の成約価格（取引価格）を参考に評価されたから、過去数年間に家屋敷の売買がない町では家屋敷の価値を見極めにくく、そのような不況な町は好ましくなかった。

一方、町全体の景気が影響を与えたのは、家屋敷の売買価格だけではなかった。町全体が不況であった場合、家賃が集まりにくく、不誠実を働く借家人も多く存在した。これは、不誠実を働きそうな人びとにも、家持が家を貸すしかなかったことを示している。対して町全体が盛況であった場合、入居希望者が多かったので、家賃も高く、空室もなかった。町全体の景気は、手代が家賃の収益や借家人の素行《そこう》を見極めるためにも、確認すべき重要な要素だった。

実際、江戸時代の「賑わい」というのは、集客率の上昇に多大な貢献を与えると考えられていた。瀬戸内地域では、投機取引の場（事実上、合法の賭博場）などが認可されれば、そこに出入りする客相手の商売が活気づくはずだという認識があった（山本二〇二一a）。

ただし、嘉永六年（一八五三）、海部町《かいふちょう》（西船場）については、「このあたりは淋しくはありますけれども、借家などに関しては借主が多いほうにございます。明家《あきや》（空き家）はまったくございません」とあるように、不況な町だから空室が多いとは限らなかった。次に述べるとおり、家屋敷の空室率については、多くの場合、別個に調べる必要があった。

④担保の家屋敷に空き家・空き地がないか。

天明六年（一七八六）、西国町（西船場）の家屋敷。

場所柄はよろしくなく、そのうえ現在は右（担保の家屋敷の）借家のうち、よろしき借家人が変宅《へんたく》（引越）し、明家になり、家賃の上《あが》り高（収益）が大いに減少したとのこと。

寛政一二年（一八〇〇）、本町《ほんまち》五丁目（南船場）の家屋敷。

場所柄は随分よろしいが、二、三軒も明家がありましたので、またまた（手代が）立ち戻り〔再度町内で〕聞き取りましたところ、右（明家）の件については、ここ数年に工事がある噂にて、それゆえ少々の明家もございます。工事が完了すればすぐにも明家はなくなるとのことを〔手代が〕聞きましたこと。

文化一一年（一八一四）、高津《こうづ》五《ご》右衛《え》門町《もんちょう》（道頓堀界隈）の家屋敷。

岡地・浜地ともに見分《けんぶん》（外観）は随分よろしく、裏借家は両側にあり、表店、裏借家いずれも明家（空き家）はございません。

文政五年（一八二二）、御池通《みいけどおり》六丁目（堀江）の家屋敷三か所。

右三か所とも借家はおおかた埋まっており、あまり明家はみえません。

嘉永五年（一八五二）、下福島村《しもふくしまむら》（堂島の西・船津橋北）の家屋敷。

この頃、（建家に）備前の青莚《あおむしろ》を入れたとのこと。絶えず借主がございますとのこと。

安政三年（一八五六）、安治《あじ》川南《かわみなみ》一丁目（大坂三郷の西端）の家屋敷。

表借家は四軒、裏借家は一二軒、ただし、表借家はだいたい明家だ。

顧客の債務不履行により、大坂両替店が担保の家屋敷を取得した場合、すぐにその家屋敷を他者に売却できればよいが、すぐさま売却できないときには、貸家形態での不動産経営に従事しなければならない。この万が一の事態に備えるためにも、手代は担保となる家屋敷の空室率を調べる必要があった。

部外者の手代が空室か満室かを現地で視察することは難しいので、これについても町内や近所の住人から聞き取り調査をした。ただし表店については、手代が外から空室を確認することもできたから、本町五丁目の例のように、疑問を持てば再調査をすることもあった。

なお、行商人が多く、町場化した下福島村のように、家主が備前の名産の畳を敷いて集客率を高めていた例もみられるが、このような情報も手代にとっては確認すべき要素だった。

⑤担保の家屋敷が新しいか。あるいは、担保の家屋敷の修繕は行き届いているか。
享和元年（一八〇一）、日本橋《にっぽんばし》一丁目（道頓堀界隈）の家屋敷。

居宅（顧客）が使用する家は新築にみえますが、裏借家などについては、甚だつくりがよろしくありません。

文政三年（一八二〇）、阿波町《あわまち》（西船場）の家屋敷。

新築の家で、つくりは甚だ見分《けんぶん》（外観）よろしく、上（上位の）つくりでございます。

文政一〇年（一八二七）、南瓦屋町《みなみかわらやまち》二丁目（島之内）の家屋敷。

右の家屋敷は新築にございますが、つくりは格別によろしくなく、かつ、いまだ建て揃《そろ》わず、裏借家などはこのごろ工事の最中にございます。

文政一三年（一八三〇）、江戸堀《えどぼり》五丁目（西船場）の家屋敷。

右の家屋敷は新築にて、簡略葺《かんりやくぶ》き（断面が波状の桟瓦《さんがわら》）、中位のつくりにございます。

もっとも、浜地の納屋《なや》は至りて古くみえます。

天保四年（一八三三）、江戸堀五丁目（西船場）の家屋敷。

家は大いに古く、表店のほうは随分そのままに置ける（放置できる）けれども、裏借家は誠に大損じ（大損壊）にて、もはや建て替えなければ借家人はございません。（実際）過半が明家にございます。

嘉永元年（一八四八）、南森町《みなみもりまち》（天満）の家屋敷。

居宅は新築で、随分建物がよろしいですが、右の家の続屋敷は四間（約七・九メートル）だけ焼地面（火災後の空き地）のままなので、まったく時価がございませんとのこと。

嘉永五年（一八五二）、錺屋町《かざりやまち》（島之内）の家屋敷。

建物は古く、修繕工事などは絶えずなされているとのこと。家賃などは近辺並み（一般）より低いので、明家などはできていないとのこと。


空室の有無と同じくらい重要であったのが、家屋敷の状態だ。顧客の債務不履行により、大坂両替店が担保の家屋敷を取得したとき、すぐにそれを売却できるかどうかは、家屋敷の立地条件だけでなく、家屋敷の状態によって大きく左右された。

右の例をみると、家屋敷の建物が新築物件（正確には築浅《ちくあさ》物件に相当する）か、老朽《ろうきゅう》物件（築古《ちくふる》物件）かが確認されている。ただし、新築物件であっても、それを手放しに高く評価することは危険だった。新築工事がなされたとしても、家主が工事費用を出し渋ったために、粗雑な建物ができあがったこともあった。建物の外観だけでも、上・中・下の品評がなされるほど、建物のでき映《ば》えは家屋敷の価値をはかる指標となっていた。

⑥担保の家屋敷に置かれる土蔵の状態はどうか。

天明二年（一七八二）、備後町《びんごまち》五丁目（北船場）の家屋敷。

大土蔵も近来建て、聞き合わせの評判がよろしい。

文化六年（一八〇九）、南堀江四丁目（堀江）の家屋敷。

右の家屋敷は堀江火災後の工事を経たので、格別に古くはみえませんけども、蔵なども酒仕込み蔵にて、甚だ麤末《そまつ》にみえます。

文政二年（一八一九）、立半町《りゅうはんちょう》（上町）の家屋敷。

町内の居宅と南隣裏にかけて、去年の冬から大きな三階建ての土蔵を新築として工事し、同所の裏借家については至りてよき工事で建て替え、当時は工事中とのこと。

文政三年（一八二〇）、南堀江五丁目浜側（堀江）の家屋敷。
新築にて、至りてよき蔵だ。
天保三年（一八三二）、戎島町《えびすじまちょう》（西船場）の家屋敷。
土蔵は至りて古く、壁などもところどころに落ちています。

実《じつ》をいえば、土蔵は、家屋敷の施設のなかでも極めて重要な位置を占めた。耐火性が非常に高く、かつ建造費用が高額であったからだ（小沢一九九八）。

しかも、大坂町奉行所裁判管轄下（大坂法）の場合、家質契約については、（借主の合意のもと）貸主は契約書に土蔵の詳細を記載する必要があった。土蔵の記載がないときには、借主が債務不履行を起こしても、大坂町奉行所は土蔵を「質物外」として貸主に引き渡さなかった（安竹編一九九五）。それほど土蔵は、大きな価値を持っていた。

このため手代は、土蔵の有無と状態に気を配ったわけだ。

⑦担保の家屋敷、あるいは家屋敷が位置する町に特別な事情はあるか。
天明三年（一七八三）、長町《ながまち》七丁目（大坂三郷の南端）。
七丁目には旅籠屋《はたご》（宿屋）が多く、それゆえ時価がよろしい。

嘉永三年（一八五〇）、典薬町《てんやくまち》（天満）。

御趣意《ごしゅい》（天保改革）前は遊所があった場所にて家並《いえなら》びがよろしからず、そのうえ近辺には明地《あきち》（空き地）が多くあり、多分に明家がち、面白くない場所なので、ほどよく謝絶を断言しますこと。

安政三年（一八五六）、堂島浜（新地）二丁目（堂島）の家屋敷。

右のあたりはどうやら相場師《そうばし》が多いことなので、家賃なども高額になっているところ、借家人の定住が不確《ふたし》かになり、いずれの借家にてもとにかく明家が多くございます。

安政三年（一八五六）、谷町《たにまち》三丁目（上町）の家屋敷。

谷町筋西側であれば随分よろしくありますが、東側は京橋中屋敷（大坂定番《じょうばん》の武家屋敷）の裏手にあたり、家を建てたとしても、〔京橋中屋敷の〕屋敷内〔の住人〕が、しばしば〔こちらを〕見下《みさ》げてきたとか、覗《のぞ》いてきたとか申し、たびたび強請《ゆす》りがましき（迷惑料をねだるような）ことを申すので、右の近辺については多分に裏手が明地でございます。

万延元年（一八六〇）、御池通《みいけどおり》二丁目（堀江）の家屋敷。

近年には遊所ができましたので、家についても明家などもなく、家賃も相応に集まりますとのこと。

これまで述べてきた①から⑥以外にも、手代が担保の家屋敷を調査し、家屋敷の価値に影響を与えそうな特有の条件があった場合には、それを細かく聞き取った。それが⑦だ。

たとえば、人の出入りが頻繁な旅籠屋（食事付きの宿屋）や遊所の付近であれば、旅行客や遊興客を相手にした商売が繁盛しやすい。したがって、これらの付近に位置した家屋敷の価値は高く、満室の可能性も高かったはずだ。なお、長町《ながまち》三、四丁目から九丁目には、「ぐれ宿」と呼ばれた粗末な木賃宿《きちんやど》（素泊まり専門の宿屋）が多く、そこには日雇い労働者や大道芸人、物貰いが出入りしたから（深井二〇〇〇）、治安には不安が残ったかもしれない。

さて、万延元年（一八六〇）の御池通二丁目の例で近年にできた遊所というのは、御池通五丁目と六丁目のことであろう。天保一三年（一八四二）八月、堀江新地では茶立女《ちゃたておんな》（事実上の遊女）を抱える茶屋だけでなく、これと事実上同様の飯盛女《めしもりおんな》付き旅籠屋の営業さえも禁止されたから、それを認められた外縁部の幸町《さいわいちょう》五か町に御池通五丁目・六丁目の茶屋が次々と転居した。ところが安政四年（一八五七）には、堀江新地で茶屋営業が再び許可されたので、幸町五か町から、少なくとも御池通六丁目に茶屋が転居してきたという（吉元二〇一九、吉元二〇二二）。手代は、付近の遊所の営業再開にも気を配っていた。

天保一三年八月には、典薬町を含む天満地域についても、茶立女付き茶屋はもちろん、飯盛女付き旅籠屋の営業も禁止された（吉元二〇一九）。よって典薬町では、おそらく二階建てで間口が狭い元茶屋の建家が空しく建ち並んでいたと想像できる。このような建家の間取りは茶屋以外の商売には使いにくかっただろうし、そもそも遊興客の出入りがなくなり、町全体が閑散としたから、空室も増えた。遊所の有無は極めて重要な確認要素だった。

一方、賑やかで、ひとの出入りが多いことが、よい結果を生むとは限らなかった。たとえば堂島新地二丁目は、町内に堂島米市場《こめいちば》が存在し、多数の米仲買が集住した江戸時代の「ウォール街」（金融の中枢）ともいえる場所であり（高槻二〇一八）、家屋敷の売買価格からすれば一等地に相当した。実際、家賃も高額だったようだ。

しかし、この堂島米市場が波乱を起こすことも多かった。堂島米市場では、少ない元手金（証拠金）で大きな利益を狙える帳合米《ちょうあいまい》取引が盛んであり、これは現在でいうところの、レバレッジ取引が可能な株価指数先物取引に近似した（高槻二〇一八）。もともと帳合米取引は、流動性の高い投機取引としての性格を持っていたように（高槻・上東二〇二二）、当然、予想が外れると、証拠金以上の損失を生む可能性も多分にあった。この場合、取引参加者（米仲買、あるいは米仲買に委託した者）は多額の借金を抱えることになった。

この取引参加者は、相場師とも呼ばれた。相場師たちは堂島の借家に住みながら、堂島米市場に足繁《あししげ》く通った。ところが、大きな損失を生んだときには破産に及ぶこともあったから、定住率は低かったようだ。実際、伊勢商人小津久足《おづひさたり》の紀行文には、堂島米市場の相場の恐ろしさ、そして破産する者の多さが描写されている（菱岡二〇二三）。

したがって、堂島新地二丁目の場合、借家人の相場師たちが順調に稼いでいれば、空室率が少なく、家主は高額の家賃収益を期待できたが、仮に相場師たちが一斉に破産すれば、たちまち家賃の回収ができなくなってしまう。ある意味、ここでおこなわれる都市不動産経営も、帳合米取引の成否に巻き込まれており、家主からすると投機の一部であった。

他方、隣接する物件に問題がある場合もあった。谷町三丁目の場合、裏手に隣接したのは、大坂定番の京橋口屋敷だった。大坂定番は、おもに大坂城の守衛や西国の軍事に従事することを職務とし、二名（京橋口一名、玉造《たまつくり》口一名）の譜代大名で構成された。安政三年（一八五六）当時の京橋口定番は米倉昌壽《よねくらまさなが》（武蔵国金沢藩主、一七九三～一八六三）だ。京橋口定番の場合、就任中に支給される屋敷については、城内二の丸の上《かみ》屋敷、城外の内本町《うちほんまち》（現大阪市中央区）の中屋敷、城外の鴫野《しぎの》（現大阪市城東区）に下《しも》屋敷があった。大名とその家族は上屋敷で生活し、大坂に同行してきた家臣はおもに中屋敷で生活したようだ。文久二年（一八六二）の京橋口定番本多忠鄰《ほんだただちか》（播磨国山崎藩主、一八一一～七四）の場合、少なくとも総勢一九〇名から二一〇名前後の家臣や従者が大坂に居住したという（菅二〇一四）。

谷町三丁目の家屋敷の例では、裏手に家を建てると、隣に位置した中屋敷の住人が「見下ろされた」などと苦情を訴え、家主らに難癖をつけて迷惑料をねだってきたとある。中屋敷の住人は大名の家臣や従者であったから、武士が町人に対し苦情を繰り返したことになる。この結果、誰も家を建てなくなったようだ。

実際、すでに一七世紀中頃の大坂では、城代・定番の家臣らが夜間に夜番の人を打擲《ちょうちゃく》（殴打）して町中《ちょうちゅう》を無理矢理通行したり、難癖を付けて芝居小屋に強行入場したりすることが問題視されていた（齊藤二〇一九）。定番の例ではないが、明暦三年（一六五七）には、大坂城守衛を任とする幕府直轄の大番衆が町中を往来する際、船頭・旅人への暴言・暴行をかたく禁止することが幕府から命じられた（大阪市参事会編一九一二）。これらは逆にいえば、城代・定番の家臣や大番衆による暴言・暴行の類が日常的にみられたことになる。

これまでの研究では、大坂城守衛の任に就く武士たちと、その職務を下支えする出入りの町人との協力関係が高く評価されてきた（岩城二〇〇六、呉二〇二三）。たしかに、その側面も極めて重要だ。しかし前提にあるのは、あくまでも武士と町人という江戸時代の身分差であり、武士が町人の暮らしや経営を制約する可能性があったことにも注意しておきたい。

以上、大坂両替店の手代は、担保の家屋敷を聞き取り調査するにあたって、概ね七点の条件を確認した。これらは、担保の家屋敷の引き渡しを受けた場合を常に想定したものであり、相応の調査能力が手代には求められた。家屋敷は比較的安全な資産であったが、手代が調査を怠り判断を誤ると、買い手も借家人もつかない不良資産を取得してしまう可能性があった。

3　動産の品質と情報収集

動産を担保に取るときの掟書

次に、動産を担保に取るときの注意点を確認する。

享和元年（一八〇一）、三井同族の五名が連名で、大坂両替店の役づき手代に対し、動産を担保に取るとき（とくに質物《しちもつ》の取り扱い方）の掟書を示した。一七八〇年代前後、大坂両替店は極度の業績不振に陥り、一七九〇年代中頃にはようやく回復基調をみせていた。大元方役の三井同族五名が大坂両替店を名指しで質物に関する掟書を下したことは、この動向と無関係ではない。動産の価値は非常に高下《こうげ》しやすかったから、回復基調のなかでも油断なく質物貸に従事すべきことを通達するために、このような掟書が示されたとみられる。

これは本書の冒頭においても示したが、動産を担保に取るときの注意点を次に示す。

（一条目）

最初に〔顧客が〕質物《しちもつ》〔の差し入れ〕を申し来たとき、その質物の筋合《すじあい》（質入れする理由）をよくよく聞き合わせなさい。おおかたはその商品を平生《へいぜい》（普段）取り扱っている問屋方にて、その商品を売り捌《さば》けない時期にだんだん〔問屋のもとへ商品が〕登り込み、〔荷主の〕国元《くにもと》からは仕切為替《しきりがわせ》（商品の明細請求書である仕切状《しきりじょう》を添えた為替）を〔問屋へ〕送ってきた場合には、〔問屋は仕切為替の支払い期限までその商品を〕質物に差し入れるか、または問屋が買い継《つ》ぎ問屋であった場合、〔たとえば〕繰《く》り綿《わた》などについては、例年八、九月頃に諸国の顧客から買い注文が来るので、冬に〔問屋が商品を〕買い入れておき〔それを質物に差し入れ〕、来春《らいしゅん》に至り、銀子《ぎんす》が〔顧客から問屋のもとへ〕登り次第、〔問屋が〕蔵から〔買い入れておいた商品を〕出すような類《たぐい》は、よく知られる筋合にて、だいたい問題がないことです。さてまた特定の商品を取り扱う商売人が〔その商品の〕質物〔の差し入れ〕を申し来たとしても、入念に聞き合わせなさい。もし先方《せんぽう》が平日《へいじつ》（普段）取り扱っていない〔商品の〕質物〔の差し入れ〕を申し来たならば、むやみに取り組み（契約）をしてはいけません。すべて銀高物《ぎんだかもの》（高額商品）にて諸品ども買い占めなどする様子であれば、決して取り組み（契約）は無用にすべきこと。

一条目では、質物となる商品の価値だけでなく、商品が担保に入れられる理由も調査すべきことが示されている。それには概ね二通りがある。

①荷受け商品を相応の価格で売却できない場合、大坂の問屋は、荷主に対する代金支払い

期限の間際《まぎわ》まで、その商品を担保に入れて次の仕入れ資金を借りる方法。
②八、九月頃に買い注文がある場合、大坂の問屋はその商品を買い入れておき、来春に発送するまでの間に、その商品を担保に入れて次の買い入れ資金を借りる方法。
業態でいえば、①は荷受け問屋、②は仕入れ問屋に相当する。

このように、商品が盗品か、不正に仕入れられた品ではないかが確認された。


（二条目）

〔顧客が〕質物の入り越し（貸主が将来の保険のために、質物の予想売却価格よりも融資額を低く抑えたときの差額で、借主にとっては融資元金に上乗せする質物の量）を多く差し入れたとしても、先方（その顧客）が不確《ふたし》かなる人柄であれば、取り組み（契約）をしてはいけません。


二条目では、担保掛目《かけめ》への言及がある。

現在の融資では、上限額を時価（金融機関による予想売却価格）に相応の担保掛目を掛けて算出することが多く、担保掛目については、担保保全の確実性（回収し現金化できる確実性の高低）や希薄化率《きはくかりつ》（自社において融資額と実際の回収額の乖離《かいり》が発生した比率、その履歴）に応じて設定する。たとえば、国債を担保とする場合の担保掛目は九〇%、上場企業の株式は八〇~五〇%、不動産は八〇~七〇%といった具合だ。

顧客が債務不履行を起こした場合、金貸し業者は担保を売却して貸付残高の回収にあてるが、すぐに現金化できるとは限らないし、保有している間に売却価格が低下するときもある。したがって、金貸し業者は、担保の予想売却価格よりも融資額を抑え、担保掛目（予想売却価格に対する融資額の比率）を乗じて融資上限額を決定する。しかし、これは融資の上限額であるので、担保掛目をさらに下げる（あるいは、融資額は同じで質に入れる商品の量を増やす）ことを顧客が了承すれば、金貸し業者としては貸し倒れリスクの軽減につながり、好ましい融資条件となる。この担保掛目の減少は「入り越し」の増加と同義だ。

このように担保掛目の減少は大坂両替店にとって好条件であったが、これを提案されたとしても、顧客の人柄がよくなければ大坂両替店は融資をしてはならなかった。

（五条目）

諸家（諸領主）様方の御蔵米《おくらまい》を質物に取ることについては、現在の相場よりも〔予想売却価格を一石当たり〕銀一〇匁落として取りなさい。格別に価格が高値のときには、それに準じて入り越しを多く取るようにしなさい。もっとも、〔諸領主の蔵屋敷《くらやしき》に貸し渡す場合であっても、書面上では〕蔵屋敷名代《なだい》の町人名前に対し貸し渡すことですので、質置主（名代の町人）・請人《うけにん》（保証人の町人）はいうまでもなく、蔵屋敷との交渉は十分にしなさい。もちろん、〔質に取った〕米は借り蔵に詰め、すべて御定法《ごじょうほう》（法制）のとおりでなければ取り組み（契約）をしてはいけません。〔大坂両替店以外の〕ほかの銀主《ぎんしゅ》（貸主）については、〔質に取った〕米穀を蔵屋敷の内蔵《うちぐら》にて〔詰めて〕封《ふう》を付け、質物に取ることもあるとのことを聞き及んでいるが、こちら（大坂両替店）については決して右《みぎ》体《てい》の方法は望みません。かつまた、右の質米を取り置いているうち、もし当分のご都合のため、〔借り蔵に詰めている質米の〕御借米のことなどを〔事実上の借主の蔵屋敷側が大坂両替店に〕頼んで来たとしても、決して貸し米はしてはいけません。

（六条目）

何国《いずこ》（どこの国で生産された）米にても、御蔵米のほかは納屋物《なやもの》と唱《とな》え、当地（大坂）町人が〔納屋物を〕引き受け、売り捌《さば》き、あるいは質物に差し入れることもあるが、〔大坂両替店としては〕取り組み（契約）無用にしなさい。すべて町人所持の米質については、〔質物の差し入れを〕申し来たとしても、取り組み（契約）をしてはならないこと。

五条目と六条目では、米を担保に取るときの注意点が示される。とくに、蔵屋敷を経由する諸領主の蔵米（年貢米）を担保に取ることを推奨し、蔵米以外の納屋米《なやまい》を担保に取ることは禁じられていた。蔵屋敷を経由しない民間の納屋米については、大坂への回送量が蔵米の約四分の一を占め、天明期（一七八一〜八九）から増大したと考えられている（本城一九九四）。

では、なぜ納屋米は忌避《きひ》されたのか。蔵米の場合、その品質は、諸領主が発行する米切手の価格、つまり歳入に大きくかかわったから、綿密な品質検査がおこなわれたことがあった。たとえば熊本藩では、移出用の年貢米に限り、年貢納入者の百姓が一俵ごとに名前と住所を記した札を差し、蔵詰めするたびに蔵役人の厳重な検査を受けていた。米質・俵拵《こしら》え不良のものや湿気を含んだものなどは、蔵詰めを拒否されたという（高槻二〇一五）。

したがって、大坂両替店では、何らかの検査を経て、それなりの品質を保持すると期待された蔵米のほうが好まれたことになる。

なお、大坂両替店が蔵米を質に取るときには、蔵米の持ち主である領主（蔵屋敷）相手に資金を融資するが、契約書のうえでは蔵屋敷の名代を務める町人に融資する体裁をとった。なぜなら、仮に商人が武士に融資をし、その武士が債務不履行を起こした場合、大坂町奉行所はおろか、江戸の評定所さえも、武士に対して（返済命令を出したとしても）債務弁済強制を執行することはできなかったからだ（中川二〇〇三）。

大坂両替店は、このリスクを回避するために、あくまで蔵屋敷の出入りの町人に融資する体裁をとり、万が一にも事実上の融資相手である領主（蔵屋敷）が債務不履行を起こすと、出入りの町人相手に訴訟を起こした。これは、米以外の蔵物《くらもの》の場合も同様であった。


（八条目）

近来、質物に取ってきた品々の踏値段《ふみねだん》（予想売却価格）は、だいたい左の通り。

（八条目の一項目）

備前木綿　一反につき　上　銀四匁。

播州木綿　　　　　　　下　銀三匁。

ただし、右のうちにも、なお下品《かひん》もあるので、吟味《ぎんみ》のうえ取り組み（契約）をしなさい。

（八条目の二項目）

鉄一束、目方《めかた》一〇貫目（約三七・五キログラム）につき　およそ銀三五匁くらい。

（八条目の三項目）

鉄小割一束、目方一三貫五〇〇匁（約五〇・六キログラム）につき　およそ銀四五匁くらい。

右は安芸《あき》・備中《びっちゅう》・備後《びんご》・伯耆《ほうき》・出雲《いずも》・石見《いわみ》・美作《みまさか》・播磨《はりま》の国々から〔大坂へ〕登りま

した。

（八条目の六項目から一一項目）

日向《ひゅうが》長半切《はんきり》（紙）一丸＝一万枚入り　およそ銀一〇〇匁。

日向短半切（紙）一丸＝一万一〇〇〇枚入り　およそ銀一〇〇匁くらい。

日向宇田《うだ》（宇陀）紙一丸＝一〇束入り　およそ銀一一〇匁くらい。

豊後《ぶんご》半切（紙）一丸＝一万枚入り　およそ銀九〇匁くらい。

石見半紙一丸＝六貫入り　上　銀一〇〇匁くらい。

下　銀七〇匁くらい。

石見宇田（宇陀）紙一丸＝一四束入り　およそ銀一四〇匁くらい。

右のほか、紙類は数品あるので、そのときにはしっかりと聞き合わせし、取り組み（契約）をしなさい。

（八条目の一二項目）

石見市山《いちやま》苧《からむし》一丸につき　上　銀一五〇、一六〇匁くらい。

ただし、一五貫目入り　下　銀一三〇匁くらい。

右のほか、苧類は品々あるけれども、すべて目方・価格など入り組む（ごたごたする）ものであるので、よくよく聞き合わせし、取り組み（契約）をしなさい。

（八条目の一三項目）

菜種《なたね》一石につき　銀五〇匁位

右は西国筋および加賀・越前《えちぜん》からも〔大坂へ〕積み登りました。近年、高値のときには、〔一石につき〕銀一〇〇匁余のこともありました。下値のときにも、銀六二、三匁より下値のことはありませんでした。もちろん、売り捌き方もよろしくありました。右の価格は底値で丈夫のところです。

（八条目の一四項目）

繰り綿上物《じょうもの》　銀一〇〇匁につき　およそ（目方）六貫目から七貫目くらい。

右は豊凶《ほうきょう》次第で〔価格の〕高下《こうげ》があるけれども、下値のときには、なおもってなるべく入り越しを〔多く〕取りなさい。高値のときにも、右の六貫目を底値に心得なさい。右の繰り綿は上・中・下で色々あるが、見本を持参しよくよく聞き合わせすべきこと。

（九条目）

蠟《ろう》・黒砂糖の類とそのほかどもについては、〔現物を確認できない〕切手での質物貸は無用にしなさい。至極たしかなることと思ったとしても、〔大坂両替店としては〕好まないことです。何であっても正しい商品を〔質物に〕取るようにしなさい。もっとも、荷物の莚《むしろ》包みに封印などがあり、なかの商品を目視で点検しにくい品については、たとえ請人（保証人）・口入《くにゅう》（金融仲立人）の者が〔点検を〕請け負うことを申し出たとしても、〔そのような商品については〕必ず取ってはいけません。

（「質方定書」）

八条目から九条目には、これまで大坂両替店が担保に取ってきた商品の相場と、商品ごとの特性が示される。とくに予想売却価格の高下や底値を入念に調査し、適切な融資額を設定すべきことが命じられている。もとより、担保に取る商品の品質を確認することも重要な仕事であり、手代が商品の見本を持参して、その商品をよく知る人物に聞き合わせることが肝要だった。品質を確認できないものについては、そもそも担保に取ることを禁じられた。

以上のとおり、価値が高下しやすい動産について、担保を取るときに注意すべきことが示された。この掟書の末尾には、「質物の筋合《すじあい》（担保に入れる理由）、置主《おきぬし》（顧客）の平生《へいぜい》（普段）の行作《ぎょうさ》（行儀作法）を承け糺《うただ》し（聞いて理非《りひ》を調査し）、少しにても不明瞭であれば、取り組み（契約）をしてはいけません。不正の質物を拵《こしら》える奸巧《かんこう》（悪だくみ）の者もおりますので、少しも油断してはならないこと」とある。不誠実な顧客の存在を念頭に置いて、信用調査をすべきことが忠告されたわけだ。この掟書には、信用調査の重要さが凝縮《ぎょうしゅく》されている。

では、大坂両替店の信用調査の場合、手代がどのようにして商品の聞き取り調査をしたかを確認してみたい。以下では、事例を提示しながら説明を加える（すべて「聴合帳」類）。

担保物の品質の偽装をどう見極めるか――寛政二年（一七九〇）の尼崎屋勘兵衛

顧客は尼崎屋勘兵衛《あまがさきやかんべえ》（居住地不明）で、勘兵衛が提供した担保物は広島大田苧《おおたからむし》である。大田苧とは、麻の繊維《せんい》を剝《は》ぎ取って荒苧《あらそ》とし、それを灰汁《あく》などで削り落として扱苧《こぎそ》としたものので、広島藩領の大田川流域で生産された。紙・鉄・繰り綿などは広島藩により独占的に集荷されたが、麻・荒苧・扱苧については、広島藩を通さなくても他国への移出が可能であり、麻・苧商人は幾《いく》ばくかの運上金《うんじょうきん》を納めるのみでよかった（畑中・土井一九六四）。

手代が勘兵衛の信用調査をした記録には、次の記載がある。

右〔尼崎屋勘兵衛と担保物について〕苧佐（苧屋佐兵衛《からむしやさへえ》）にて〔手代が〕聞き合わせましたところ、現在、〔苧の〕相場が下値《したね》ですので、右の印のとおり商品に相違《そうい》がなければ、〔そして〕一丸当たり銀一五〇匁で〔担保に〕取ったならば、随分確《たし》かであります。しかしながら印はどのようにでも〔偽装〕できるものですので、商品をしっかりと点検し、質物に取るよう〔佐兵衛が手代に〕聞かせました。もっとも、置主《おきぬし》（勘兵衛）のことについても〔手代が佐兵衛に〕尋ねましたところ、右の仁《じん》（勘兵衛）は随分確かなる仁にて、これまで佐兵衛に〔対する勘兵衛の姿勢について〕も、〔佐兵衛が勘兵衛から〕苧を買い入れるときには、手本《てほん》（商品の見本）の通り少しも間違いがなく、よき問屋であるとのことを〔手代は佐兵衛から〕聞かされました。なおまた、平野屋十郎兵衛《じゅうろべえ》方にても〔手代が〕聞き合わせましたところ、〔勘兵衛については〕現在、掛《かか》り（訴訟）の筋はなく、随分実体《じってい》（実直）なる仁（ひと）とのこと。現在、〔佐兵衛には〕荷物が多く登りましたので、〔その支払いのために〕入用のわけもあるでしょうとのことを〔十郎兵衛が手代に〕聞かせました。

この信用調査で注意すべきは、苧が詰まった荷物（一包み当たり一〇貫目＝三七・五キログラム）に付された印が、偽装可能であると認識されていたことだ。弘化二年（一八四五）の例だが、広島藩領の場合、等級や用途に応じて、一番印から七番印までの印が苧荷物に付されていた（土井一九八四）。苧の場合、広島藩の検査を通さなかったから、苧商人は上等品に偽装することができた。だからこそ照会先の苧屋佐兵衛は、手代に中身の点検をするよう注意を促したし、苧を担保に入れる尼崎屋勘兵衛の素行《そこう》についても言及したわけだ。

苧屋佐兵衛によると、尼崎屋勘兵衛と日頃から取引があり、佐兵衛が勘兵衛から苧を購入するときも、見本どおり印と実物に相違がなく、勘兵衛は誠実な問屋であったという。しかもこのときの手代は慎重で、平野屋十郎兵衛にも聞き取り調査をし、勘兵衛の実直さを確認していた。担保物の内容だけでなく、顧客の誠実さを確かめることが需要であった。

顧客と近しい者の意見にどう対応するか——享和元年（一八〇一）の薩摩屋仁次郎

顧客は薩摩堀中筋町《さつまぼりなかすじちょう》（現大阪市西区）の薩摩屋仁次郎《さつまやじんじろう》で、仁次郎の提供した担保物は黒砂糖一〇〇〇挺《ちょう》である。仁次郎は、薩摩屋仁兵衛《じんべえ》の次男であったようだ。この薩摩屋仁兵衛家とは、かつて寛永五年（一六二八）には阿波座《あわざ》堀川の分流の開削《かいさく》に着手し（四三頁の図９を参照）、寛永七年に阿波座新堀（のち薩摩堀に改称）を完成させた旧家の豪商だ。正徳三年（一七一三）から明治初年まで、天満組の惣年寄を代々務めた由緒ある家柄でもあった。

薩摩（鹿児島）藩は、幕府の要請もあって、阿波座新堀（薩摩堀）を自国産物の荷揚げ場に定めた。かねてから薩摩藩に出入りしていた薩摩屋仁兵衛は、阿波座新堀を開削した功績で薩摩藩から国産荷物の売買の取り締まりを任命され、寛永八年（一六三一）には薩摩藩領の諸品を仕入れる薩摩問屋を開業した。正徳四年（一七一四）に至ると、このような薩摩問屋は七軒になり、彼らは七軒問屋と称された。明和九年には、七軒問屋は薩州定問屋《さっしゅうさだめ》といら株仲間を組織し、荷受け業務を担当する小問屋たちを統制した。薩州定問屋たちは、おもに薩摩藩の蔵屋敷から払い下げられた蔵物を一手に引き受けた（宮本二〇一〇）。

享和二年（一八〇二）の七軒問屋は、薩摩屋仁兵衛・油屋吉右衛門《あぶらやきちえもん》・吹田屋与左衛門《すいたやよざえもん》・成尾屋次郎兵衛《なるおやじろべえ》・薩摩屋仁二郎（仁次郎）・中嶋屋喜右衛門《なかしまやきえもん》・大京屋武左衛門《だいきょうやぶざえもん》から成った（宮本二〇一〇）。したがって、信用調査に登場する薩摩屋仁次郎も成尾屋も、七軒問屋の一員だ。

実際、信用調査には、仁次郎は「薩州七軒問屋」であるとする付記がある。

手代が仁次郎の信用調査をした記録には、次の記載がある。

右〔薩摩屋仁次郎と担保物について〕町内の成尾屋方にて〔手代が〕聞き合わせましたところ、現在、黒砂糖は上（上等）にて一斤《きん》（六〇〇グラム）につき銀八分《ふん》くらい、下（下等）のところにて銀七分七、八厘《りん》、一挺《ちょう》につきおよそ一一四、五斤から一二〇斤くらい入っているとのこと。随分捌《さば》け口《くち》（売り捌き方）もよろしいとのこと。右の仁次郎という仁《じん》（ひと）は、薩摩屋仁兵衛殿の次男にて、当年には一五、六歳、いまだ元服もされていませんが、後見《こうけん》および判頭《はんがしら》に年輩《ねんぱい》なる者が二、三人もおりまして、随分取り極《き》まり（家内の取り締まり）もよろしく、現在、差し支《つか》えのことはないとのこと。もっとも、砂糖も二割落ちであれば随分丈夫なることを〔成尾屋が〕申しましたこと。右のとおりですが、今一応、右の筋合《すじあい》（理由）にて〔再び〕聞き合わすことは当然のことなので、すぐに道修町《どしょうまち》の内田屋惣兵衛《そうべえ》方にて〔手代が〕聞き合わせましたところ、右の仁次郎については〔惣兵衛が〕随分存じておられ、〔仁次郎との〕取引もあるとのこと。黒砂糖のことについても、〔薩摩藩から〕もらい受けたとする印〔付きの黒砂糖〕であれば、一挺につき一二〇斤ほど入りですが、納屋物《なやもの》（印なしの黒砂糖）というのであれば、だいたい一一二、三斤入りにて、もらい受けた印〔付きの黒砂糖〕よりは砂糖も少し悪《あ》しく、何しろ印書きがなくては少々わかりがたいこともございますので、印書きが〔顧客から〕来たら、〔私、惣兵衛に〕お見せなさったほうがよいです。そのうえにてしっかりと時価を申し上げげましょう。こちら（惣兵衛）からは毎日一人ずつ西辺《にしべ》（土佐堀・江戸堀方面か）へ出向いているので、だいたいのことは日々知れます。

ここで注目すべきは、手代が成尾屋次郎兵衛に聞き取り調査をしたあと、やや不信感を抱いたのか、内田屋惣兵衛にも聞き取り調査をしたことだ。仁兵衛と同じ組織にくみする成尾屋では、仁兵衛や担保物に対する評価が甘いと感じたのかもしれない。一方、文政七年（一八二四）の買物案内をみると、内田屋惣兵衛は砂糖江戸積《えどづみ》問屋であったことがわかる。手代は、七軒問屋にくみしない内田屋惣兵衛にも仁次郎や担保物の聞き込みをしたわけだ。

惣兵衛によると、仁次郎自身については問題がないという。しかし担保物については、蔵屋敷の検査印がある黒砂糖であれば、一挺（一樽《ひとたる》）につき一二〇斤（七二キログラム）が確実に入っているが、納屋物であればそうとは限らないという。

成尾屋からは得られなかった情報を、手代は惣兵衛から手に入れたことになる。一人の意見だけに左右されず、贔屓《ひいき》的な意見をも見極める判断能力が、手代には求められた。

納屋米の担保提供を申し出られたらどうするか——文化七年（一八一〇）の紙屋三四郎

顧客は河内国渋川郡《かわちのくにしぶかわぐん》の在郷《ざいごう》商人紙屋三四郎《かみやさんしろう》で、三四郎が提供できる担保物は河内米七〇〇石である。前項で述べたとおり、蔵屋敷を通さない納屋米を担保に取ることは禁じられていたが、納屋米であっても、借入希望があれば、手代が信用調査をすることがあった。手代が三四郎の信用調査をした記録には、次のようにある。

右〔紙屋三四郎と担保物について〕京惣（京屋惣吉《きょうやそうきち》）にて〔手代が〕聞き合わせましたところ、正米《しょうまい》（現物の米）の質物〔については〕素人より御取り組み（契約）をしても随分支障がないものにございます。右の納屋物については蔵物より〔一石当たり〕銀一、二匁価格が下がります。そのうえ一度に御売り払いであれば、また銀五、七匁も下落するはずですので、その御つもりにて、相場より銀一〇匁も引き下げて御取り組み（契約）

をするならば、もし質物を御取りになった〔顧客の債務不履行で取得した〕としても、私方〔惣吉〕へ〔取得した米を〕御送りになれば、早速売り払うでしょう。この納屋〔米〕のこと〔については〕、詳しき仁《じん》（ひと）がいますので、しっかりと〔惣吉が〕承《うけたまわ》り、書物（書状）であとから〔大坂両替店に〕申し上げましょう。

右の質米のこと、堂島一丁目の家守《やもり》の松仁（松屋仁兵衛《じんべえ》）にて、なおまた〔手代が〕聞き合わせましたところ、右と同様〔のこと〕を〔仁兵衛が手代に〕聞かせ、御取り組み（契約）をするならば、そのときの相場をもって〔担保に〕御取りなされる〔はずだ〕が、〔担保に取る河内米の〕米の升目《ますめ》に不同、また米に上（上等）・下（下等）などあるならば、私方（仁兵衛）より仲仕《なかし》（人夫《にんぷ》）を派遣しますので、しっかりと御見せになって、そのうえにて御相談になるほうがよいです。〔私、仁兵衛は〕日々〔米を〕取り扱う者ですので、時価のところについては、一応みれば、少しも間違うことはございません。

照会先の京屋惣吉（宗吉）は、堂島の米仲買であり、堂島米市場の頭取《とうどり》に相当する米方年行司《こめかたねんぎょうじ》も務めたことがあった（大阪堂島米穀取引所一九〇三）。米方年行司は、米仲買たちの統制だけでなく、大坂町奉行所への米相場の報告なども担当したから（高槻二〇一二）、惣吉は米相場の動向を熟知した存在であったはずだ。実際、惣吉は、河内米の予想売却価格について詳細に説明し、万が一の場合には、現金化を引き受けることまで申し出ていた。そして、納屋米に詳しい人物がいることも手代に伝え、のちほど紹介するとした。

この紹介を受けてか、手代は、堂島一丁目の松屋仁兵衛に聞き取り調査をした。松屋仁兵衛も、惣吉と同じく、米仲買であったようだ（大阪市立中央図書館市史編纂室編一九七三）。仁兵衛は、仮に河内納屋米の升目（一俵当たりの量目《りょうめ》）が不同で、等級に上下があった場合、人夫を派遣して確認することを提案した。これは逆にいえば、河内納屋米の場合、升目が不同で、米の等級に差がある可能性が高かったことを暗示している。やはり領主の検査を経ない納屋米については、俵の量目や米の品質に関する不安要素が多かったといってよい。

実際、手代は役づき手代に対し、「随分取り組み（契約）をしても別条がないよう聞こえましたこと」と報告したが、大坂両替店が紙屋三四郎と質物契約を結んだ形跡はみられない。役づき手代は、照会先や部下の勧めを退《しりぞ》け、納屋米を避ける判断をしたことになる。

以上の例から、信用調査に従事する若手手代にしても、融資の有無を決定する役づき手代にしても、慎重な判断が求められたことがわかる。とくに若手手代には、一人目の照会先の言動に気を配り、違和感を覚えたら再調査するような判断能力が必要であった。第1章で述べたとおり、質物貸の新規契約は一八三〇年前後に停止した。これについては、質物貸の場合、信用調査に要する手間と費用が多大に及んだことも背景にあったのかもしれない。

なお、なぜ照会先が大坂両替店の手代に顧客の信用情報を教えたのかについては、まだ十分な回答を用意することができない。たとえば、大坂両替店の手代が照会先に幾《いく》ばくかの謝礼金を支払った可能性もあるが、実証には至っていない。

ただし、少なくとも照会先には、大坂両替店に顧客の信用情報を提供する利点があったことは間違いない。なぜなら、照会先もまた、大坂両替店から融資を受ける顧客になりえたからだ。情報提供で大坂両替店に恩を売っておけば、自らが借入を申し込むときに審査や希望条件の面で有利に働く可能性が高い。逆に、照会先が顧客の肩を持って偽情報を提供し、それが大坂両替店に露顕《ろけん》した場合、大坂両替店は今後、その照会先に融資する可能性を閉ざしたはずだ。照会先にとっては、丁寧かつ正直に情報提供することが最善であった。

第4章　顧客たちの悲喜こもごも

1　不和、紛争、悪評を招いた不品行

信用調査の対象者は、享保一七年（一七三二）から明治二年（一八六九）までの一三八年間で、実に三八二五人にも及んだ。本章では、この顧客のなかから、周囲から不品行（素行《そこう》が悪い）と噂された顧客たちを紹介する。大坂両替店は、どのような顧客との契約を拒んだのか。以下、これを解明するために、信用調査の一部を抜粋し、適宜、解説を付す形をとる。

当代家長と先代後家（未亡人）の不和――天明三年（一七八三）の大和屋次兵衛

道頓堀宗右衛門町《どうとんぼりそうえもんちょう》（現大阪市中央区）の大和屋次兵衛《やまとやじへえ》家は、少なくとも一七世紀末に町年寄《ちょうどしより》を務め、宝暦一一年（一七六一）には、幕府から御用金一万五〇〇〇両の納付を命じられたほどの大家《たいか》だ（国史研究会編一九一七）。次兵衛の業種は不明だが、次兵衛は抱屋敷を数十か所も所有したので、町年寄を務めながら、地主業を軸に生計を立てていた可能性が高い。

右〔大和屋次兵衛について手代が〕聞き合わせましたところ、現在の身上向《しんじょうむき》（家計状態）については差し支《つか》えなどもなく、〔次兵衛は〕ほかに掛屋敷《かけやしき》（抱屋敷）を数十か所も所持しており、近年、差し障る様子も聞こえません。もっとも、右の掛屋敷の時価は現在、〔表口一間当たり〕銀二貫五〇〇匁くらいから銀三貫目までいたしますとのこと。かつ東角屋敷〔については〕近年修繕工事がありましたとのこと。西角屋敷は古家にて工事前であります。右両屋敷にては〔借入希望額に対して〕時価が足りず、まず相談〔すべき〕ものです。

右聞き合わせましたこと、〔手代が〕竹喜（南竹屋町《みなみたけやまち》の竹屋喜右衛門《きえもん》）へも頼んでおきましたところ、すなわち同人（竹喜）が〔大坂両替店へ〕やって来て、〔手代に〕聞かせましたのは、右次兵衛は養子でありましたところ、素行《そこう》（身持《みもち》、行状《ぎょうじょう》、行跡《ぎょうせき》、普段のおこないに相当）がよろしくなく、かつまた先代次兵衛の後家《ごけ》（未亡人）についても素行がよろしくなかったので、家内が不和になり、現在、次兵衛は近頃より湊町《みなとちょう》の貸し座敷へ退いておりますとのこと。ただし、〔次兵衛と先代の後家とは〕不縁ではなく、次兵衛方からしばらく離れたとの様子が聞こえましたとのこと。取り締まるよき手代もなく、かれこれ揉《も》めあっておりますとのこと。前書の抱屋敷の時価についてはよく知りませんが、まず丈夫のところは〔表口一間当たり〕銀二貫目くらいにてもあるはずか、銀三貫目では高値になるとのことを〔手代に〕聞かせました。取り組みは無用であるべきです。

大和屋次兵衛の希望借入額は、銀一五〇貫目であった。しかし、手代が調査したところ、担保に提供する抱屋敷（表口一四間、表口一五間の二か所）の予想売却価格は、合計銀七二貫五〇〇匁から銀八七貫目であり、まったく希望借入額に達していなかった。

どうやら、このときの手代は、並行して道頓堀近隣の竹屋喜右衛門にも照会していた。喜右衛門によると、当代の次兵衛も、先代の次兵衛の後家（当代の次兵衛からみて養母）も不品行であり、お互い不和で仲違《なかたが》いをしたので、当代の次兵衛は湊町の小家に別居した。当然、次兵衛の本宅（宗右衛門町）には後家のみが残り、経営には手代たちが従事したはずだが、腕のよい手代がおらず、依然として当代の次兵衛と後家は仲違いしたままであるという。

担保の価値と比べて過大すぎる借入希望額、さらには周囲に漏れ聞こえるほどの家庭内の不和は、次兵衛の経営も家政も、杜撰《ずさん》で散漫《さんまん》になっていたことを示している。若手手代が「取り組み無用」と報告したとおり、大坂両替店が次兵衛と契約した形跡はみられない。

散財し強制隠居を受けた先代家長——寛政六年（一七九四）の吉野五運

島之内《しまのうち》鰻谷《うなぎだに》（現大阪市中央区）の吉野五運《よしのごうん》家は、享保一二年（一七二七）に開業したといわれる合薬屋《あわせぐすりや》（調合した薬の小売業）であり、人参三臓円《にんじんさんぞうえん》という家伝《かでん》の合薬を製造し、販売していた。これを発売した寿斎《じゅさい》（一七二二～八八）を初代とすると、とくに五代の庸斎《ようさい》は、脚本家の浜松歌国《はままつうたくに》（一七七六～一八二七）らを後援した人として知られる。

右五運方〔については〕商売向《しょうばいむき》は手広くいたし、よき家督《かとく》にて、家内は温和、多人数が暮らし、身上向《しんじょうむき》（家計状態）は至極よろしいとのこと、前から承《うけたまわ》りに及んでいました。しかしながら、右〔父親の〕勇助については、先年より素行《そこう》がよろしくないので、名前も退《しりぞ》かせ、当時は隠居の姿にて、〔吉野五運家に〕同居しておりますとのこと。もっとも、去る亥年《いどし》（寛政三年）、島之内火災後の再建工事の入用にてよほど出費がありましたとのこと。居宅については立派に工事が完了しましたが、〔居宅の鰻谷は〕甚だ淋《さび》しき場所にございます。ほかに抱屋敷は別紙のとおり、いずれも類焼し、いまだ二か所については再建工事が済んでおらず、まさに記したとおりの時価にございます。すべて売薬店のこと。とくに勇助の人柄がよろしくなく、山懸《やまかか》り（大言壮語《たいげんそうご》）のようにも聞こえましたので、まずは望みがないものにございます。

この信用調査は、三井京都両替店が三井大坂両替店に依頼したものだ。大坂両替店の手代が調査し、京都両替店に調査結果を返送した。吉野五運は、遅くとも一九世紀初頭には江戸・京都に支店を開業していたというから（松迫一九九五）、吉野五運の支店が京都両替店に借入を希望したところ、京都両替店が五運の大坂本店《ほんてん》を調べようとしたことになる。

さて、この信用調査で登場する勇助とは、おそらく二代の融斎《ゆうさい》であろう。寛政六年（一七九四）成立の洒落本《しゃれぼん》『虚実柳巷方言《きょじつさとなまり》』（大坂の遊里での会話や言動に関する文学作品）では、融斎は、「粋株《いきかぶ》」（遊興に秀でた者）・「大尽株《だいじんかぶ》」（大金で豪遊する者）の一人に数えられ、素人芝居（非役者の素人狂言）の演技者でもあったという（宮本二〇一〇）。

信用調査によると、二代勇助（融斎）は不品行で家長の名前（五運）を取りあげられ、隠居の姿になっていたとある。調査当時で勇助の年齢は四〇歳であったから、勇助は三〇代の若さで隠居したわけだ。勇助の不品行の中身は、おそらく遊興や遊芸への大散財だが、ここでは「名前も退《しりぞ》かせ」（史料原文は「名前も相退《あいしりぞ》かせ」）とあることに注目したい。これには、江戸時代の「家」制度が大きく関係している。

この「家」とは、固有の家名《かめい》、家産《かさん》、家業《かぎょう》を持ち、先祖代々への崇拝《すうはい》の念とその祭祀《さいし》を精神的支えとして、世代を超えて永続していくことを志向する組織体だ（大藤一九九六）。

とくに家産とは、家長が子孫に継承すべく先祖より譲り受けた財産であり、当代家長は「家」の一時的な代表者として家産を管理する管財人《かんざいにん》に過ぎなかった（中田一九二六）。あくまで家産は「家」の所有物であった。しかも、当代家長は家産管理に不適格であると親族（家族、親類）会議が判断した場合、親族たちは当代家長を強制的に隠居させることができた。跡継ぎが不在であっても養子を入れて隠居させたし、最悪の場合、「家」から追放する可能性もあった（大藤一九九六、萬代二〇二一b）。これが不行跡（不品行）の家長に対する強制隠居である。

江戸時代の家長は、親族から不断の監視と牽制《けんせい》を受け、強制隠居を通告されないためにも、真面目かつ勤勉に働く必要があった。この意味で、家長の言動は「家」制度から制約を受けていた。換言すれば、当代家長は、先祖から続くリレー走の一走者で、家長というバトンを未来の走者（家督継承者）に渡す役割を担っており、走者として不適切だと親族に判断されると、強制的に走者から外されたわけだ。

話を二代勇助に戻そう。上記をふまえると、勇助は遊興や遊芸に散財しすぎて、親族たちから強制的に隠居させられたことになる。しかも、勇助は、隠居したあともなかなかに癖のある人物であったようだ。このような勇助の処遇と人物像は、これまでの研究で明らかにされたことはなかった。信用調査書が新たな情報を提供した好例である。

結局、大坂両替店の手代は、吉野五運家が富裕層であると認識しつつも、家長への強制隠居を起こした吉野家に不安を覚え、融資を迷う京都両替店に反対の意を示した。身上が至極よいと評価されても、強制隠居の実行は極めて大きい欠点となったことがわかる。

なお、なぜ勇助は、強制隠居に及ぶまで散財を続けたのか。これは必ずしも、強制隠居を恐れず放漫であったことを意味しない。四代寛斎《かんさい》も五代庸斎も、家伝の合薬を宣伝するためには交際費を惜しまなかったというから（宮本二〇一〇）、勇助は、本気で遊興・遊芸への散財が家業拡大の必要経費だったと考えていたのかもしれない。だからこそ、彼は大言壮語を吐く者と評されたのであろう。勇助にとっては散財が合理的であったが、親族にとっては危険であった。

骨肉の相続争い——寛政六年（一七九四）の泉屋（住友）吉次郎

長堀茂左衛門町《ながほりもざえもんちょう》（現大阪市中央区）の泉屋吉次郎《いずみやきちじろう》家は、現在の住友《すみとも》グループに連《つら》なる豪商だ。住友家では、出家後に薬店と書店を営んだ政友《まさとも》（一五八五～一六五二）を家祖《かそ》とし、南《なん》蛮吹《ばんぶき》（粗銅《そどう》から金銀を吹き分ける技術）を会得し銅吹業《どうふきぎょう》を営んだ蘇我理右衛門《そがりえもん》（一五七二～一六三六）を業祖《ぎょうそ》とする。両人はもともと同じ血統の系譜を引き、政友は理右衛門の息子を婿養子とした。これが二代の友以《とももち》（一六〇七～六二）だ。友以の五子の友信《とものぶ》（三代、一六四七～一七〇六）は、様々な銅山の採掘に関与し、鉱業家としての頭角をあらわした。友信の長子の友芳《ともよし》（四代、一六七〇～一七一九）は、著名な伊予別子《いよべっし》銅山の採掘にも着手し、この産銅は一九七三年の閉山まで住友家の事業の主軸となった（宮本二〇一〇、朝尾監修・住友史料館編二〇一三）。

右（泉屋吉次郎）は御用銅御吹所《ごようどうおふきしょ》の泉屋吉左衛門跡《きちざえもんあと》（相続人）にて、先々代の吉左衛門は先年に隠居し、先代を万次郎《まんじろう》といいましたところ、〔万次郎は〕素行不行跡《そこうふぎょうせき》（不品行）にて二、三年前に〔家長から〕退身し、当時京都へ登られておりますとのこと。右（万次郎）の子息の吉次郎は当時（現在）名前人（名義人）にございます。もっとも、万十郎（万次郎）という名前はありません。
右の泉屋方は、お聞き及びもあるはずの格別の家柄《いえがら》にて、御老中《ごろうじゅう》様方が御上坂《ごじょうはん》（大坂滞在）のときの御巡見所《ごじゅんけんしょ》にてございます。しかし、祖父吉左衛門の代、当地（大坂）豊《ぶん》後町《ごまち》の伯父《おじ》理兵衛《りへえ》方と数年来〔にわたって〕難しき公辺事《こうへんごと》（訴訟沙汰）があり、手代のうち〔特定の手代が〕、江戸表へ御召し呼ばれ、入牢《じゅろう》を命じられ、思いのほか入り組み（複雑）のこととの様子にございましたところ、五、六年以前に右の一件は落着しました。もっとも、身上向《しんじょうむき》（家計状態）は以前は随分よろしくございましたが、右の公事《くじ》（訴訟）一件にて両家ともに夥《おびただ》しく出費があり、近頃〔身上向〕はよろしきほうにはないとのことを承《うけたまわ》り及びました。去る亥年《いどし》（寛政三年）の四郎兵衛町《しろべえちょう》火災のとき、〔泉屋方の〕

抱屋敷など数か所が類焼〔しましたが〕、右の再建工事などもいまだできない様子にみえます。

右のことにございますので、現在の吉次郎代になりまして、支配人の四郎兵衛が商売《しょうばい》向《むき》を引き受け、そのほか家事取り締まりなど厳重になっていますとのことでございます。右泉吉（泉屋吉次郎）分家、茂左衛門町の泉屋利助殿に〔嫁《とつ》ぐ〕家原安之丞《いえはらやすのじょう》（政董《まさただ》、家原家初代政俊《まさとし》の甥）殿の息女〔については〕、長次郎《ちょうじろう》（家原高業《たかなり》、元三井南家四代）様が親分に御なり、去る酉《とり》（寛政元年）二月に御縁談が整《ととの》い、当時理介（利助）殿は清蔵《せいぞう》（家原家四代）様の御妹聟《いもうとむこ》にございます。このこと御心得までに伝えます。

前段のこと、当時差し支《つか》えのこともありませんが、当人（吉次郎）幼少のこと、いずれにしても当地（大坂）においては取り組み筋（契約）は好まないものでございますので、其元《そこもと》（江戸）においても御勘弁になるほうがよいでしょう。

一八世紀後半には、六代吉左衛門友紀《とものり》（本家、一七四一〜一八一六）と伯父理兵衛友俊《ともとし》（豊後町家）の対立に端《たん》を発する相続争いがあった。住友家では、「家事一件」と呼ばれた事件だ。明和七年（一七七〇）には、友俊を筆頭とした親類たちが、友紀の隠居と、その後継として友俊の子への家督相続を求め、大坂町奉行所に出訴した。一方、元別子銅山支配人の七右衛《しちえ》門《もん》は、友紀からの委任を得て、友俊による家事専断の不当性と、その後継として友紀の子への家督相続を求め、大坂町奉行所に出訴した。安永二年（一七七三）の大坂町奉行所の判決では、両者の主張は証拠不十分として却下された。

ところが判決後も、友紀が御用や家事をおろそかにし、骨董品《こっとうひん》や贅沢品《ぜいたくひん》を集めていたことが問題となった。安永九年（一七八〇）には、友紀は大坂町奉行所から叱責《しっせき》を受け、隠居を命じられた。この判決のあと、友紀は実子の万次郎友輔《ともすけ》（七代、一七六四〜一八〇四）に家督を譲ったが、抱屋敷や江戸店の名義を譲らず、しかも友輔の後見をめぐってまたも友俊らと対立した。結局、天明六年（一七八六）、友紀と友俊・親類中は、押込のうえで家事への関与禁止を大坂町奉行所から命じられ、友輔は叱責を受けた。寛政四年（一七九二）には、友輔が病気を理由に隠居し、友輔の子の吉次郎友端《ともはし》（八代、一七八八〜一八〇七）が幼年で家督を継いだという（安国二〇〇四、安国二〇一〇）。

さて、信用調査を読んでみると、たしかに先々代の吉左衛門（六代友紀）は隠居、先代の万次郎（七代友輔）も隠居し、幼年の吉次郎（八代友端）が家長となっている（なお、住友家の記録では五歳で家督を継いだとあるが、信用調査によると二歳で家督を継いだことになる）。

ここで注目すべきは、万次郎友輔は「不行跡《ふぎょうせき》」で隠居したとあることだ。住友家側の史料では、このような記述はなく、病気による隠居と伝えられている。ただし、筆者は、不品行か病気かの真偽を問いたいのではない。近隣や周辺では、真偽は別として、友輔は不品行で隠居した(もしくは隠居させられた)と噂されていたことこそが重要なのである。たとえ噂であっても、住友家の家長が不品行であったと広まれば、社会的な信用が落ちるからだ。

しかも、六代友紀と伯父友俊の対立から長く続いた相続争いは、訴訟費用の膨大な出費を招き、三代から五代までに一大財産を築いた住友家であっても、その家計状態の悪化を促したようだ。それは、火災で焼けた住友家の抱屋敷数か所が、いまだ修繕工事を施されていなかったことからも類推できる。このような裏事情を推測できるのも、信用調査の醍醐味《だいごみ》だ。

ともあれ、この信用調査は、三井江戸両替店からの依頼で、三井大坂両替店の手代が調査したものである。住友家は江戸店で札差業《ふださし》(旗本《はたもと》・御家人《ごけにん》の蔵米販売代行業、蔵米担保金融業)も営んでいたから、江戸両替店に借入希望をしたのであろう。融資を迷う江戸両替店に対して、大坂両替店は、少なくとも大坂で今の住友家と契約することは好まないと回答した。当代家長が幼少であり、相続争いや経営悪化を経験して間もない時点では、いくら豪商の住友家であっても契約は避けるべきとの判断だった。

母親に財布を握られた家長——文化四年(一八〇七)の河内屋九兵衛

天満市之側《いちのがわ》(天満青物市場《あおものいちば》付近)に居住した河内屋《かわちや》九兵衛《きゅうべえ》については、来歴や業種が判然としないが、信用調査に興味深い記述があるので、ここで取りあげる。

右〔河内屋九兵衛について手代が〕聞き合わせましたところ、〔担保の居宅については〕現在の時価は銀三五貫目ばかりはあるでしょう。もっとも、家質などには差し入れておらず、抱屋敷も三か所ばかりあるとのこと。現在、有銀《ありぎん》（財産、とくに金銭）〔については〕老母《ろうぼ》の分があるとのことですが、九兵衛は不行跡《ふぎょうせき》（不品行）なので、老母が〔有銀を九兵衛の〕自由にさせず、そのため店は不廻りであるとのこと。

右河九（河内屋九兵衛）店の取り締まりのこと、再び隣家にて〔手代が〕聞き合わせましたところ、現在、九兵衛は不行跡のうえ、手代たちにも篤実《とくじつ》（誠実）の者がなく、そのうえ近年には急に掛屋敷（抱屋敷）も残らず〔九兵衛が〕家質に差し入れ、店も不取り締まりにて、手代たちも身勝手ばかりいたす様子にみえますとのこと。親類〔について〕も〔九兵衛を〕世話する者がなく、〔天満市之側の〕町内の少し東に河内屋善兵衛《ぜんべえ》という河九の出店《でだな》（支店）があり、右善兵衛は篤実の仁《じん》（ひと）でありますが、これ（善兵衛）とても〔九兵衛のことを〕気にも留めておりませんとのこと。右の様子ですので、〔担保の〕時価はありますが、不安なものに聞こえますとのこと。

信用調査によると、当代家長の九兵衛は不品行であったから、九兵衛の老母が「家」の財産の一部を管理し、九兵衛に金銭を自由に使わせなかったとある。九兵衛は私用だけでなく、商売用にも金銭を勝手に使えず、結果として、店の経営に支障が生じていたという。

注目すべきは、母親が「家」の財布の紐《ひも》を握っていたことだ（史料には「老母の分」の金銭を使わせなかったとあるが、それは使用しないと営業の支障を招くほどの金額であったから、ほぼ「家」の金銭に相当したといってよい）。母親の権限については、文化一三年（一八一六）には、母親が親族と相談して不届きな息子の勘当《かんどう》を求めた例がある。文政七年（一八二四）には、幕府代官が勘定奉行に対して、隠居の父母が子である不品行の家長を勘当できるのか、という問い合わせをした。これに対し勘定奉行は、その者の行状《ぎょうじょう》（素行）を詳細に調査し、臨機応変に対応すると回答していたから、幕府は隠居の父母の求めに応じて、不品行の家長に強制隠居を命じることもできたはずだ（萬代二〇二三b）。したがって、隠居した母が不品行な当代家長の金遣《かねづか》いを制約することも、（親族の協力のうえで）可能であった。男性家長の権限が強くなり、強制隠居の執行などが公認されなくなったのは、家長個人に家産の所有権を認めた明治民法（一八九八年施行）以降のことである。

母親が欲深く不当に九兵衛を制限した可能性もあるが、九兵衛自身が不品行であることは複数人に知れ渡っており、手代たちも勝手気ままで、唯一、真面目な河内屋善兵衛という別家も九兵衛のことを放置するありさまだった。したがって、九兵衛の品行が悪かったのは事実であったに違いない。この信用調査は、母親の権限を知るうえでも重要な記録である。結果、「究帳《きめちょう》」をみると、大坂両替店は九兵衛と契約を結ばなかったようだ。担保の価値が相応にあったとしても、当代家長が母親に制限を受けるほどの不品行では、母親が死亡したあとに問題を起こしかねないとの判断であったと思われる。

愛人を多数抱える不品行者――文化一三年（一八一六）の綿屋八兵衛

海部堀川町《かいふぼりがわちょう》（現大阪市北区）の綿屋八兵衛《わたやはちべえ》は、魚肥《ぎょひ》を扱う干鰯屋《ほしか》を営んでいた。たとえば、海部堀川町の著名な干鰯屋であった近江屋長兵衛《おうみやちょうべえ》は、蝦夷地《えぞち》産の鯡《にしん》魚肥や関東産の干鰯を様々な経路で仕入れ、農村部の百姓や干鰯商人に多く販売していた（原二〇一七）。

魚肥については、生産性を高める効能と持ち運びの利便性が高く、しかも、一度投入すると魚肥なしでは生産性を維持できないような依存性が備わっていたから（武井二〇二二）、農村需要が極めて高かった。信用調査を読んでみると、綿屋八兵衛も農村部に魚肥を販売していたが、ひとたび不作になると、農村側からの後払いが滞ったことがわかる。

右〔綿屋八兵衛について手代が〕近所にて聞き合わせましたところ、当人（八兵衛）は五

二、三歳にて、〔業種は〕干鰯商売でございます。よほど手広く仕送り（干鰯を販売）していますとのこと。もっとも、別家など四、五軒もあり、〔八兵衛は〕下人《げにん》などを三、四人召し使っておりますとのことにて、もちろん〔居宅などについては〕家質、そのほか諸書き入れなどにも差し入れておりませんが、今年は仕送り（販売）先の在所《ざいしょ》（村里《むらざと》）が不作のことにて、〔八兵衛に支払うべき〕干鰯代銀など〔については〕どこも不納のことにて、〔八兵衛は〕繰り合わせの銀子《ぎんす》など〔について〕少々手詰まりになっています。そのうえ当人八兵衛〔については〕甚《はなは》だもって素行《そこう》が悪しく、〔八兵衛は〕無妻（独身）にて妾宅《しょうたく》など三、四人も置き、不取り締まり、不行跡《ふぎょうせき》（不品行）とのことにて、世間《せけん》向《むき》の受けが甚だもってよろしくない人にございます。しかしながら、右〔八兵衛の〕別家のうちに綿屋伊兵衛《いへえ》という仁《じん》（ひと）〔がおり〕、〔伊兵衛は〕これまた打って変わって実体《じってい》（正直）なる仁（ひと）にて、身上向《しんじょうむき》（家計状態）は大いによろしく、本家《ほんけ》八兵衛とは甚だもって相違《そうい》のことにございますとのこと。もっとも、右〔八兵衛の〕居宅の時価はだいたい銀一四、五貫目くらいにみえますが、右伊兵衛〔を〕連印に加えさせれば、随分銀二〇貫目の取り組み（契約）をしても支障がないとのことを〔手代が〕聞きましたこと。

　ここで注目すべきは、八兵衛の著《いちじる》しい不品行である。八兵衛は、独身でありながら愛人(妾《めかけ》)を三、四人も抱え、愛人のための家宅も建てていたようだ。この様子は周囲に知れ渡っており、世間の評判は非常に悪かった。若手手代としては、八兵衛のみに融資するのは不安で、正直かつ好調の別家、伊兵衛を連帯債務者にすべきことを提案した。しかし、役づき手代は、よほど素行に問題ありとみたのか、八兵衛と契約を結ばなかった。

　八兵衛については、とくに独身で愛人を多数囲っていたことが周囲の不評を買った可能性がある。仮に八兵衛に子どもさえいなかった場合、「家」を存続させる意思がなく、「家」の経営など後回しで不誠実を働くかもしれないと周囲から判断される可能性が高い。手代が照会した先が取引先や親族だとすれば、八兵衛に対する不評もうなずける。

2　ギャンブル中毒、横領癖、身のほど知らず

　当然のことながら、大坂両替店としては、融資金を賭け事に投入されたり、持ち逃げされたり、無謀な投資に使われたりすることは避けるべきだった。そのため、顧客にそのような手癖があるかどうかを見極めることが手代には求められた。以下では、手代が避けるべき顧客の手癖、あるいはその疑惑を知りえた例の一部を紹介する。

親類に説教された相場師――宝暦九年（一七五九）の熊野屋九兵衛

海部堀川町《かいふぼりがわちょう》の熊野屋九兵衛《くまのやきゅうべえ》については、来歴も業種も判然としない。次に述べるように、九兵衛が堂島米市場に出入りしていたとすれば、彼は米仲買であった可能性もあるが、米仲買に取引を委託することもできたので、米仲買であったと確定することはできない。

右〔熊野屋九兵衛について手代が〕中八（中屋八兵衛《なかやはちべえ》）にて聞き合わせましたところ、身《しん》上柄《じょうがら》（家計状態）はだいたい、九兵衛の年齢は三〇歳余、〔九兵衛は〕実体《じってい》（正直）にみえますが、米相場好きにて、去年もよほど損銀《そんぎん》があり、とにかく〔九兵衛に〕相場をさせないため、去年、熊野一家の方が当地（大坂）一家中《いっかちゅう》の計《はか》らいにて〔大坂に〕参られたこともございましたとのこと。これより近所にても〔九兵衛の人柄が〕よろしいとは申さなくなったこと。もっとも、熊野（熊野屋）十次郎《じゅうじろう》もこの家から出られたとのこと。前々は〔十次郎は〕よき身上《しんじょう》（家計状態）〔であった〕とのこと。家屋敷については建物も大概《たいがい》よろしく、浜蔵、内蔵などもあり、〔表口一間当たり〕銀二貫五〇〇匁くらいの引《ひき》当《あて》（担保）にすれば丈夫なるものと〔手代が〕承《うけたまわ》りました。

この信用調査で言及された富田屋町《とんだやちょう》の熊野屋十次郎《じゅうじろう》は、宝暦四〜六年（一七五四〜五六）に大坂両替店と延為替契約を数度結んでいた。宝暦四年の信用調査によると、居宅と抱屋敷五か所を所有したようだ。もしかすると十次郎は、九兵衛の別家かもしれない。

さて、信用調査によると、九兵衛は堂島米市場での帳合米（投機）取引に失敗し、莫大《ばくだい》な損失を出したとある。しかも、それでも九兵衛が懲りずに帳合米取引を続けたから、九兵衛の家族は遠方の親類を大坂へ招き寄せた。親類は、九兵衛に対し帳合米取引をしないよう忠告したようだ。この事態は周囲に知れ渡ることになり、九兵衛の評価は大きく下落した。

ほかの事例においても、家族でどうにもできないほどに「家」で問題が生じた場合、遠方の親類が不品行者のもとへやってくることはみられた（萬代二〇二一a）。親類からの忠告さえも、不品行者が聞き入れなかった場合、強制隠居や勘当は執行目前となる。九兵衛は強制隠居には至っていないようだから、去年から帳合米取引を控えていたのかもしれない。

第3章で述べたとおり、少ない元手金で投機に参加できる帳合米取引は、多くの商人の人生を左右した。信用調査書から、いくつかの事例を紹介しよう。

たとえば、文化四年（一八〇七）の和泉屋《いずみや》伊兵衛《いへえ》については、「先代の伊兵衛の代に升平（米仲買の升屋《ますや》平右衛門《へいえもん》）の世話になり、相場にて立身《りっしん》しましたとのこと。当代の伊兵衛は相場をしていませんとのこと」とあり、帳合米取引で成功をおさめた者もいた。

当然、帳合米取引が莫大な借財を生む場合もあった。嘉永元年（一八四八）の山城屋《やましろや》市兵衛《いちべえ》については、「内実《ないじつ》、銀七、八〇貫目も借財があり、当代の市兵衛の父親、市郎兵衛《いちろべえ》という人は、少しどころではない男気《おとこぎ》〔がある人〕とのこと。しかしながら、堂島米で損失のこともしたので、内実は難しく、いずれも（父子）ともに不人柄《ふひとがら》人とのこと」とある。

帳合米取引が一人の人生の番狂わせを演じた例もある。嘉永七年（一八五四）の塩屋嘉七《しおやかしち》については、「先代の嘉七《かしち》という人は、天満菅原町辺《てんますがはらちょうあた》りで乾物屋《かんぶつや》をしていましたところ、相庭《そうば》（相場）にて身体《しんだい》（家計状態）が次第に不如意《ふにょい》（苦しい事態）になり、終《しま》いには〔嘉七が借金滞納で訴訟を提起されて、大坂町奉行所が嘉七に対し〕身代限《しんだいかぎ》り（財産差し押さえ）を執行し、それより〔立ち直ってから〕またまた相庭に携《たずさ》わりましたところ、少々手合《てあ》わせ（勝負の行方《ゆくえ》）がよろしくなり、それからこの（堂島米市場の寄場《よせば》前の）家屋敷を〔買い〕求め、相庭店をしています」とある。嘉七の父は、帳合米取引で破産したが、なんと帳合米取引で復活し、店を開くまでになった。

このように一喜一憂を生んだ帳合米取引だが、融資した金銭を帳合米取引に使われて破産されては、元も子もない。大坂両替店にとっては、帳合米取引に熱心な相場師は融資相手として不適であったはずだ。実際、大坂両替店は、熊野屋九兵衛、和泉屋伊兵衛、塩屋嘉七と契約を結んでおらず、山城屋市兵衛については京屋与兵衛との連名で融資した。与兵衛は、酒造家で家屋敷を所有していたから、大坂両替店は連名での融資を承諾したと思われる。

公金の使い込み――嘉永五年（一八五二）の加島屋安兵衛

玉水町《たまみずちょう》（現大阪市西区）の加島屋安兵衛《かじまややすべえ》は、文化元年（一八〇四）時点では加島屋幸助《こうすけ》・加島屋弥兵衛《やへえ》とともに亀山《かめやま》藩（丹波か伊勢かは不明）の銀札《ぎんさつ》の札元《さつもと》（発行と兌換《だかん》保障）を務め、天保一四年（一八四三）には、幕府に御用金五〇〇〇両を上納した上層商人だ（大阪市参事会一九一二）。天保七年（一八三六）には、福岡藩に対する銀主《ぎんしゅ》（融資者）として名がみられるから、安兵衛が大名貸に従事していたことは確かである（藤井一九五七）。嘉永五年（一八五二）時点で少なくとも別家手代が三名おり、当時の安兵衛は、摂津国菟原郡《うはらぐん》御影村《みかげむら》（現兵庫県神戸《こうべ》市東灘《ひがしなだ》区）の嘉納治作《かのうじさく》家から養子に入ったらしい。嘉納治作は、有力な廻船問屋・酒造家だった。

もっとも、〔安兵衛は相応の〕家柄《いえがら》ではありますが、近年、二度も店舗を閉めたほどのことですので、身体向《しんだいむき》（家計状態）のところは不確《ふたし》かですとのこと。しかしながら、当主〔安兵衛は〕、親里《おやさと》の灘《なだ》の嘉納〔家〕からこれまで多分に世話もされましたとのこと。現在にては格別の世話もないとのこと。当代の安兵衛は随分実体《じってい》（正直）なる仁《じん》（ひと）

とのこと。年齢は三〇歳くらい、少々変仁《へんじん》という噂もあります。先代の安兵衛という仁《じん》（ひと）は加島市（加島屋市兵衛《いちべえ》）から入家《にゅうか》（入籍）されましたとのこと。〔先代の安兵衛は〕いまだ四〇歳くらいですが、入り組んだ（複雑な）理由もあり、右（当代の安兵衛の）本宅の東隣に隠居〔した〕とのこと。もっとも、〔当代の安兵衛の〕本宅は現在、逼塞《ひっそく》（謹慎）、仕法《しほう》（家政改革）中なので、家内〔の女性たち〕は右隠居〔屋敷〕へ引き取り、本宅は男暮らしにて、店舗になっていますとのこと。近頃、手代衆などもよほど減り、かつ蔵屋敷〔への出入り〕など多分にあるうち、大洲様《おおず》（伊予《いよ》大洲藩）〔については〕先年、蔵屋敷の銀子を少々加島安（加島屋安兵衛）が使い込みになりましたので、右〔大洲藩の〕蔵屋敷〔の出入りについて〕は千艸屋《ちぐさや》と入れ替わりましたとのこと。現在のところにては備前様（岡山藩）と柳川様《やながわ》（筑後柳川藩）など〔の蔵屋敷〕におもに〔出入り〕しておりますとのこと。

信用調査によると、加島屋安兵衛家は、店舗を二度も閉めたほどの経営不振を経験し、実家から資金援助を受けたこともあった。しかも、その経営不振のためか、大洲藩の公金を使い込んだとある。藩の公金が商人のもとに渡っていたということは、大洲藩が安兵衛を掛屋《かけや》（公金出納、江戸への送金）か蔵元《くらもと》（年貢米や特産物の出納、販売）に任命していた可能性が高い。安兵衛は大洲藩から公金を預かったまま、返済（または送金）を滞らせたとみられる。

　この公金をめぐっての訴訟は起きなかったようなので、何とか安兵衛は大洲藩に返済したのであろう。しかし、預け金の滞納は安兵衛の悪評を招き、大洲藩は千艸（千種《ちぐさ》）屋を掛屋か蔵元に任命したようだ。実際、少なくとも一八世紀後半には、千種屋宗十郎《そうじゅうろう》が大洲藩の蔵元を務めていた（宮本一九八八）。したがって、大洲藩は、一九世紀前半には加島屋安兵衛に掛屋か蔵元を任せていたが、その不正により再び千種屋に任せたことになる。

　結局のところ、大坂両替店は加島屋安兵衛と契約を結ばなかった。加島屋安兵衛は、少なくとも文化元年（一八〇四）から文政五年（一八二二）まで、幾度も契約を結んだ相手だったにもかかわらず、大坂両替店の役づき手代が下した判断は新規契約の停止であった。経営不振はもちろん、公金の一時使い込みが問題視された可能性がある。

横領疑惑の財政改革家――嘉永七年（一八五四）、大根屋（石田）小右衛門

天満樋之上町《てんまひのうえちょう》（現大阪市北区）の大根屋《だいこんや》（石田）小兵衛《こへえ》家は、古くから干物《かんぶつ》仲買とその江《え》戸積《どづみ》問屋を営み、一八世紀末には寒天《かんてん》仕入れ問屋として財を築いた。信用調査の小兵衛からみて祖父の小兵衛は、寒天商売で蓄積した富を大名貸に投下し、文政六年（一八二三）には婿養子の小右衛門《こえもん》を相続人とした。翌年に祖父の小兵衛が亡くなると、義兄弟同士で相続争

いが起きたが、最終的には大根屋小右衛門が本家を相続した。

実は、この石田小右衛門は、諸領主の財政再建に手腕を発揮した財政改革家として著名である。財政改革家とは、借財整理や資金調達の方法を諸領主に提案、演説する仕事で、現在でいう経営コンサルタントに相当する。

石田小右衛門は、文政一一年（一八二八）、和泉岸和田《きしわだ》藩の財政改革で実績を得たことを皮切りに、京都西本願寺や越中《えっちゅう》富山藩、摂津尼崎《あまがさき》藩、旗本青山《あおやま》家、摂津麻田《あさだ》藩などの財政改革に関与した。財政改革家としての仕事には、期限が設定されるのが一般的であった。しかし西本願寺の場合、天保元年（一八三〇）から天保四年、延長して天保六年までの予定だったが、小右衛門は嘉永六年（一八五三）の引退まで財政改革に関与した（中川二〇〇三）。


右〔大根屋小兵衛について手代が〕聞き合わせましたところ、〔居宅については〕家質などには差し入れていないとのこと。当主（小兵衛）は五〇歳くらいにて、随分〔相応な〕人柄、悴《せがれ》なども三人もいるとのこと。〔小兵衛の〕身体向《しんだいむき》（家計状態）はあまりよろしくないですが、〔小兵衛は〕商売柄にていろいろと派手《はで》にございます。もっとも、この頃、右小兵衛の親の石田小右衛門という者がおり、これは京都本願寺勘定方《かんじょうがた》にてよろしい暮らしではありましたが、多分の銀高の取り込み（横領）をしましたとのこと。少し公《こう》辺《へん》（訴訟）に懸《かか》り、この頃、〔この訴訟について周りが〕噂しています。右などにて〔石田小右衛門は〕大小（息子の大根屋小兵衛）から、現在まで多分に取り替え（借金）もあるとのこと。また今回〔の入用〕もそちら（石田小右衛門）へ〔金銭を〕送るのかと思います。もっとも、別家なども三人もいるとのことではありますが、現在は十兵衛《じゅうべえ》一人が〔小兵衛家へ〕日勤奉公のこと。〔ほか〕二人は死後にございますとのこと。

さて、信用調査によると、石田小右衛門は、西本願寺の「勘定方」（財務役人）に就いていたが、多額の公金を横領し、もはや訴訟沙汰に及ぶ寸前であったとある。これまでの研究は、小右衛門の改革手腕や大根屋からの資金投入という、財政改革家としての事績を明らかにしてきたが、このような横領を指摘したことはなかった。信用調査を鵜呑《うの》みにするならば、大根屋からの資金の一部も、小右衛門の横領金の返済にあてられた可能性がある。

ただし、これも先述の住友家の例と同じく、筆者は、横領をしたかどうかの真偽を問いたいのではない。大根屋の周囲で横領の噂が流れていたこと自体が重要であり、それは大根屋の信用低下を招いた。火のないところに煙は立たないのであり、仮に横領ではなくとも、何か一悶着《ひともんちゃく》あった可能性は高い。実際、大坂両替店は、大根屋と契約を結ばなかった。

なお、中川すがねの研究によると、西本願寺二〇代目宗主の広如《こうにょ》は、小右衛門引退の翌年、小右衛門に対し再出馬を求めたという（中川二〇〇三）。これを小右衛門は断ったようだが、横領疑惑と再出馬の関係はどのように説明できるのか。今後の研究をまちたい。

横領と借金を惜しまない野心家——安政三年（一八五六）の藤屋三右衛門父子

谷町《たにまち》二丁目（現大阪市中央区）の藤屋三右衛門《ふじやさんえもん》は、すでに嘉永六年（一八五三）には、奥野弥太郎《おくのやたろう》と連名で大坂両替店に借入希望を申し出ていた。

このときの信用調査によると、三右衛門は、大坂加番《かばん》の米中次《こめなかつぎ》を生業とし、近江三上藩《おうみみかみはん》の御用達《ごようたし》（御用商人）も務めていた。大坂加番とは、軍事拠点の大坂城を補強する軍事力として設置されたもので、一八世紀以降においては、大名四名で一年交代の勤番制《きんばんせい》をとった。大坂加番の大名には、役職手当に相当する合力米《ごうりきまい》が支給された。合力米は、実際には米・大豆・貨幣で渡された（松尾一九七五）。この合力米の換金を担当した商人が、米中次だ。合力米の換金は、米商人たちが入札し落札する形でおこなわれたので、米中次は、入札の受け入れと取引の仲介を担当し、米商人の落札時には手数料を受け取った（岩城二〇〇六）。

嘉永六年当時の大坂両替店は、契約を断ったようであるから、三年後の安政三年（一八五六）に至って、三右衛門は再び大坂両替店に借入を申し込んだことになる。

右〔藤屋三右衛門について手代が〕聞き合わせましたところ、先代の三右衛門という人は、東国生まれの人にて、先年まで谷町三丁目に居住しており、御城内御加番衆一統（全員）の御米中搗《つ》き（中次《なかつぎ》）を請け負い、〔谷町三丁目の〕町年寄を務めておりましたところ、少し取り込み（横領し）、〔借金の返済も〕滞る事態になり、次第に借財（貸主）の向々から〔先代の三右衛門への借金の〕取り立てが厳しく、〔先代の三右衛門は〕居宅などについても借財（貸主）方へ引き渡し、仮家住まいをしておりましたところ、当代の三右衛門という人は、先代の三右衛門と同国〔生まれ〕の仁《じん》（ひと）にて、髪結屋《かみゆいや》の株《かぶ》（営業権）を買い受けられ、六年前に〔谷町〕二丁目にて焼地面《やけじめん》を買い受けに来たとのこと。もっとも、この頃、大和郡山《やまとこおりやま》（郡山藩主）と酒井若狭守《わかさかみ》（忠義《ただあき》、小浜《おばま》藩主）が御在勤《ございきん》とのことにて、御用宿《ごようやど》などを命じられました事情にて、銀主《ぎんしゅ》（貸主）から工事費用を出し、〔当代の〕三右衛門が〔借金をするために〕そちら（銀主）へ質に入れてございますでしょうかと承りました。どうやらまず〔当代の三右衛門には〕借財も多分にあり、現在、〔当代の三右衛門は〕あいかわらずそれぞれ〔御米の〕中搗きの御館入《おたちいり》（請け負い出入り）をしていますが、甚《はなは》だもって逼塞《ひっそく》（逼迫《ひっぱく》）とのことにございます。しかしながら、居宅のほかに借家（貸家）はございませんし、そのうえ居宅も荒れ落ちのままにございますところもあり、表向きの工事ができていないとのこと。

さて、この安政三年の信用調査を読むと、先代の三右衛門は、谷町三丁目に住んでいたときに米中次と町年寄を務めていたが、少し横領したとある。先代の三右衛門が米中次として合力米の売却金を横領したのか、町年寄として町の経費を横領したのかについては判断が難しいが、いずれにしても横領が発覚し、先代の三右衛門はその返済のために多額の借金を抱えたようだ。当代の三右衛門は、髪結株《かみゆいかぶ》を購入し、約六年前に谷町二丁目の焼地面も買い受けて谷町二丁目に転居してきた。しかし当時、京都警衛の任にあった郡山藩柳沢《やなぎさわ》家と小浜藩酒井家が、大坂湾視察のために臨時の御用宿《ごようやど》（宿泊場所）を求め、これを三右衛門が負担した。

一九世紀中頃の道修町《どしょうまち》三丁目の場合、定例的な御番衆の御用宿については町人宅と町会所の二通りがあったが、臨時的な幕府役人の御用宿については町会所のみであった。臨時的な御用宿であっても、町人個人が接待すること自体がなくなったわけではないが、道修町三丁目では町全体の負担として町会所で接待したという（呉二〇二三）。

信用調査によれば、当代の三右衛門は個人で接待したばかりか、借金をしてまで宿泊場所の居宅を改装したとある。これを押しつけられた負担とみることもできるが、道修町三丁目の例をみると、押しつけられたとは限らない。三右衛門には、町会所で接待する選択肢もあったはずだからだ。なお、定例的な御用宿の場合、町人が順番に負担したが、その町人の負担が難しいときには、順番が入れ替わることもあった（呉二〇二三）。したがって、三右衛門は、やや無理をして居宅（宿泊施設）を整備したことになる。ただし、居宅には荒れ落ちたままの場所もあったというから、安価な改装で上辺《うわべ》だけが整えられた可能性がある。

では、なぜ三右衛門は、無理をして個人で接待を請け負ったのか。次の例で述べるとおり、大名（蔵屋敷）に出入りする館入《たちいり》になろうとして、贈与《ぞうよ》や資金融通をする者がいた。三右衛門も、接待を通して郡山藩・小浜藩に近づき、館入になることを夢みたのかもしれない。

ともあれ、大坂両替店にとっては、親の代とはいえ過去に横領経験があり、分不相応《ぶんふそうおう》な願望を持った三右衛門に融資することは好ましくなかった。結局、嘉永六年のときと同じく、安政三年にも、大坂両替店は三右衛門と契約を結ばなかった。

身分不相応の館入——安政四年（一八五七）の平野屋惣次郎

金田町《かなだちょう》（現大阪市中央区）の平野屋惣次郎《ひらのやそうじろう》は、両替屋であり、平野屋惣兵衛《そうべえ》の分家であった。これとは別の安政四年の信用調査によると、平野屋惣兵衛は、砂糖屋と地主業、金貸し業を営み、蔵屋敷の館入も務めた。相続面では、妻の妹を養女に取り、外から婿養子を迎えて分家させた。この婿養子が平野屋惣次郎だ。

本家の惣兵衛は、信用調査で高い評価を受けており、居宅、抱屋敷四か所、家質証文六通を担保に入れて、大坂両替店から銀一二〇貫目もの大金を借り入れていた。

右〔平野屋惣次郎について手代が〕聞き合わせましたところ、〔惣次郎は〕居宅・懸屋敷（抱屋敷）についてはどこへも家質などの書き入れには決して差し入れてございませんとのこと。近頃には〔惣次郎は〕蔵屋敷方への御館入《おたちいり》を次第に増やし、御館入のことは少々身分不相応のように数多《あまた》の事情を〔手代が〕承《うけたまわ》りました。〔惣次郎は〕両替店も開業して、格別の間《ま》（時間）もございませんとのことにて、多分の入り込み（預金）はございません様子ですが、最近の世情の傾向から、取り付け（預金の引き出し）方のみ多い様子、荒々評判があるよう〔手代が〕承りました。

分家の惣次郎も、少なくとも六か所の家屋敷を所有し、いずれも担保に入れていなかったから、担保の面ではまったく問題がなかった。ところが惣次郎は、両替屋を開業してまもなく、出入りする蔵屋敷を増やし、多数の蔵屋敷の館入を務めていた。これを照会先は少々身分不相応であると評し、「数多」とあることから、多くの者がそのように噂したようだ。

これほどまで館入を望んだ理由は何か。

商人が主要な館入に任命されると、掛屋や蔵元として公金の一時的運用や蔵物の取り扱いを実現できたから、その点で旨味があった。実際、有力な大藩の場合、商人側から積極的に館入就任を打診した例もみられる。一方、商人が館入に就任（あるいは留任）するためには、館入先への贈与や資金融通が求められる場合が多かったので、見返りとして館入先から扶持《ふち》米《まい》や知行《ちぎょう》を与えられることがあった（高槻二〇二一）。

ただし、この見返りは微々たるものであったから、商人による贈与や資金融通は、利潤目的ではなく、武士的待遇を期待したものだったとする見解もある（荒武二〇一七、金森二〇二一）。一方で信用調査書を読むと、館入への就任動機には違った側面がみえてくる。

信用調査には、顧客がどこかの蔵屋敷の館入であった場合、それは必ず記録されている印象を受ける。信用情報機関がない江戸時代にあっては、顧客の家計状態を知る手がかりは少しでも多いほうがよかった。蔵屋敷の館入を務めているということは、多くの場合、それだけの財力と社交性を有したことを意味する。よって、商人が館入であることは、自らの信用力を高く喧伝《けんでん》することを意味し、それだけ融資を受けられる確率が高くなったわけだ。

ただし、もちろん例外はある。

先述の藤屋三右衛門は、蔵屋敷ではないといっても、大坂加番屋敷の館入であった。ところが実際の家計は逼迫《ひっぱく》していた。平野屋惣次郎も、両替屋を開業してすぐの身でありながら、多数の蔵屋敷の館入を務め、逆に不安の声が周りから聞こえていた。

館入は、出入りする蔵屋敷の大名（武士）に対し、幕府からの債権保護を期待できない大名貸をおこなうことが多かった。第3章で触れたとおり、幕府は、諸大名の蔵屋敷に遠慮なく入って、大名の財産を差し押さえることなどできなかったからだ。大名貸は大口融資が基本だったので、いわばハイリスク・ハイリターンの融資方法だ。

仮に館入が出入りする蔵屋敷から債務不履行（返済停止）を受けたとしても、それが館入本人の資産規模に照らして小さければ、館入の返済能力にそれほど支障は生じない。しかし、館入が出入りする蔵屋敷が分不相応に多く、複数の蔵屋敷が債務不履行となると館入自身が破綻する懸念があるとすれば、大坂両替店は館入への融資を控えたはずだ。よって、顧客がその資産規模に比べて、過大に蔵屋敷の館入を務めているとみられた場合、逆にその信用は低下した。分不相応か否かは、ほかの信用調査の結果と組み合わせて判断されたはずだ。

結局、大坂両替店は、平野屋惣次郎に不安を覚えたのか、すでに別口で契約を結んでいた本家の平野屋惣兵衛を連帯債務者に加えて、平野屋惣次郎らに銀八〇貫目を融資した。役づき手代の判断としては、平野屋惣次郎だけに融資することは避けたかったのだろう。

３　遊所に足繁く通う顧客たち

顧客のなかには、遊所に入り浸り、多額の浪費をする者も少なからず存在した。江戸時代の狭い社会のなかでは、隣人や近所の者が遊所へ通っていたことも筒抜けであった。当然、大坂両替店としては、このような浪費癖の者に融資することは避けたかった。以下では、信用調査の過程で、手代が顧客の遊所通いを耳にした例の一部を紹介する。

羽を伸ばしすぎた道楽者――文政一〇年（一八二七）の天満屋仁右衛門

海部町《かいふちょう》（現大阪市西区）の天満屋仁右衛門《てんまやじんえもん》は、造醬油屋《ぞうしょうゆ》であり、油屋を営む天満屋甚九郎《じんくろう》の分家だった。本家の甚九郎は、もともと相当な資産家であった。

右の〔天満屋〕仁右衛門については素行《そこう》がよろしくない仁《じん》（ひと）でございます。商売は醬油造り、ほかに抱屋敷もありますけれども、〔仁右衛門によって〕近年だんだんと売り払われ、前述した居宅と掛屋敷については〔仁右衛門が〕銀一四、五貫目くらいの家質に差し入れています。明らかに〔今回の借入希望は〕打替え《うちかえ》〔家質から延為替への借り換えと〕借り増しと思われます。もっとも、本家に天満屋甚九郎という油屋があり、〔仁右衛門は〕右（甚九郎）の出店《でだな》（支店）にてございます。ただし、甚九郎方は、前々はよほどよろしき身上《しんじょう》（家計状態）にございましたところ、〔現在の甚九郎の〕親が死去したあと、甚九郎と仁右衛門の両人ともに素行が悪しく、毎夜遊所に入り込み、〔甚九郎と仁右衛門については〕身上が悪しくなり、とても相続が難しいとのこと。

これによれば、甚九郎の父親が亡くなると、甚九郎も仁右衛門も毎夜遊所へ通い詰め、相続が難しいほど経営が傾いたという。

父親の監督がなくなった途端、甚九郎と仁右衛門は遊びほうけたようだ。仁右衛門が抱屋敷を売却し、居宅と抱屋敷を担保に借金をしたのも、遊興費を手に入れるためであったのかもしれない。当然、大坂両替店は、彼らと契約を結ばなかった。

一時の色狂いで信用を落とす——安政三年（一八五六）の金田屋徳兵衛

安堂寺町《あんどうじまち》一丁目（現大阪市中央区）の金田屋徳兵衛《かねだやとくべえ》は、薬種を扱い、酒造もはじめたようだ。実は、前年の安政二年一〇月には、大坂両替店は金田屋徳兵衛と泉屋吉右衛門の両名に銀八〇貫目を融資していた。このときの信用調査では、徳兵衛は高い評価を受けた。人柄は随分相応であり、家計状態は「日の出」の勢《いきお》い、町内で一番か二番という噂であった。
ところが、安政三年九月に金田屋徳兵衛、金田屋弥兵衛《やへえ》（徳兵衛の分家）、泉屋吉右衛門が追加の借入を希望したときには、状況がやや変化していた。

右〔金田屋徳兵衛について手代が〕聞き合わせましたところ、さして変わることはございませんが、近頃は少し素行《そこう》が悪いとのことにて、遊所通いも大分《だいぶ》度を超えた様子にございますので、いろいろと親類方から〔徳兵衛に〕異見《いけん》（説教）を加え、すでに一頃《ひところ》（一時《いっとき》）には幼い息子に名前（家長）を譲る相談などもありましたようにも承《うけたまわ》り、甚《はなは》だもって不如意《ふにょい》（苦しい状態）の評判が高くございますけれども、この頃には〔徳兵衛は〕本心になり、店方《たなかた》〔については〕万事《ばんじ》も変わらず精励《せいれい》しておりますとのこと。〔徳兵衛については〕年頃《としごろ》の時分《じぶん》が過ぎて〔から〕の遊所通いが頻繁であったので、〔徳兵衛は〕大金をおもに使うような評判でしたが、少しも評判ほどにはございませんこと。しかしながら、他借《たしゃく》と諸引合事《ひきあわせこと》（訴訟沙汰）はまったくございません。居宅については、〔徳兵衛は〕どこへも〔担保に〕差し入れてございません。かつまた、今年の春頃に灘《なだ》のほうにて酒店を〔買い〕求められ、少し酒造も近頃、開業しましたとのこと。

安政三年の信用調査によると、近ごろ突然、徳兵衛は遊所に足繁《あししげ》く通うようになり、それをみかねた親類たちが徳兵衛に忠告した。一時期には、幼い息子に家督を譲らせ、おそらく徳兵衛を強制的に隠居させる相談さえもおこなわれていたようだ。

ただし、この忠告の甲斐《かい》あってか、徳兵衛は「本心」に戻って遊興を止め、店の仕事にも誠心誠意で努めるようになった。遊所通いについても、四〇歳を超えての遊興であったから、徳兵衛は大金を散財したと噂されていたが、噂ほどではなかった。家計状態も悪くなく、酒店が新たに購入されたほどであった。

しかし結局、大坂両替店は、金田屋徳兵衛らへの新規融資を認めなかった。徳兵衛が改心したとはいっても、遊所通いは大きな欠点として認識された。

商売奮励、しかし遊所で放蕩《ほうとう》――安政五年(一八五八)の松屋宅兵衛の養子

摂津国西成郡下福島村《にしなりぐんしもふくしまむら》(現大阪市福島区)の松屋宅兵衛《まつやたくべえ》は、醤油屋で、自らの持ち家には住まない借家人だった。

右〔松屋宅兵衛について手代が〕聞き合わせましたところ、商売は醤油屋にて、随分手広く、近頃には〔宅兵衛は自らの〕借家の裏手にて地借《じがり》し(地面を借り)、銀七、八〇貫目くらいも要した醤油蔵を建て、座敷廻りも次々と工事などいたし、身体向《しんだいむき》のほどは大石村の松屋某《なにがし》より聞き取りましたとのこと。船株（舟運営業権）も数口あり、天道船《てんとうぶね》を四艘《そう》所持されておりますとのこと。当人（宅兵衛）は六三、四歳くらいにて、至りて取り締まりよろしき人とのこと。家内には一〇人ばかりが暮らしており、公辺向《こうへんむき》（訴訟を提起されること）などは一切なく、先頃から〔宅兵衛は〕北在（北辺《ほくへん》）の百姓を相手取り、銀四〇貫目ほどの預《あず》け銀出入《ぎんでいり》（貸金回収訴訟）を訴え出ておりますとのことですが、右の出銀（貸金の元手）は大石村の某から〔宅兵衛に〕貸し付けたとのこと。かつ木市（木屋市兵衛）の借家を〔宅兵衛が〕先頃から買い受けたいこととの相談もありましたが、市兵衛方は右の借家を売り払わなかったとのこと。右の松宅（松屋宅兵衛）の養子は三四、五歳にて、子供もおりますけれども、遊所へときどき通い、銭使いは荒いですが、商売向については至りて奮励していますとのこと。

信用調査によると、借家人でありながら銀七〇〜八〇貫目も投じて醤油蔵を新築し、座敷の修繕・改装工事も実施したこと、しかも船株や天道船（運送用の川船）を複数所有したことから、宅兵衛はかなりの資産家であったことがうかがえる。ただし、資金を借りてまで百姓たちに融資するなど、宅兵衛の性格はやや大胆不敵だったようだ。

いずれにしても、宅兵衛は自分に厳しい人柄で、家計状態も大変好調であったが、宅兵衛の養子に問題があった。この養子は、遊所で遊び、浪費癖もひどかった。商売に対する意欲と行動力はあったようだから、宅兵衛は遊所通いを許容していたのかもしれない。
結局、大坂両替店は、養子に問題ありとみたのか、宅兵衛と契約を結ばなかった。

親類から監視された浪費家――安政五年（一八五八）の伊勢屋久兵衛

伊勢屋久兵衛《きゅうべえ》（居住地不明）は、南本町《みなみほんまち》三丁目（現大阪市中央区）に抱屋敷を所有し、染め風呂敷《ふろしき》屋と金貸し業を営んでいた。

右〔伊勢屋久兵衛について手代が〕聞き合わせましたところ、〔久兵衛は〕居宅・掛屋敷（抱屋敷）ともに家質には差し入れていないとのこと。掛屋敷の時価は銀三〇貫目くらいとのこと。身体向《しんだいむき》（家計状態）は随分よろしく、家質も取って〔金を貸して〕おりますとのこと。商売は染め風呂敷《ふろしき》屋にて、当人（久兵衛）は四〇歳くらいにて、〔周囲からの〕気受けがよろしいですが、ときには遊所へ通って金を使いますとのこと。かつ雲州《うんしゅう》御屋敷（松江《まつえ》藩の蔵屋敷）から、先代《せんだい》の頃より五、六人くらい暮らせるほどの扶持米《ふちまい》が年々参り、また、勢州（松坂藩）にも少々ずつの貸しもあるとのこと。どうやら〔久兵衛が金銭を借りるために〕家質に差し入れたいとする心得は、自分で使いたい〔から〕とのこと。右の次第なので、親類の船町《ふなまち》（現大阪市西区）の丹後という菓子屋、または久宝寺《きゅうほうじ》町《まち》（現大阪市中央区）の大十という方から、前もって会所に対し、〔もし久兵衛が〕家質などに差し入れましたならば、〔丹後と大十に〕知らせるよう頼んでございますとのこと。

信用調査によると、久兵衛の家計状態は随分好調で、周囲からの評判もよかったが、久兵衛にはときどき遊所で遊ぶ浪費癖があったようだ。それだけならまだしも、借入希望の理由は、商売用などではなく、自分用（おそらく遊興費）のためだという。

久兵衛がこのような調子なので、親類たちは、久兵衛が家質に入れようとして町会所の役人に奥印を頼んできたときには、それを知らせてくれるよう町会所に依頼していた。つまり久兵衛は、親類たちの許可なく、勝手に家屋敷を質に入れて借金することはできなかった。今回の借入希望については、必ずしも町役人の奥印を必要としない延為替ならば、監視の目をくぐりぬけられると思って、久兵衛が独断で大坂両替店に申し込んだのかもしれない。

しかし、手代は久兵衛の浪費癖も、久兵衛が親類たちから監視を受けていたことも調べ尽くしていた。当然、大坂両替店は、伊勢屋久兵衛と契約を結ぶことはなかった。

太夫を引き取り、逃げられた豪家の末路——嘉永六年（一八五三）の大津屋三右衛門

白髪町《しらがまち》（現大阪市西区）の大津屋三右衛門《おおつやさんえもん》は、地主業を営みながら、摂津三田《さんだ》藩の蔵屋敷の名代《なだい》、近江彦根《おうみひこね》藩の蔵屋敷の蔵元を務めた大家《たいか》だ。家計状態については、五、六年前と比べて、よほど財産が減ったという。この散財の理由は、遊廓新町での遊興、とくに身請け金の出費だった。

右〔大津屋三右衛門について手代が〕聞き合わせましたところ、〔三右衛門は〕右（担保）の家屋敷〔については〕家質には差し入れていませんが、二、三年前に銀一〇〇貫目で引当（担保）か何かに入れられた噂もありますけれども、只今にてはどのようになっているかは推測しにくいですが、やはり〔担保に〕入ったとする噂もございます。当主（三右衛門）は四〇歳くらい、随分人柄はよろしく、前体（前々）の養子にございます。安堂寺町の河平から養子に参られました。これなどについても〔養子に入ってから〕二〇年余にもなります。身体向《しんだいむき》（家計状態）については、五、六年前まではよほど派手《はで》に暮らしていましたが、三、四年前から家内の人数なども多分に減らされたとのこと。只今にては二〇人余とのこと。三右衛門も以前は〔遊廓〕新町にて〔金銭を〕使われまして、金七〇〇両余も出し、太夫《たゆう》（最高級の遊女）の身請け（身代金《みのしろきん》や前借り金を支払って、遊

女稼業を辞めさせること）をして、他所《よそ》に〔愛人として〕置いておりましたが、これ（元遊女の愛人）も悪者《わるもの》にございますか、〔愛人が〕家出しました。それ（身請け）より多分に〔三右衛門の〕身代《しんだい》（家計状態）が痛んだのか、家内向については厳々《げんげん》（非常に厳しく）倹約をされたのか、只今にては古流〔の暮らし〕にて、諸事倹約とのこと。

三右衛門は、太夫という最高級の遊女を金七〇〇両余で引き取り、愛人とした。金七〇〇両といえば、銀四六貫目ほどに及び、これは大坂両替店の奉公人の場合、勤続二七年前後の生涯賃金に匹敵する。しかも、身請けまでに多額の遊興費が投じられ、身請け後には愛人の家宅も用意されたのだから、相当の金額が使われたとみてよい。実際、これによって経営が大きく傾き、親類たちから質素倹約が厳命されたようだ。なお、愛人には逃げられてしまったようで（周囲から愛人が悪者扱いされていたことも興味深いが）、自由の身になりたかったのか、金の切れ目は縁の切れ目であったのか、三右衛門の哀愁が聞こえてくるようだ。

ともあれ、大坂両替店は、三右衛門と契約を結ばなかった。家計状態も悪く、三右衛門の改心にもまだ不安があった状態では、新規の融資は難しかったのであろう。

第5章　データで読み解く信用調査と成約数

1　契約の口数と特徴

契約総口数

大坂両替店は実際にどの程度の契約を結んだのか。信用調査の分析に入る前に、まずは大坂両替店の契約総口数を確認しておく。

商家や農家の貸付帳簿（元帳《もとちょう》）では、新規契約が明記されることはあっても、契約更新の内容まで（第三者がわかるくらい）丁寧に記されることは少ない。仮に契約更新まで丁寧に記された元帳であったとしても、年に一、二回作成される決算簿《けっさんぼ》（店卸《たなおろ》し帳や勘定目録《かんじょうもくろく》）には契約の最新情報だけが元帳から筆写され、元帳自体は破棄されたことも多い。新規契約だけでは、金融業を十全に理解することはできない。

これに対し大坂両替店には、一一冊の元帳が現存している。この元帳は「究帳《きめちょう》」と呼ばれ、寛延《かんえん》二年（一七四九）から明治四年（一八七一）まで、欠年の分を除くと、六四年間分の契約内容を教えてくれる。よって、この六四年間分に限り、大坂両替店の新規契約と契約更新のすべてを把握することができる。これまで「究帳」を網羅的に分析した研究者はいない。

さて、大坂両替店の延為替《のべかわせ》・家質貸《かじちかし》・質物貸《しちもつかし》契約の総口数（新規契約と契約更新の総口数）を示したものが図18だ。図18をみると、不景気かつ業績不振の一八世紀末には契約口数が落ち込んでいたが、一九世紀前半には概ね年間一〇〇口から一五〇口の間を推移しており、最幕末の慶応元年（一八六五）から慶応三年においても年間一〇〇口を超えていた。

図18　大坂両替店の延為替貸付・家質貸・質物貸契約総口数

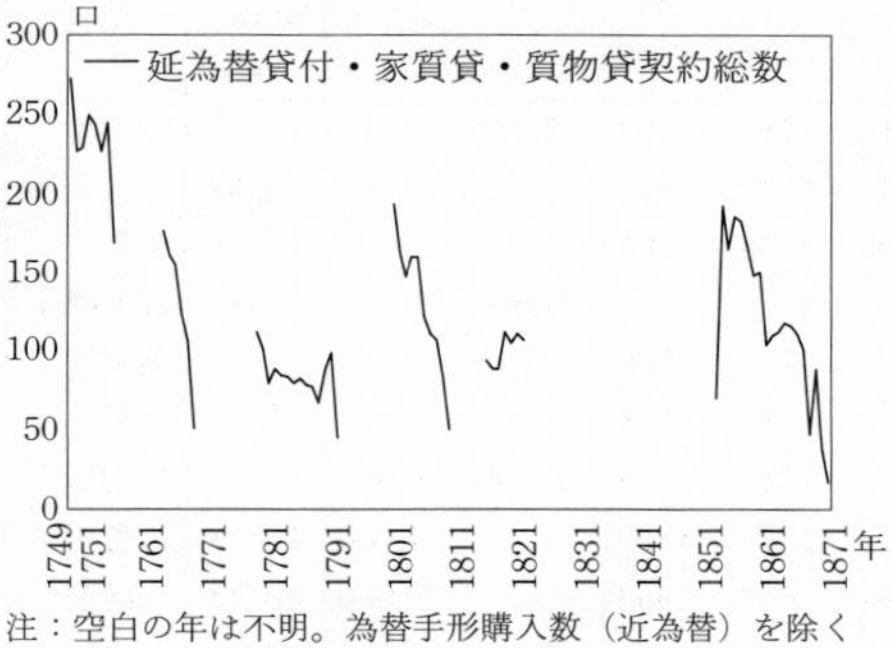

注：空白の年は不明。為替手形購入数（近為替）を除く

契約口数の多い顧客

次に、どのような顧客が大坂両替店と多く契約を結んだのかを把握する。

表12には、「究帳」が現存している時期に限り、大坂両替店と結んだ契約（新規契約と契約更新）の総口数が多い顧客を示した。身も蓋もないことをいえば、表12に名を連ねる顧客は豪商や上層商人に相当し、大坂両替店に継続して利息を支払えた者たちだ。

表12に載せた宝暦一一年（一七六一）と天保一四年

表12　大坂両替店と契約を多く結んだ顧客

借主	口数	契約初見年	最終契約年	1761年御用金（両）	1806年御買米（石）	1843年御用金（両）	業種
平野屋又兵衛	181	1749	1792	5,000			材木屋
鴻池屋庄兵衛	157	1782	1822		10,000	35,000	十人両替
上田八郎左衛門	149	1756	1807				大名貸
近江屋休兵衛	127	1750	1871	25,000	17,000	8,000	材木問屋
北国屋吉右衛門	117	1749	1790				銅吹屋
淡路屋佐兵衛	114	1749	1788				船解体屋
升屋平右衛門	112	1749	1866	5,000	10,000		米問屋
天王寺屋弥七	97	1779	1822		7,000	10,000	入替両替
平野屋孫兵衛	49	1853	1868		10,000	10,000	本両替
天王寺屋五兵衛	88	1749	1868	5,000	10,000	5,000	十人両替
平野屋仁兵衛	84	1780	1860		10,000	10,000	十人両替
米屋伊太郎	81	1791	1822		5,000	10,000	本両替
長浜屋源左衛門	78	1749	1822	5,000			銅問屋
淡路屋七兵衛	74	1801	1807				肥後問屋
油屋彦三郎	72	1753	1871	50,000	10,000		十人両替
嶋屋利右衛門	64	1787	1818		2,000		入替両替
長浜屋喜右衛門	62	1801	1808				十人両替
炭屋善五郎	61	1779	1858		17,000		本両替
海部屋仁兵衛	59	1749	1780	5,000			晒蠟屋
鴻池屋栄三郎	58	1853	1860		3,500		大名貸

注：上田八郎左衛門は上田三郎左衛門も含む。御用金・御買米については大阪市参事会編（1911）。業種については、「聴合帳」類のほか、植田（2010）、今井（2015）からも引用

（一八四三）の御用金は、幕府が富裕層に上納額（原則、後日に元利償還）を指定したもので、文化三年（一八〇六）の御買米は、米価の引き上げのために幕府が富裕層に大坂市中の米購入量を指定したものだが、これらをみても、大半の顧客が多くの上納額・購入量を指定されていたことがわかる。

上位の顧客二〇名のなかで、本両替《ほん》（おもに金銀を取り扱った両替屋）・入替両替（米切手を担保に融資した両替屋）は一〇名存在し、このうち本両替の頭取である十人両替は五人に及んだ。これ以外の顧客は、銅吹屋《どうふきや》・銅問屋、晒蠟屋《さらしろうや》、材木屋、大名貸などを生業としており、いずれも多額の資金を要したから、好調なときには多くの利益を得ていたはずだ。

しかし、平野屋又兵衛《ひらのやまたべえ》のように、経営が著しく悪化し、最終的には大坂両替店が給付訴訟を提起して身代《しんだい》限り（財産差し押さえ）にまで至った例もある。

大口契約を結んだ顧客

一口当たりの借入額が多かった顧客も確認してみよう。借入額が多いということは、顧客がそれだけの信用力と担保物を有したことを意味する。

上位の顧客二〇名を表13に示した。これらの顧客も、豪商や大藩《たいはん》に相当した。

最上位の上田三郎左衛門《うえださぶろうざえもん》（八郎左衛門《はちろうざえもん》）は、天明八年（一七八八）時点の長者番付《ちょうじゃばんづけ》では、

表13　大坂両替店と大口契約を結んだ顧客

単位：匁

	借主	契約年	借入額	契約種別
△	上田八郎左衛門	明和元年（1764）	700,000.00	契約更新
	薩摩藩	宝暦２年（1752）	500,000.00	新規契約
	鴻池屋市兵衛	安政元年（1854）	600,000.00	新規契約
	鴻池屋市兵衛	安政６年（1859）	600,000.00	新規契約
	鴻池屋善右衛門	宝暦２年（1752）	500,000.00	契約更新
	鴻池屋善八	宝暦３年（1753）	500,000.00	新規契約
	米屋平太郎	安政元年（1854）	500,000.00	新規契約
○	住友吉次郎	万延元年（1860）	500,000.00	新規契約
	炭屋安兵衛	安政４年（1857）	500,000.00	新規契約
	炭屋安兵衛	安政５年（1858）	500,000.00	新規契約
△	炭屋善五郎	安政４年（1857）	500,000.00	新規契約
	鴻池屋市兵衛	安政３年（1856）	400,000.00	新規契約
△	山本ゑつ	明和元年（1764）	390,000.00	新規契約
	薩摩藩	宝暦２年（1752）	370,000.00	新規契約
△	錺屋次郎兵衛	文政２年（1819）	360,000.00	新規契約
	長浜屋源左衛門	寛延２年（1749）	360,000.00	新規契約
	加賀藩	明和元年（1764）	350,000.00	契約更新
	久留米藩	寛延３年（1750）	350,000.00	新規契約
○	三木屋兵左衛門	万延元年（1860）	350,000.00	新規契約
	山城屋嘉助	宝暦２年（1752）	350,000.00	新規契約

注：○は当該契約に信用調査あり、△は過去に信用調査あり

鴻池屋善右衛門、三井八郎右衛門よりも格上の大関《おおぜき》（当時では最高位）に名を連ねた豪商であった。上中之島《かみなかのしま》町《ちょう》にあった居宅は、間口二三間（約四四メートル）に及び、大名の蔵屋敷に匹敵する広さを誇った（野高二〇一二）。寛延元年（一七四八）には、三郎左衛門は鴻池屋善右衛門らと連名で銀一一一〇貫目を長崎会所に融資し、寛延三年と宝暦元

年（一七五一）にも長崎会所に融資するほどの隆盛を誇ったが（今井二〇一五）、一八世紀末に逼塞《ひっそく》した。

鴻池屋善八《ぜんぱち》は鴻池屋善右衛門の分家で、鴻池屋市兵衛《いちべえ》は鴻池屋善右衛門の別家であった。善八は宝暦一一年（一七六一）には御用金二万五〇〇〇両の上納を、市兵衛は天保一四年（一八四三）に御用金二万五〇〇〇両の上納を指定された。米屋平太郎《へいたろう》は古くから著名な十人両替米屋平右衛門の後継で、炭屋安兵衛《やすべえ》も有力な十人両替の一人だった。平太郎は天保一四年に御用金五万両の上納を、安兵衛は御用金四万両の上納を指定された。住友吉次郎は、第4章にも登場した著名な銅業家であり、天保一四年には泉屋甚次郎《じんじろう》家とともに御用金一万五〇〇〇両の上納を指定された（大阪市参事会編一九一一）。五家のいずれも、大名貸を営んだ豪商だ。

このように著名かつ有力な豪商が名を連ねているが、ここで注目すべきは、彼らの大部分に対しては大坂両替店が信用調査をしていなかったことである。つまり、実際の成約は必ずしも信用調査を経たとは限らず、信用調査は不要と手代が判断すれば、すぐに成約に至った事例も少なからずみられる。たとえば顧客が鴻池屋一門や著名な十人両替であった場合、多くの財産を持ち、有力な親類が存在するのは明らかであったから、手代は調査をしなかったわけだ。

対して、住友吉次郎については、手代がしっかりと信用調査をしていたことも興味深い。一八世紀末の相続争いによる不評（第4章）が不安材料として残り続けたから、手代はこれを再確認するためにも信用調査に踏み切ったのかもしれない。

一方、大坂両替店は、薩摩藩や加賀藩、筑後久留米藩《ちくごくるめ》とも大口契約を結んでいた。しかし、第3章で述べたとおり、大坂両替店は大名と直接契約を結ぶことは避けていた。大名相手の債権は幕府から十全に保護されなかったからだ。薩摩藩の場合には土佐堀《とさぼり》二丁目の蔵屋敷を、加賀藩の場合には米一万五八〇〇俵を、久留米藩の場合には米一万五四八〇俵と大豆七二二〇俵を担保に取り、これらは各蔵屋敷の館入商人に融資する形をとっていたとみられる。

なお、豪商・大藩以外であっても、顧客の提供する担保物が大量か、高価値であれば、大坂両替店は大口契約を結ぶ可能性があった。たとえば、山本ゑつ《やまもとえ》は、淡路町《あわじまち》二丁目に複数の抱屋敷を所有しており、これらは表口一間当たり銀一三貫目以上の時価があると評価された最高級の家屋敷だった。長浜屋源左衛門《ながはまやげんざえもん》は、秋田銅三〇〇〇箇（一箇一〇〇斤・一六貫目入りで一八〇トン）を担保に提供し、三木屋兵左衛門《みきやひょうざえもん》も銅切手（引換券）を担保に入れていた。

2　顧客の特徴

顧客の業種

大坂両替店が信用情報を調査した顧客三八二五人（諸領主を含む）のうち、業種が判明するのは一三九五人に達する。ただし、一人で複数の商売を兼ねた場合もあったので、業種の数は（重複を含むと）合計一五六〇に及ぶ。

さて、顧客の業種を多い順に並べたものが表14だ。ここでは、煩雑さを避けるために、複数の業種を兼ねた顧客については別個に数えている。表の見方としては、たとえば廻船《かいせん》問屋、砂糖屋、煙草屋は、それぞれ一五人ずつ存在したことを示す。

表14をみると、質屋、酒造家、薬屋が多かったことがわかる。質屋は貸付元手金の確保、酒造家は大量の米、薬屋は高額な唐薬種《とうやくしゅ》・和薬種《わやくしゅ》の仕入れを必要としたから、基本的にこれらの商人は、多額の運転資金を求めるために借入を申し込んだといってよい。これに類するものとしては、材木屋、酒屋、両替屋など、多くの業種が該当する。

一方、注目すべきは、無商売と各国荷受け問屋だ。無商売とは、質屋でも両替屋でもない金貸し業者か、複数の抱屋敷を所有し家賃収入を得る地主業であった場合が多い。この場合、貸付元手金の確保か、抱屋敷の購入や修繕費用のため、借入が申し込まれたはずだ。

各国荷受け問屋とは、特定地域の荷主から、種類に関係なく一括で荷物を引き受け、大坂で保管・販売をおこなった商人だ。たとえば薩摩《さつま》問屋は、荷主からの委託により、薩摩藩領

表14　信用調査書にみる顧客の業種と人数

80人	質屋	78人	酒造	71人	薬屋
70人	無商売	63人	材木屋	62人	各国荷受け問屋
51人	酒屋、両替屋	48人	米屋	46人	綿布屋
42人	紙屋	36人	呉服屋	30人	油屋
29人	日勤（奉公）	26人	醬油屋	19人	飛脚、綿屋
18人	古手屋	17人	砂糖屋、干鰯屋、蠟屋		
16人	口入、鉄屋	15人	廻船問屋、煙草屋		
14人	荒物屋、釘屋	12人	宿屋		
11人	肩入奉公、唐物屋、小間物屋、晒蠟屋、諸色問屋、炭屋、大工				
10人	藍玉屋、魚屋、金物屋、相庭、通勤（奉公）				
9人	塩屋、搗米屋				
8人	糸屋、下し問屋、古道具屋、瀬戸物屋、寺子屋、銅吹屋、菜種屋、家守				
7人	醬油造、畳屋、ミョウバン屋				
6人	菓子屋、乾物屋、俵物屋、塗物屋、浜方米仲買、本屋、薪屋、味噌屋				
5人	医者、白粉屋、絽屋、塩物屋、墨屋、酢屋、染屋、竹屋、銅屋、浜方遣繰両替				
4人	合薬屋、漆屋、古金屋、足袋屋、茶道具屋、道具屋、旅籠屋、鬢付け屋、紅屋、帆屋				
3人	扇屋、傘屋、鰹節屋、釜屋、塩魚屋、水車屋、雪踏屋、装身具屋、駄売屋、茶屋、長崎本商人、仏具屋				
2人	打物屋、織屋、笠屋、煙草入屋、櫛屋、下駄屋、麴屋、木挽屋、衣屋、雑穀屋、障子屋、炭薪屋、石灰屋、線香屋、扇子屋、竹革屋、鉄刃金屋、鍋釜屋、人形屋、糠屋、農業、花屋、紅絞り屋、吹屋、筆墨屋、古本屋、椀屋				
1人	飴屋、石屋、板屋、鰯屋、植木屋、牛骨屋、雪花菜屋、帯地屋、械屋、刀金屋、金網屋、蒲鉾屋、秤重り屋、髪油屋、苧屋、唐弓弦屋、瓦屋、神主、灸治・按摩、鯨細工屋、糞屋、香薬屋、香具屋、粉屋、紺屋型屋、肴屋、仕立物師匠、芝居家主、酒造奉公、陣笠馬具屋、鮨屋、象牙細工師、草履屋、蕎麦屋、染風呂敷屋、十露盤職人、畳織屋、足袋仕立内職、茶碗屋、朝鮮土産物屋、天文方、砥石屋、銅山師、豆腐屋、七嶋青問屋、煮売屋、塗物道具屋、塗師道具屋、煙管屋、灰吹屋、挽茶屋、表具屋、踏込粕屋、筆屋、船鍛冶、船道具屋、古紙屋、古手解き物屋、鼈甲屋、水鉄炮屋、嚢屋、餅屋、八百屋、湯屋、脇差拵え屋、綿打ち屋など				

の砂糖、蝋《ろう》、乾物、煙草《たばこ》、鰹節《かつおぶし》などの荷物を大坂で引き受けて販売し、一定の手数料を得た。

信用調査で判明する各国荷受け問屋には、松前《まつまえ》問屋、秋田問屋、仙台問屋、北国《ほっこく》問屋、江戸・駿河《するが》問屋、信濃《しなの》問屋、伊勢問屋、和泉問屋、熊野《くまの》問屋、丹波《たんば》問屋、備後《びんご》問屋、出雲《いずも》問屋、石見《いわみ》問屋、土佐問屋、筑前《ちくぜん》・筑後《ちくご》問屋、豊後《ぶんご》問屋、長崎問屋、肥前《ひぜん》・江戸問屋、肥後《ひご》問屋、日向《ひゅうが》問屋、壱岐《いき》・対馬《つしま》問屋、薩摩・対馬問屋、薩摩問屋などが存在した。このほか地域は不明だが、多種多様の荷物を引き受けて販売する諸色《しょしき》問屋も一一人みられる。このような各国荷受け問屋と諸色問屋は、一七三〇～五〇年代には一七人、一七六〇～九〇年代には二五人、一八〇〇～三〇年代には二三人、一八四〇～六〇年代には八人を確認することができる。

荷受け問屋（諸色問屋）が顧客に多くみられたことは、興味深い事実を提供する。自己の裁量で特定の荷物を仕入れる専業問屋とは異なり、荷主から不断かつ一括りに荷物を引き受ける荷受け問屋は、専業問屋よりも多額の資金を要した。したがって、荷受け問屋にとっては、最大手の民間金貸し業者である大坂両替店が有力な借入候補であったはずだ。

では、一三九五人のうち、どのような顧客が成約に至ったか。成約者は一七五人であり、その内容を表15に示した。ここでは、二業種以上を兼ねたとしてもそのまま一人で計算した。表15をみると、表14と概ね同じ傾向を示しているが、注目すべきは各国荷受け問屋と諸色問屋の成約者の少なさだ。彼らのなかには、家計状態が悪いと判断された者も多かった。これ

表15　成約した顧客の業種

人数	業種
10	飛脚
9	酒造
8	質屋
7	酒屋、無商売
6	薬屋、両替屋
5	紙屋、砂糖屋
4	油屋、材木屋
3	荒物屋、金物屋、宿屋、呉服屋、米屋、水車屋、干鰯屋
2	魚屋、菓子屋、麴屋、各国荷受け問屋、廻船問屋、絞り紅屋、醬油屋、日勤（奉公）、綿布屋、干物屋
1	藍玉屋、糸屋、江戸積、扇屋、芝居家主、傘・荒物屋、肩入奉公、蒲鉾屋、紙・塩屋、材木屋、葛屋、口入、古金屋、木挽屋、紺屋型屋・綿屋、下し問屋、塩屋、小間物屋、米・薬屋、古手・米屋、両替・材木屋、米・炭屋、諸色問屋、笠・蓑屋、鮨屋、炭問屋、雪踏・下駄屋、瀬戸物屋、十露盤職人、大工、駄売屋、竹屋、菜種屋、煙草入屋、煙草屋、茶道具屋、通勤（奉公）、鉄商売、醬油・塩屋、道具屋、道具・糸・綿布・古手解き物屋、鬢付け・香具物屋、宿屋・廻船問屋、古手屋、鼈甲・唐物屋、紅屋、仕入問屋・浜方米仲買、味噌屋、ミョウバン屋、無商売・旅籠屋、無商売・油屋、無商売・日勤（奉公）、染屋、浜方米仲買、浜方遣繰両替、家守、蠟燭屋、脇差拵え屋、綿・米屋、綿屋

は質屋や酒造家、薬屋なども該当したことだが、多額の運転資金を要する業種ほど、栄枯盛衰がみられたということであろう。一方で、人柄や家計状態、担保物がよいと判断されると、顧客自身は小規模な商売を営んでいたとしても、大坂両替店と契約を結ぶことができた。

顧客の居住地

大坂両替店が信用情報を調査した顧客三八二五人のうち、居住地（蔵屋敷地）が確実に判明するのは二八〇〇人に達する。居住地が確実に判明しない顧客というのは、担保の家屋敷が抱屋敷のみで居住地の記載がないか、居宅かどうかの言及がない場合だ。

居住地が確実に判明する顧客に限り、居住地の分布を示したのが図19である。ここでは、角や橋筋などの居住地の詳細な位置を考慮せず、居住地を町《ちょう》ごとに分類して示し、信用調査の人数に応じて記号を変えた。図19をみると、ほぼ大坂三郷全域から、大坂両替店に借入の申し込みが来ていたことがわかる。大坂両替店は、大坂三郷全域に顧客を有していた点で、やはり大坂最大手の金貸し業者だった。

一方、図19に示せなかった顧客の居住地もある。大坂三郷の西部、木津川《きづがわ》流域の寺島町《てらじまちょう》（現大阪市西区）に一人、神崎川《かんざきがわ》河口の出来島《できしま》新田（現大阪市西淀川区）に一人、安治川《あじがわ》流域の安治川北一～二丁目・安治川上一丁目・安治川南一～三丁目（現大阪市福島区）に一七人、富島町《とみしまちょう》一～三丁目（現大阪市西区）に一〇人みられた。

大坂以外の場合、都市部では、京都に一四人、堺《さかい》に三人、天王寺《てんのうじ》に一人、平野郷に四人、尼崎《あまがさき》に四人、池田《いけだ》に二人、高槻《たかつき》に一人、伊丹《いたみ》に五人、西宮《にしのみや》に九人、兵庫に一人、姫路《ひめじ》に一人おり、このほか国単位では、陸奥《むつ》に一人、加賀に一人、伊勢に三人、近江に四人、摂津（都市部を除く村方《むらかた》）に一九六人、河内（村方）に一四七人、和泉（村方）に八人、大和に七人、

図19　信用調査件数

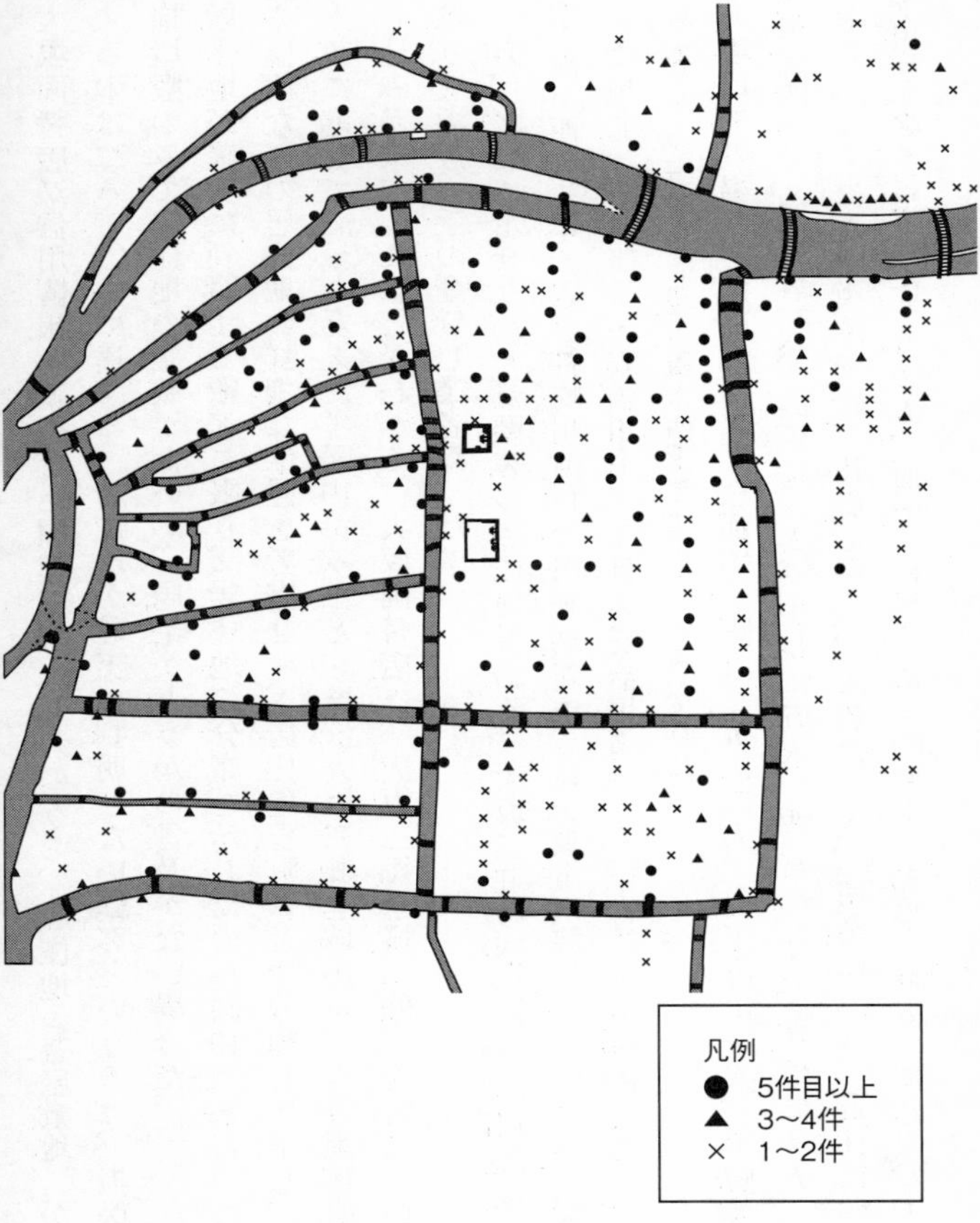

播磨に三人、美作《みまさか》に一人、明石《あかし》に一人、阿波《あわ》に四人、豊後《ぶんご》に一人みられた。実《じつ》に全国各地から大坂両替店に借入希望があったことがわかる。

なお、大坂以外の居住者は、大坂に代理人としての家守、支配人を置いたが、この顧客を大坂両替店は好ましく思っていなかった。なぜなら、他国の顧客が債務不履行を起こし、大坂両替店が給付訴訟（貸金回収訴訟）を提起した場合、借主本人が大坂町奉行所に出頭すべきであったので、訴訟の進行が遅れがちだったからだ。よほど担保物の価値が高くなければ、大坂両替店が他国の顧客と契約を結ぶことはなかった。

顧客の人柄

大坂両替店が信用情報を調査した顧客三八二五人のうち、人柄が判明するのは九〇二人に達する。そこで、人柄を分類して表16に一覧化した。信用調査を読解してきた筆者の判断で、評判がよい人柄を○、評判が悪い人柄を×、どちらとも評価しにくい人柄を△とした。

表16をみると、一番多いのは「実体《じってい》」だ。実体は、真面目で正直なことを指すが、大坂両替店にとっては、そのような誠実な人柄が最も望ましかった。これに類するのは、確かなる人、丁寧、素行のよい人が該当する。利発、聡明《そうめい》な人である才智人は、誠実か不誠実かに直接的には関係ないが、大坂両替店に不誠実を働くとどうなるか、誠実に対応したほうが将来

的な利得が多いのではないかと冷静に考えられたはずなので、大坂両替店にとって好ましい人柄だった。質素な人は、理性的に行動できる人を指したので、これも高い評価を得た。

一方、浪費家や遊び癖、不道徳、不義理であることを示す不品行な顧客も、少なからず存在した。これに類するのは、人柄がよろしくない人、我《わ》がままな人、強欲・虚言癖《きょげんへき》の人が該当する。派手な人も、体裁面《ていさいめん》にこだわって衣食住への出費を惜しまない人を指したから、不品行な人に相当するかもしれない。このほか、投機好きな勝負師である山師《やまし》、激昂《げきこう》しやすい癇癪《かんしゃく》持ちの人は、大坂両替店との長期的な取引から得られる利得よりも、目先の踏み倒しから得られる利得を優先する恐れがあったから、大坂両替店にとっては好ましくなかった。

もちろん、人柄は家計状態を判断する要素にもなった。たとえば質素か派手かの判断は、人柄だけでなく、将来的な家計状態を推測する基準にもなりえた。質素倹約の徹底は堅実な経営を促し、派手な出費は粗放的な経営を招きやすいからだ。

人柄が判明する九〇二人のうち、評判が悪い人柄の顧客は一七二人であり、約一九％を占めた。これを多いと感じるか、少ないと感じるか、その判断は読者に委ねたい。

ただし、以下の点に留意しておきたい。

最大手の民間金貸し業者である大坂両替店に対し、借入を希望しようとする顧客たちは、曲がりなりにも自らの評判が悪いと断られやすいと認識していたはずである。よって一般的

表16　信用調査書にみる顧客の人柄

人柄の内容		人数	具体例
○	実体	317	至りて実体、至極実体、実体なる仁、実体な人柄、正直なる仁、随分貞実なる仁、随分篤実なる仁
○	人柄よろし	200	人柄よろし、人柄よろしき人、よくできる人、よろしき人柄
×	不品行（身持よろしからず）	50	身持よろしからず、身持放埒、極道、不身持、不埒人、少々遊楽好みの人、不行跡、放蕩者、行儀不如意
○	質素	45	質朴、質素に暮らし、古流の人、古道なる仁、古風親父、古風廉直の人、公道人、取り締まりよろしき人
○	才智人	41	至りて才智人、随分才人、発明の人、誠に発明なる人、抜けのなき賢き人、利発の仁
×	人柄よろしからず	40	人柄よろしからず、人柄悪し、不人柄の人、人柄は下品、よろしからざる人
×	派手	36	至りて派手なる仁、派手に暮らし、派手人、小銀遣い、取り締まり悪し、不取り締まりの人
○	気うけよろし	29	気うけよろしき人、人気よろし、評判よろし
×	気うけよろしからず	21	世間向の気うけよろしからざる人、近所隣町の風説よろしからず、評判悪し
○	確かなる人	16	随分確かなる仁、至極確かなる者
△	堅苦しき人	14	至りて堅苦しき人、堅き仁、極々堅苦しき仁、人柄随分堅苦しき人
○	手堅き人	14	随分手堅き人柄、手堅き仁、手堅き人、随分如才なき人
×	山師	11	山師、大山師、よほど山師の人、山気
○	丁寧	7	気質丁寧なる仁、至りて丁寧な人柄、随分律儀なる仁
×	我がまま	6	随分我情なる人、我が儘なる人、至りて我勢なる仁
○	身持(素行)よろし	5	身持よろし、随分身持よろしき仁
×	強欲・虚言癖	4	甚だ名高き爪長、少々山物、狂言師
×	激情	4	癇癪、随分烈しき人、本人少し乱症、乱心
○	大人しき人	4	大人しき人物、大人しき仁、よほど温厚
△	その他	38	至りて陰気の人、吝嗇なる仁、気軽き人、結構人、随分気前者、全体こまかき仁、鈍き人、甚だ気丈なる仁、百姓の大将株

には、人柄が悪いと自覚する者は、そもそも大坂両替店に借入を希望しないはずだ。

そうであれば、なぜ、人柄が悪いと評された顧客が約一九％もいたのか。人柄が悪いのにもかかわらず、借入を申し込んだ顧客は、自らの家財や家計状態に相当な自信があったか、図太くも自ら人柄を悪くない（もしくは人柄が悪いとはばれない）と思っていたか、もしくは無鉄砲で無謀な人であったかのいずれかであったことになろう。

では、九〇二人のうち、どのような顧客が成約に至ったのか。成約者は一五二人で、〇の評価は一二三人、△の評価は八人、×の評価は二一人であった。×のうち、派手が一三人を占めたので、品行が悪くとも成約に至ったのは、わずか八人だった。しかも、二一人のほとんどが単独で成約したのではなく、ほかの連帯債務者（手代を除く）との連名で成約に至っていたから、大坂両替店は、基本的に、人柄の悪い顧客だけに融資することはなかった。

顧客の家計状態

大坂両替店が信用情報を調査した顧客三八二五人のうち、家計状態が判明するのは一四八六人に達する。そこで、家計状態を分類して表17に一覧化した。筆者の判断により、評判がよい家計状態を〇、評判が悪い家計状態を×、どちらとも評価しにくい家計状態を△とした。表17をみると、一番多いのは「身体向《しんだいむき》よし」だ。正確には身代《しんだい》と書くべきだが、江戸時代の文書では身代と身体はよく混同された。身体（身代）は、「家」の全財産、あるいは「家」の財政状態を指した。当然、周囲の人たちが顧客の全財産を知ることは困難であったので、日頃の暮らしぶりや資金繰《ぐ》りの様子、生活困窮者への施行《せぎょう》や幕府御用金の上納、町《ちょう》入用などの立替額などから、顧客の家計状態がよいと判断されたはずだ。「身体向よろし」に類するのは、「勝手向《かってむき》よろし」、「暮らしかたよろし」が該当する。「商売向《しょうばいむき》よろし」についても、顧客の商売が繁盛していたり、顧客が手広く取引をしていたりして、顧客の家計状態が良好であると判断された。

一方、家計状態が悪い顧客を指したのが「身体向よろしからず」だ。これに類するのは、「勝手向よろしからず」、「暮らしかたよろしからず」などが該当する。

家計状態の悪さは、商売の停止や借金の増加を招いたので、外からみて判断しやすい。実際、信用調査では、「商売向よろしからず」、逼塞《ひっそく》（逼迫《ひっぱく》、謹慎）・休業・絶家《ぜっけ》、「多分に借財あり」とする噂も少なからず存在した。いざ手代が顧客の調査をしてみたら、実は顧客の家が絶《た》えていたという例もあった。このほか評判が悪いものとしては、訴訟中があった。この訴訟中は、顧客が滞納し、大坂両替店以外の借主からすでに給付訴訟（貸金回収訴訟）を受けていたことを指しており、大坂両替店にとってこのような顧客は好ましくなかった。

家計状態が判明する顧客一四八六人のうち、家計状態が悪いと判断された顧客は四〇五人

表17　信用調査書にみる顧客の家計状態

家計の内容		人数	具体例
○	身体向よろし	563	身体向よろし、身体丈夫、身上丈夫、身代よろし、確かなる身上、身元よろし、よろしき身上柄、大身上、大商人
×	身体向よろしからず	266	身体向よろしからず、身体向悪し、身上向不如意、身上向不勝手、身上差し支えあり、身上柄評判よろしからず
△	身体向相応	201	身体向相応、身上柄大概、身元まず相応、身体向中位、身上別条なし、身上柄格別よろしくはなし、相応の身上
○	商売向よろし	123	商売向手広くいたし、手広く取引いたし、商売繁昌、店向繁盛、商売繁栄の様子、商売は日の出、大問屋
×	勝手向よろしからず	50	勝手向よろしからず、不勝手、不如意、手元むつかし、不仕合、難渋
○	勝手向よろし	41	勝手向よろし、勝手よろし、手元追々よろし、内証よろし、内裏よろし
△	暮らしかた相応	41	暮らしかた相応、相応に暮らし
×	逼塞・休業・絶家	35	逼塞、大逼塞、逼塞がち、逼塞同然、休店、絶家
×	訴訟中	26	目安中、目安あり、目安たくさんあり
△	勝手向相応	21	勝手向相応にいたし、勝手向相応に暮らし
△	現状維持	18	身上向変わることなし、随分これまでの通り商売いたし、さして変わることなし
×	商売向よろしからず	17	商売よろしからず、商売向甚だ手狭、当時荷物参らず、商売向寂しきほう
△	商売向相応	12	商売向相応にいたし、相応の商売いたし、商売はまず相応
×	暮らしかたよろしからず	11	暮らしかたよろしからず、暮らしかた悪しくなり、暮らしかた甚だむつかし
△	身体向持ち直し	9	身体持ち直し、少々身体向持ち直り
○	暮らしかたよろし	6	暮らしかた随分これまで繁栄、暮らしかた随分よろし、大体よろしく暮らし
×	多分に借財あり	6	借財多分にあり、全体借金多し、内借等よほどあり
△	その他	40	随分小体、身体向一通り、身上向前々ほどにはなし、勝手向は公道、身上一盃の仁、身体向一盃

であり、約二七%を占めた。人柄よりも多い割合で、返済に不安要素がある顧客がいた。

では、一四八六人のうち、どのような顧客が成約に至ったのか。成約者は三〇九人で、〇の評価は一七六人、△の評価は七六人、×の評価は五七人であった。人柄よりも、家計状態のほうが、×であっても成約率が高い。×で成約に至った顧客の場合、家計状態が悪くとも、人柄がよいとの評価を受けていたことが多い。×の五七人のうち、人柄の評価が〇の顧客は二二人、△の顧客は二人、×の顧客は七人、不明な顧客は二六人だった。人柄の評価が×の顧客についても、すべてが派手と判断された顧客であり、不品行な顧客はいなかった。

したがって、家計状態が悪いと判断されたとしても、人柄がよいと評価されれば成約に至る可能性があったことになる。この点が江戸時代、大坂両替店の特徴だった。

3　信用調査の成果と行く末

信用調査口数と成約口数

では、大坂両替店が信用調査をした顧客のうち、どの程度の顧客と成約に至ったのか。

図20は、一年ごとの信用調査の口数と成約口数、契約総口数を示したものだ。先述したとおり、延為替・家質貸・質物貸すべての成約口数が判明する「究帳」が現存する期間は六四

図20　大坂両替店の信用調査口数と成約口数、契約総口数

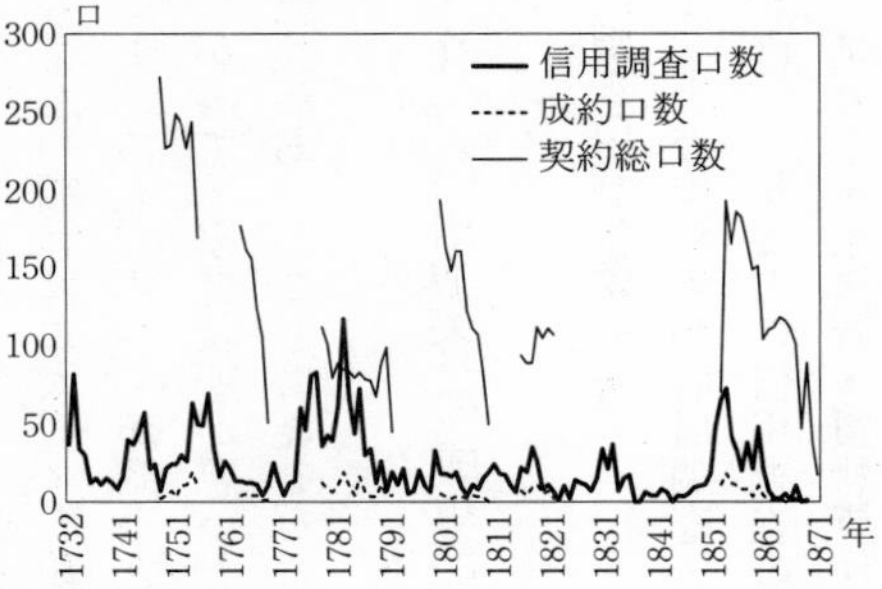

注：空白の年は不明

年間分なので、この期間に限って成約口数を示した。契約総口数は、前掲の図17から引用したもので、新規契約と契約更新を問わず、すべての契約口数を示したものである。

図20をみると、かなりの顧客が信用調査の審査で落とされていたことがわかる。信用調査口数が少ない年には成約率も高くなってしまうが、それを割り引くと、成約率は概ね一五%から二五%前後である。一〇名のうち、成約に至ったのは、わずか一、二名であった。

一方、契約総口数との比較にも注目したい。契約総口数には概ね半年ごとの契約更新が多く含まれたので、大坂両替店は、常連客との契約更新を続けたか、再度の信用調査を経ずに常連客との新規契約を結んだかのいずれかを繰り返していたことになる。大坂両替店としては、きちんと利息を支払い、約束期限までに元金を返済する顧客の確保こそが重要であり、彼らを常連客として回収と融資を繰り返したわけだ。

信用調査と厳しい審査で一〇名中、一、二名しか成約に至らないと聞くと、私たちは経営

の維持と拡大に支障が生じると思いがちだが、その厳しい審査を経て、なお誠実に取引してくれる顧客を大坂両替店は求めていた。このような常連客との契約更新、新規契約が大坂両替店の金融業の柱であった。そして、常連客の資金繰りが運悪く一時的に悪化しても、大坂両替店はすぐには見放さず、期限付きの利息減額や元金返済の猶予を与えた。不誠実な顧客も多かったなかで、大坂両替店の関心は誠実な顧客を確保することにあった。これは、真面目な小作人との小作契約を長く続けるために、様々な優遇措置を講じた畿内の地主とも共通する（萬代二〇一九）。

大坂両替店から借入を断られた顧客はどうしたか。大坂両替店から借りられないような、評判が悪い人たちは、大坂両替店よりも金利が高い金貸し業者に借入を希望した。そこでも断られた場合には、場末《ばすえ》の高利貸しから借り入れるしかなかったはずだ。

なお、もうひとつ注目すべきは、幕末維新期の信用調査口数と成約口数である。文久二年（一八六二）以降、大坂両替店では信用調査口数も成約口数も概ね一桁台まで減少した。これを借入需要が低下したとみるか、大坂両替店が意図的に絞ったかとみるか、見解がわかれるところだが、筆者としては両方の要因があったとみる。この時期、大坂では様々な事件が起こっていたからである。以下、大坂両替店が京都両替店に送った書状の一部を紹介する。

（文久元年〈一八六一〉七月）

当地（大坂）世間向の様子、外国貿易が御免《ごめん》（免許）になりましたことについては、諸商《あきな》いども何となく難しく、そうしているところに今年五月頃、当地を異人《いじん》（外国人）が通行し、市中は何かと騒々《そうぞう》しく、そのうえこの頃は対馬表《つしまおもて》にて異人乱妨《らんぼう》（ロシア軍艦対馬占領事件）とのこと荒々《あらあら》噂があり、諸品が一際《ひときわ》高値になり、自然と商いは危《あや》ぶみ、不景気とのことにございます。


（文久二年七月）

当地（大坂）世間向の様子、外国貿易を前年のごとくおこなうのは、長崎表一か所だけになったこととの噂がありましたので、市中一統が歓《よろこ》んでおりましたが、色々御模様が変わるなどと〔市中の者が〕吹聴《ふいちょう》し、諸色《しょしき》〔の価格〕は引き下がらず、商《あきな》い向は不景気で困っていた折柄《おりから》（ちょうどそのとき）、麻疹《はしか》流行にて、店戸《たなと》などを閉め、流行病にて商いを休むとの張り紙を差し出したところが数軒あり、すでに岩城《いわき》（呉服大店《おおだな》の升屋《ますや》）の店などは片店〔の営業〕を休んでいます。


（文久二年一二月）

一橋《ひとつばし》（慶喜《よしのぶ》）様ならびに御老中（小笠原長行《おがさわらながみち》）様、そのほか〔幕府諸藩の〕諸役人様方が大人数でだんだん当地（大坂）へ御警衛向《ごけいえいむき》〔のため〕御巡見とのことにて、大坂に御《お》出《いで》になり、右一橋様は当地の西本願寺掛所《かけしょ》（休泊所）へ御旅館を、御老中様は東本願寺掛所へ御旅館を、そのほか御役人衆は市中門徒寺院へ御宿を命じられ、それ以外は表口が広い空き家へ御宿を命じられましたとのこと。右のため、何となく騒々しいことにございます。

（慶応二年〈一八六六〉七月）

当地（大坂）世間向の様子、昨夏から公方《くぼう》（徳川家茂《いえもち》）様が大坂城におられることについては、容易ならざる御形勢で誠にもって恐れ入る次第にございます。さて諸物価は近頃高値のところ、今年に至り、ますます高値になり、とくに米・金銭は前代《ぜんだい》未聞《みもん》の相場にて、諸商人の取引は難しく、下々《しもじも》の難渋人が少なくないためか、五月一四日早朝からどこからともなく多人数が寄せ集まり、市中の搗《つ》き米屋、酒造屋などへ押し入り、代金を支払うことを後回しにして、付近の米・酒を持ち帰り、なかには土蔵へ押し入り、俵にて持ち出した者もおり、または両替屋などにも難癖を付け、金銭を持ち帰りましたとのことなので、早速、御役人様方が御出張され、御召し捕らえになり、まずそのあとは穏やかにございます。

（慶応三年一二月）

一二月一三日、上様（徳川慶喜）が急に大坂に御下り、御供《おとも》方はいずれも軍装の御形勢の折柄《おりから》（ちょうどそのとき）、紀伊（和歌山藩主徳川茂承《もちつぐ》）様は御陣替えなどで一時《いっとき》の混雑〔があり〕、今にも異変が発することかと、またたく間に恐驚《きょうきょう》の人気《じんき》になり、〔大坂町人のなかには〕立ち退きの手配をする者もいたので、金銭は古今稀《ここんまれ》なる相場に高騰し、諸取引はできにくく、誠に昨今眼前の変化を恐れ入ることにございます。

（明治元年〈一八六八〉七月）

当地（大坂）世間向の様子、早春から容易ならざる変事にて、市中一様に〔町人たちが〕立ち退いたほどのこと、そのあとも、とにかく不穏で、諸取引はできにくく、両替への預金などを〔預金者が〕一時《いっとき》に取り立てる〔ほど〕の人気が立ちましたので、正月下旬には両替屋の数軒が閉店に及び、（中略）五月九日には銀目《ぎんめ》（銀貨の単位）が廃止になり、引き続き金札《きんさつ》（太政官札《だじょうかんさつ》）の御発行などにて諸国取引向は甚《はなは》だ手狭《てぜま》になったことにございます。

（「京都本状控」）

これらを逐一《ちくいち》解説することはしないが、幕末維新期の大坂では、外国人たちの通行や流行病の蔓延《まんえん》だけでなく、打ちこわしの発生、幕府諸藩の長期滞在や武装での在陣があり（岩城二〇一一）、金融不安による取り付け騒ぎ、銀目廃止令（貫《かん》・匁《もんめ》・分《ふん》などから成る銀目建ての貨幣の使用と、銀目建てによる貸借の禁止）の布告も相次いで起こった。上記には示していないが、慶応三年には、強盗や放火も横行していたし（脇田一九九五）、慶応四年（明治元年）一月には、薩長両藩が両替屋たちの幕府預かり金を略奪した（石井二〇〇七、村二〇一八）。これらが連鎖的に生じ、数多くの著名な両替屋が破綻した。

石井寛治は、このような状況下で三井大坂両替店が生き残った理由として、大坂両替店が手形金融の発展を牽引《けんいん》し、豊富な資金を蓄積していたことを掲げている（石井二〇〇七、石井二〇二三）。たしかに、石井の研究によって、大坂両替店が手形決済の結節点にいたことは明らかだ。しかし、このことは、豊富な資金を蓄積したことの直接的な理由にはならない。

これに対し、筆者の見解は次のとおりである。

大坂両替店は、日頃から丹念な信用調査と常連客の確保に努め、幕末維新期に新規顧客を獲得しなくても（できなくても）、常連客との取引で十分な利益を得ることができた。明治元年（一八六八）を除いて、一八六〇年代にも概ね一〇〇口ずつの契約を結べていたこと、一八六〇年代には（物価を考慮する必要があるといえ）年間利息収入が落ちなかったこと（八頁の前掲図1）は、それを如実に示している。常連客を獲得する大坂両替店の不断の努力があってこそ、豊富な資金が蓄積されたと筆者は考えている。

一筋縄ではいかない信用調査と審査

ここでは、やや視点を変えて、給付訴訟に至った顧客に焦点をあわせてみよう。果たして、信用調査で高い評価を得た顧客は、債務不履行を起こさず、訴訟にも至らなかったのか。訴訟に至った顧客を検討すると、そうとは限らなかったことが明らかになる。

表18は、信用調査を経て成約に至った顧客のうち、訴訟に至った顧客の信用調査時の評価を示したものだ。信用調査時に人柄や家計状態が記録されていない顧客もいたので、それらは除外した。表18をみると、顧客の大部分が高い評価を得ていたことがわかる。家計状態をみると、問題がないと評された顧客が多くを占め、とくに人柄については、悪い評判の人柄の顧客は存在しなかった。それでも、滞納や家出をし、訴訟を提起されてしまう顧客もいたわけだ。これは、信用調査と審査の難しさを示している。

一方で、注目すべきは、この表に示していない顧客だ。享保一九年（一七三四）から元治二年（一八六四）まで、大坂両替店が提起した訴訟は一五〇件存在したが、そのうち六〇件の被告（顧客）については信用調査をした形跡がみられない。このなかで、被告（連名の顧客）の一部でも調査されたのは三件に過ぎない。手代が信用調査を経ない場合は、先述したとおり豪商・大藩の場合か、もしくは懇意の紹介者の情報を鵜呑《うの》みにした場合が考えられる。

信用調査の実施と厳格な審査は、常連客を必ず生むものでは到底なく、ときには滞納や家

表18　成約後に訴訟に及んだ顧客の信用調査時の評価（一部）

訴訟年	被告	信用調査時の評価	訴訟結果	債権回収率	解決日数
享保20年（1735）	①今津屋治左衛門 ②朝枝春菊	①すぐれて身上よろし	完済	100.0%	61
宝暦5年（1755）	日野屋庄左衛門	身上柄よろし	完済	100.0%	76
宝暦7年（1757）	苫屋六兵衛	至極実体なる仁	完済	100.0%	98
宝暦11年（1761）	渚屋庄左衛門	至極実体なる仁、身上柄よろしき仁	完済	100.0%	75
明和4年（1767）	堺屋喜右衛門	身上向よろし	完済	100.0%	62
安永4年（1775）	奈良屋権兵衛	身上柄よろし	完済	100.0%	22
天明8年（1788）	奈良屋藤兵衛	身元よろし	完済	100.0%	90
寛政2年（1790）	①福嶋屋武兵衛 ②福嶋屋喜兵衛	①②実体なる仁、人柄よろし、①②身上向随分よろし	完済	100.0%	94
文化3年（1806）	淡路屋七兵衛	随分確かなる仁、商売体広くいたし	身代限り		100
文化14年（1817）	①天満屋清三郎 ②炭屋武兵衛	①随分人品よろし	示談	15.9%	99
文政6年（1823）	①嶋屋権兵衛 ②嶋屋庄兵衛	①身上柄随分よろし	完済	100.0%	115
文政13年（1830）	泉屋次郎左衛門	随分正直なる仁、変わらず倹約いたし	示談	72.0%	96
天保5年（1834）	①加嶋屋芳兵衛 ②池田屋次兵衛	①×、②人柄よろし、派手なるほう、身体格別よろしからず	示談	27.8%	107
天保5年（1834）	辰巳屋安兵衛	至極柔和にて実体なる仁、身体向近年よろしからず、逼塞がち	示談	6.7%	63
天保5年（1834）	①泉屋仁右衛門 ②広嶋屋清兵衛	①随分実体なる仁、②×	示談	57.1%	64
天保8年（1837）	銹屋嘉兵衛（家出）	随分実体なり、勝手向よろし、商売手広くいたし	完済	100.0%	
天保12年（1841）	箱屋久兵衛	身体向は近年変わることなし	示談	16.1%	69
嘉永7年（1854）	吹田屋七兵衛	身体向はまずよろしからざるほう	示談	21.3%	68
万延元年（1860）	塩屋利兵衛（家出）	人柄よろし、暮らしかた随分よろし	完済	100.0%	301
元治2年（1864）	和泉屋梅太郎	随分相応に暮らし	完済	100.0%	66

注：空欄は不明。×は、連帯債務者のうち、信用調査がされていない者のことを示す

出に及ぶ顧客を招くことも避けられなかった。しかし、信用調査を実施しないと、滞納や家出に及ぶ顧客が発生する確率は格段に上昇した。

ちなみに、信用調査の対象外となった顧客はどの程度存在したのか。

慶応二年（一八六六）秋季の場合、八一口の延為替貸付契約のうち、過去に信用調査の対象となった顧客が含まれる契約は、少なくとも四九口であり、全体の約六〇％を占めた。この貸付金額は全体の約六一％で、約三九％の額が信用調査なしで融資されていたことになる。しかし、これはすぐさま信用調査の重要性を損なうことにつながらない。

信用調査の対象外となった顧客をみると、三井の別家・縁家《えんか》、豪商の鴻池屋善五郎《ぜんごろう》や辰巳《たつみ》屋久左衛門《やきゅうざえもん》、塩屋亥三郎《しおやいさぶろう》、著名な豪農の大東象五郎《おおひがししょうごろう》がみられる。

これらを（そもそも信用調査が不要であったとして）除外した場合、信用調査なしで融資された契約の貸付金額は全体の約一八％である。この一八％は概ね小口取引であり、何らかの事情で仕方なく延為替貸付に切り換えられたものかもしれない。大坂両替店が経営を拡大するためには、「見ず知らず」の顧客とも契約を結んでいく必要があり、そのために信用調査は不可欠だった。口数で約六〇％、貸付金額で約六一％の信用調査が実施されたことは、決して過小評価すべきではない。

図21　三井大坂両替店の延為替貸付の利回りと鴻池屋善右衛門・銭屋佐兵衛の大名貸の利回り

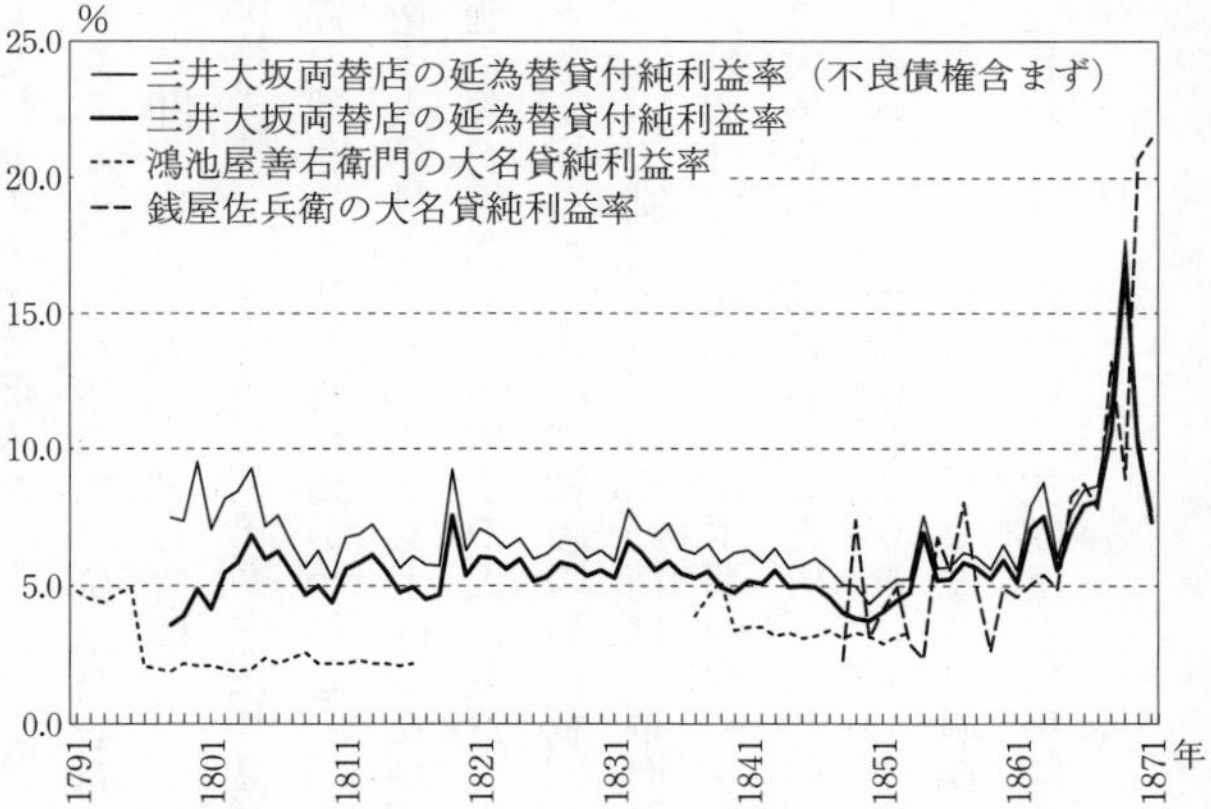

注：鴻池屋善右衛門と銭屋佐兵衛については、安岡（1998）と小林（2015）から引用

高い利回りの実現

最後に、大坂両替店の金融業の利回りについて、他家との比較も試みておく。

ここで比較検討するのは、一口当たりの利子率ではなく、延為替貸付の利回り（年間取得利子の総貸付金額に対する比率）であり、したがって未収利子額（滞納）が増えると利回りは下がる。これをふまえて大坂両替店の延為替貸付の利回り、鴻池屋善右衛門の大名貸の利回り、銭屋佐兵衛の大名貸の利回りを比較したものが図21だ。今橋二丁目の鴻池屋善右衛門は、第1章で紹介した巨大な大名貸商人である。石灰町《いしばいまち》（現大阪市中央区）の銭屋佐兵衛は、延享《えんきょう》二年（一七四五）に両替屋を開業し、一九世紀には大名貸に注力した後発の大名貸商人だ。

図21をみると、大坂両替店の延為替貸付の利回りは、①不良債権（利子未回収の貸付金額込みで年間平均五・五%、不良債権なしで年間平均六・五%であったこと（総貸付金額から不良債権を除くと、年間取得利子額の総貸付金額に対する比率は高くなる）、②鴻池屋善右衛門の大名貸の利回りよりも概ね高かったこと、③一九世紀中頃に大名貸を成功させたという銭屋佐兵衛の大名貸の利回りよりも上回ったか、それと同じ水準を示したことがわかる。

鴻池屋善右衛門は大名相手の大口融資で巨利を得たが、反面、貸し倒れで不良債権化したものも多く抱えた。大坂両替店の高い利回りは、貸し倒れが少なかったことを示している。よって、法制度の観点からいえば、幕府御用商の三井大坂両替店は、裁判上の特権を有する延為替貸付で安定的かつ高水準の利回りを実現したが、非特権的商人の銭屋佐兵衛は、不安定な大名貸を成功させることで、三井の利回りに比肩することができたことになる。

もちろん、三井大坂両替店が高い利回りを実現した要因は、法制度からの厚い債権保護だけではなかった。日頃から丹念な信用調査と常連客の確保に努めた手代たちの功績があったことを忘れてはならない。法制度と信用調査の両輪が大坂両替店の高い利回りを実現させた。

三井銀行へ——連続と断絶

戊辰《ぼしん》戦争のあと、三井は新政府と協力することを決定し、明治元年（一八六八）二月には豪商の小野・島田とともに新政府の為替方《かわせかた》（官金の送金・出納《すいとう》業務）を務めることになった。そして、討幕軍の軍用金調達や会計基立金《もとだて》（旧幕府の御用金に相当）三〇〇万両への応募、太政官札《だじょうかんさつ》の発行に協力し、各省庁の官金を取り扱った。明治四年（一八七一）には、単独で新貨幣御用為替方を務めるようになり、地金《じがね》の受け取りと新貨幣の支払いに従事する為替座三井組を創設した。明治五年（一七八二）三月に至ると、業績不振が常態化していた呉服業部門を分離し、これ以降、呉服業の各店は三越《みつこし》（三井の三の字と越後屋の越の字）姓を名乗るようになった。

明治五年四月には、大蔵省は官金出納を統一するため、三井・小野両組に三井小野組合銀行の設立を強要した。三井小野組合銀行は、大蔵省から官金出納業務を委譲されたが、同時期に三井の為替座も廃止された。こうして三井組は、府県為替方業務の拡大を進め、諸府県の為替方として租税金《そぜいきん》の送金・官金出納に介在し、多額の国庫金を取り扱った。明治初年には利子付きの官金を三井組が預かることもあったが、やがて無利子の官金を多く預かることになった。江戸時代と同じく、官金（公金）が三井の経営基盤を支えた。

三井は、支配人三野村利左衛門《みのむらりざえもん》の主導のもと、明治六年に従来の両替店・旧御用所（新政府の御用を請け負う機関）・為替座を再編成し、官金出納業務に従事する御用所を新しく設置した。御用所には貸付方が付設され、この貸付方は、御用所の管理下のもとで融資業務を担った。御用所は、東京・大阪・西京（京都）・横浜・神戸に設置された。

明治七年（一八七四）五月には、三井は単独での銀行設立を目指して、東京御用所の名前を三井組為替バンクに改称し再出発を試みた。ところが同年一〇月、政府は為替方の三井・小野・島田に対して、官金預かり高と同額の抵当を提出するよう命じた（日本経営史研究所編一九八三、安岡一九八二、宮本二〇二三）。小野・島田両組が抵当を提出できずに閉店したのに対し、三井組は、イギリスのオリエンタル・バンクから緊急融資を得たことで何とか危機を乗り切ったといわれている（石井一九九九）。

このような危機を乗り越え、明治九年（一八七六）七月一日には日本最初の私立銀行である三井銀行が開業し、大阪分店《ぶんてん》（支店）は当時の高麗橋二丁目に設置された。

ところで明治六年五月の大阪御用所の役員としては、中井由兵衛《なかいよしべえ》（元締《もとじめ》懸《かかり》駈引役《かけひきやく》・金庫検査役）、西村帍四郎《にしむらとらしろう》（同上）、西村定次郎《さだじろう》（元締懸帳元《ちょうもと》・貸附方惣取締《かしつけかたそうとりしまり》）、清水覚次郎《しみずかくじろう》（帳元《ちょうもと》懸《かかり》・諸県諸懸取締）、平井栄三郎《ひらいえいざぶろう》（帳元懸・諸会社懸駈引方助）、井口新三郎《いぐちしんざぶろう》（銀行副支配役）、杉本久次郎《すぎもとときゅうじろう》（金庫懸・為替懸《かわせかかり》）、木村新次郎《きむらしんじろう》（諸出役先取締《しょしゅつやくさきとりしまり》）、岡田恒次郎《おかだつねじろう》（諸県出役先取締懸）がみられる。このうち、明治元年の大坂両替店時代からの役員は、わずかに中井由兵衛（明治元年当時で支配格、再雇用三年目、三五歳）、西村定次郎（組頭格、中途採用の勤続三年目、四一歳）、清水覚次郎（支配格、勤続二三年目、三三歳）のみであった。

実は大坂両替店の場合、一八六〇年代に多くの平手代が退職していた。明治元年三月には、吹田四郎兵衛《すいたしろべえ》（当時名代、勤続三六年目、四六歳）が政府から商法司《しょうほうし》（収税や勧業を担当した政府機関）の知事に抜擢された。吹田四郎兵衛は、明治四年まで大坂両替店に籍を置いていたが、おもに政府官僚として勧業の任にあたった（宮本二〇〇八）。

このように大坂両替店は深刻な人手不足であったから、慶応元年に西村定次郎を役づき手代として中途採用で雇用し、慶応二年には独立した中井由兵衛らも住み込み手代として再雇用するほどだった。明治元年七月時点の手代の構成をみると、平手代五人全員と役づき手代一人が勤続三年以下の駆け出し手代であった。当然、引き継ぎも十分ではなかったはずだ。信用調査の技術や人脈の多くは、うまく継承されなかった可能性がある。

実際、一八七〇年代前半には、大阪雑喉場《ざこば》魚問屋の山本惣兵衛《やまもとそうべえ》らが共謀して荷受け問屋惣代と偽り、大阪三井組（大阪御用所の貸付方）から巨額の借入を繰り返した結果、債務不履行を起こした（石井一九九九）。当時、信用調査が実施されたかは判然としない。しかし、大阪三井組の場合には、もはや平《ひら》の従業員に技術や人脈を備える者はおらず、貸付方の取締役である西村定次郎も中途採用者だった。これでは、彼らが山本惣兵衛らの策謀を見極めることは難しかったのではないか。この点で、唯一、三〇年近く勤続してきた清水覚次郎が貸付方の取締役ではなかったのは、人事配置の致命的な失敗であったと思われる。

近年の研究では、江戸時代から明治時代への、人の系譜的な連続性が強調されることがある（今村二〇二〇）。ただし、仕事の中身にまで分け入って検討を加えると、大阪御用所のように、江戸時代からの技術や人脈が活かされていなかった事例もあることに注意したい。

では、江戸時代のノウハウがまったく活かされなかったかというと、そうとも限らない。明治九年の抵当増額令の危機を回避した三井組であったが、放漫《ほうまん》な融資体制を反省したのか、明治一〇年頃には江戸時代の掟書類を倉庫から引っ張りだし、筆写していた。三井銀行大阪分店の場合、数十通に及ぶ掟書類の複製書が現存している。江戸時代の経験を継承する従業員が少なくなった当時、かつての掟書類から、もう一度そのノウハウを再確認しようとしたのではないか。実際、明治一〇年代の三井銀行の業績は改善していた（粕谷二〇〇二）。

大坂両替店の金融業は近代的か？

本書で明らかにした大坂両替店の金融業は、現在の銀行と比較しても類似の点が多く、先進的であったように思える。では、大坂両替店を、単に近代化の筆頭と捉えてよいのか。換言すると、大坂両替店の金融業に前近代的要素はなかったのか、ということである。

この点、江戸時代は市場経済社会であったか、という重要な問題を整理、提起した宮本又郎の仕事が重要だ。宮本（二〇一七）によると、市場経済とは、①自由な意思決定にもとづいて行動できる個々の主体が存在していること、②市場経済原理にしたがって社会全体の資源が配分されていること、これらが重要な条件であったとする。

①への批判としては、私有財産権の行使、職業選択や営業、労働移動、作付《さくつけ》、売買、消費の面で身分制的諸規制が存在し、公権力による市場介入があった江戸時代の場合、人びとの自由な経済活動は許されていなかったから、市場経済社会ではなかったとする説がある。

一方、江戸時代にあっても、身分の流動的な移動、商品作物や消費の多様化があったことをふまえると、身分制的諸規制はそれほど厳格ではなかったから、基本的に江戸時代は、利得最大化を目指して経済行動を営める市場経済社会であったとする説もある。宮本はこれらの議論をふまえ、高持百姓も、自らの所有地を放棄した場合の費用も考慮しつつ、市場原理的に労働を配分したという。

そして宮本は、今日の資本主義市場経済社会にあっても、人びとの行動がすべて市場原理的であるとはいえないことから、①の自由な意思決定は江戸時代にも相当に満たされていたとする。一方で②については、広範囲に及ぶ労働市場の未成立、村外地主への村共同体の規制、債務・債権関係が第三者に譲渡可能な債券の不在などから、②の社会全体の資源配分は江戸時代には広く浸透していなかったとする（なお、筆者の見解では、対民間・対領主債権の譲渡は可能だったとみている）。しかし、宮本は、②の条件を市場経済の尺度とせず、専門商人の間で日常的に交易された社会を市場経済の勃興《ぼっこう》と捉《とら》えるヒックスの見解を引き、江戸時代は市場経済社会に十分到達していたとの結論を導いている。

筆者も、江戸時代を概ね市場経済社会とする宮本の見解に賛同している。ただし、ここで重要なのは、宮本が近世特有の制約に気を配っていることだ。経済史家の多くは、手放しで江戸時代を市場経済社会として高く評価しているわけではないことを確認しておきたい。

そこで問題となるのは、江戸時代特有の制約とは何であり、その制約がどのように市場経済原理を歪《ゆが》めたのか、という点だ。筆者は、江戸時代特有の制約とは身分制的法制度にあったと考える。とくに大坂法（大坂町奉行所裁判管轄下）は、非武士身分よりも武士身分、非幕府債権よりも幕府債権（あるいは御三家《ごさんけ》や御三卿《ごさんきょう》の准幕府債権）を優先的に保護した。

現行法では、裁判所が借主の財産差し押さえを決定し、これに対する貸主が複数いた場合、先取特権などが付帯された財産を除くと、配当要求の順番に関係なく、それぞれの債権額に比例して貸主全員に財産が配分される。対して大坂法の場合、借主一人に複数の貸主がいたとしても、大坂町奉行所は、訴訟提起日の順番で一人ずつ貸主の請求を処理し、最初の貸主の請求（先訴）が何らかの形（貸金回収か、示談か、財産差し押さえ）で解決するまで他の貸主は順番待ち（後訴）の状態であった。したがって、早く訴訟を提起した貸主が有利であり、あとから提起した貸主は先訴解決後の残余しか請求できなかった。

そして、この順番待ちを飛び越えて真っ先に財産を受け取れたのが、延為替貸付債権を行使した大坂両替店だ。第1章で述べたとおり、延為替貸付は幕府から預かった公金の融資に相当し、これは幕府の債権に該当した。よって、どれだけ他に先訴者や貸主がいたとしても、大坂町奉行所は、幕府債権を行使する大坂両替店の請求を優先的に受理し、差し押さえた場合にはその財産を大坂両替店のみに引き渡した。このような優先裁許の特権を備えた債権については、幕府の御用達商人のほか、御三卿の御用達商人なども行使することができた。

このような幕府債権、准幕府債権を優先する歪《いびつ》な法制度は、それらを行使できない非特権的な商人や百姓の経済活動を制約したはずである。当然、三井などの特権的商人の先訴が解決したあとは、すでに借主の財産は回収され尽くしていたから、後訴の非特権的商人が新たに回収できる可能性は低かった。

そうすると、小口の融資や売掛取引をする中小の非特権的商人は、顧客の債務不履行時に給付訴訟を提起しても、顧客に幕府公金の借入があった場合、その債権を行使する特権的商人に借主の財産を回収されて自らは閉店したか、あるいは、それを恐れて（特権的商人から幕府公金の借入をしないよう取り計らってくれる）懇意の身近な者としか取引しなくなったか、いずれかの結末を迎えやすい。これらは当然、経済成長を阻害したはずで、実際、江戸時代後期の一人当たり総生産の上昇は近代に比べるとやや伸び悩んでいた（高島二〇一八）。この原因のひとつは、中小商人の経済活動を制約した身分制的法制度にあったと考えておく。対して、私金をも幕府公金として融資できた三井のような特権的商人たちは、幕府からの厚い債権保護のもと、着実に経済活動を拡大することができた。

大まかにまとめると、江戸時代の政治・社会体制は、幕府（または准幕府）権力に接近し保護を得た特権的商人や特権的豪農が富を得やすい構造であったといってよい。大坂両替店の金融業も、このような前近代的な構造のなかで成り立っていた。

大坂両替店は、近代的な要素を多分に含んだとはいえ、江戸時代特有の保護のもとに位置したことを忘れてはならない。近代以降の法制度では、官金債権を優先的に保護するなどの優遇措置がなくなったからである（賀川一九八五）。この意味で武田晴人（二〇二二）が指摘したように、江戸時代は特権を前提とした市場経済であり、ひとたび政権が交代すると、特権的商人は危機に直面しやすかったことも忘れてはならない。

もちろん、近代に入っても、明治政府は自ら運営する公的金融機関への優遇措置（緩い基準での融資）をとったので、政府による特権的保護の歪みがなくなったわけではない。司法と行政の分離によって、司法は江戸時代に比べて透明かつ公平な債権保護に移行していった一方、特権的な保護自体は行政配下の政府系金融機関に残ったことになる。江戸時代では、とくに法制度の歪みがひどく、非特権的商人が不利益をこうむる構造となっていた。

ただし、上記の構造によって、人びとが非合理的な経済活動を営むことを強制されていたとみるべきではない。中小の非特権的商人であっても、歪んだ法制度を十分に理解しながら、顧客に幕府公金借入の可能性があることを織り込み済みで相手を厳選し、貸し倒れリスクを極力避けられるような合理的な選択をしたと筆者は考えている。

信用調査からみえる社会構造

最後に、金融史と社会史の架橋を試みたい。

近世大坂を分析対象とする研究は、近年、社会史分野で活況を呈《てい》してきた。

塚田孝は、近世大坂の社会構造をめぐって、多くの著作や共同研究を発表し、①身分制イデオロギーレベル（現実的な社会関係を欠いた、外部からの視線、社会的通念）、②集団構造レベル（集団の内部構造と論理、集団内外の現実的社会関係、社会諸集団の重層と複合）、③個人のライフヒストリーレベル（個人の意思と偶然に左右される幸せと不幸、流動と定着、生業と生活諸関係）を統一的に把握する試みをおこなってきた（塚田二〇一七）。

とくに、社会構造分析の方法論として、集団のありかたと集団間の社会関係を包括的に捉える「重層と複合」論、士農工商では把握しきれない多様な人びとを流動的かつ複層的なものとして捉える「身分的周縁」論などを提示、主導し、これらを実践してきた塚田の業績は、間違いなく社会史研究の水準を高めた。多様かつ異質な諸身分・諸階層と複雑な社会諸集団から成る近世大坂の社会構造について、その解像度が大きく上昇したことは間違いない。

しかし、あえて不満があるとすれば、戦前から続く大坂金融史研究との対話が十分になされていないことだ。かつて塚田には、茶屋経営者の家質金融などを分析した研究があるが（塚田二〇〇六）、大坂金融史研究に位置づける研究ではない。大坂の金融都市としての分析を抜きにして、近世大坂の社会構造を解明できるのか、一抹《いちまつ》の不安を覚える。

では、なぜ社会構造分析にも金融分析が必要か。筆者の見解を示しておきたい。

今回、本書で明らかにしたとおり、大坂三郷全域から大坂両替店への借入の申し込みがあった。大坂商人が大坂両替店から低利かつ比較的大口の融資を得るには、普段から自らの品行を正し、周囲の評判を損なうような言動を慎む必要があった。隣人や親類、取引先に至るまで、このような大坂両替店の潜在的な照会先が監視の目を光らせていたからだ。一方で大坂商人は、大坂両替店から低利かつ比較的大口の融資を得られなかった場合、極端にいえば、場末の高利貸しからの借入を余儀なくされることもあったはずである。

本書では大坂両替店を中心に述べたが、第3章で述べたように、大坂両替店と同じ特権を有した島田八郎左衛門や竹川彦太郎も、顧客の信用調査を経て延為替貸付を広くおこなっていたはずだ。彼らもまた、低利かつ比較的大口の融資をすることができた。

これらは、ある意味、大坂商人たちの商売の成否、もっといえば生殺与奪を、大坂両替店をはじめとする御為替組が握っていたことになる。この背景には、御為替組が潤沢な元手金を幕府から預かり、厚い債権保護ゆえに低利で融資できたという身分制的な特権構造があった。とくに近世大坂では、幕府公金為替債権の保護を優先する「差別」的な法制度が敷かれ、特権的商人のみがその恩恵を享受できたからこそ、彼らごく一部の金貸し業者が低利融資で顧客の関心を惹《ひ》くことができた。これが、現代との大きな違いである。

かつて吉田伸之は、京都三井呉服店を超大店《おおだな》（社会的権力）として把握したうえで、三井の巨大な資本が家屋敷を次々と買収し、圧倒的な金の力で伝統的な共同体を破壊、変革したと指摘した。そして、三井のような超大店は、数多の所有家屋敷を通して住民諸層との、あるいは取引や出入り関係を通して社会集団とのつながりを持ち、自らはその社会構造を秩序化する「磁極」として君臨したと結論づけた（吉田二〇〇二、二〇一五）。

このような視点に学べば、大坂三郷全域、果ては周縁部にも潜在的な監視の目を向け、融資の諾否による商売の成否を握った大坂両替店は、人びとの言動を制約し、品行方正な言動に導く巨大な「防犯カメラ」のような存在であったといってよい。人びとが大坂両替店から低利かつ比較的大口の融資を得て、少しでも商売の利益を上げるためには、誠実な人柄であることを装《よそお》う必要があったからだ（本来の防犯カメラについても、周囲の人びとは防犯カメラを前にすると、疑念を抱かれないような言動を心がける）。もちろん、「防犯カメラ」概念は、人びとの言動を品行方正に誘導するだけで、関係者を従属下に置いたわけではないため、「磁極」概念とは位相が異なる。しかし、関係を持たない潜在的な顧客たちにも制約を与えた点で、「磁極」よりも幅広い影響力を備えた。

これを前提にすると、江戸時代の大坂には、大坂両替店をはじめ、島田八郎左衛門や竹川彦太郎など、複数の巨大な「防犯カメラ」が存在したことになる（なお、三井の懇意《こんい》の照会先も小型の「防犯カメラ」になりえた）。第5章で述べたように、大坂両替店に来店した顧客のうち、人柄が悪いと評された者は一九%であり、人柄がよいと評された者のほうが多かった。これは、一部の無謀な顧客を除くと、大手の金貸し業者から融資を得るには日頃から品行方正な言動をとるべき、という意識が広く存在したことを示すのではないか。

仮に、江戸時代の人びとの多くが誠実に生活を営んでいたとすれば、それは、生来の気質であったという説明のみですべて片づけてよいものではない。むしろ現実的には、低利かつ比較的大口の融資を得るためでもあったことに目を向ける必要がある。

そして、これらは、不誠実な人びとに着目することでみえてきた視点である。不誠実な人びとがいたからこそ、大坂両替店のような大手の金貸し業者は、厳しい信用調査を繰り返し、不誠実な顧客を排除しようとしてきた。このような信用調査の実施と審査の諾否は噂になり、顧客には品行方正な言動が求められるという認識も生まれたはずだ。誠実な人びとだけをみていては、なぜ誠実な人びとが存在したのかを十分に明らかにすることはできない。

以上から、人びとの真面目で誠実な言動をみるにしても、それら複数から構築される社会集団の動向を分析するにしても、金融史の視点は外せないことがわかる。もちろん、この「人びと」には、大坂両替店から融資を得る必要がなかった日雇い層などは該当しないが、ひとたび起業しようと融資が必要になれば、当然、その言動は制約を受けたはずだ。

なお、現在、私たちが融資を得ようとすれば、顧客の資産、負債、収入、勤務先など、ほとんどが数字上で審査され、多くの場合、人柄は融資の諾否の判断材料にはならない。

対して江戸時代では、大手の金貸し業者が融資の諾否を決定する際、顧客の人柄が重要な判断材料であった。これは、十分な資産や収入を持たなくても、誠実な人柄であれば融資を得られる可能性があった点で、現代よりも「希望」がある社会であったとする意見もあるかもしれない。しかし、裏を返すと、江戸時代の人びとは、周囲に人柄がよいと判断されるような言動を常に心がける必要があったのであり、その意味では「窮屈」な社会だった。

本書で明らかにしたように、とある家族の遊興や不祥事まで、様々なことを隣人や取引先、町役人らが詳細に知っていた。ひとたび重大な不品行や経営悪化が漏れ聞こえれば、その家族は不評のレッテルを貼られ、途端に大坂両替店をはじめとする大手の金貸し業者から融資を得られなくなった。このような監視社会を、果たして皆が真面目で温厚なユートピア的世界だったと片づけてよいのだろうか。本書を読んで、考えてもらえれば幸いである。

あとがき

江戸時代の人びとは、自らの経済的利益を優先するような、損得勘定で行動を選択しなかった、とする意見がある。いいかえれば、現在の私たちとは違う思考を持っており、経済的な損失などを考慮せずに何かに「こだわった」はずだ、というものである。この意見は、私のような経済史研究者が頻繁に問われる問題である。やや「エピローグ」と重複するが、あえてこの場を借りて私の考えを表明しておきたい。

ここでいう「こだわり」とは、自らを犠牲にしてまで他者に尽くす救済の信念や、苗字帯刀などの武士的待遇を得られることを期待して、特定の領主に多額の融資（または献金）をする身分上昇願望などが該当する。その意味で、江戸時代の人びとは「非合理的」であったと主張するひともいる。しかし、これは、江戸時代の人びとは合理的な判断をすることができず、したがって現在の私たちよりも「劣っていた」とする感覚の裏返しになりかねない。だとすれば、その考えは私たちの傲慢《ごうまん》である。

本書で明らかにしたように、三井大坂両替店は、奉公人たちの勤続意欲を高める報酬制度や遊興補助制度を整えていた。奉公人たちも、幕府の法をよく理解して偽装工作を徹底した一方、綿密な信用調査により、担保を十分に用意できない顧客を、そして不誠実を働きそうな顧客を排除した。これらは、現在の私たちからみても極めて合理的である。

よって、私たちに求められるものは、江戸時代の人びとを正当に評価することである。つまり、基本的に江戸時代の人びとは、自らが置かれている環境（法制度や慣習）をよく理解したうえで、将来的な利益や損失を予測、比較し、行動を決定していた、ということだ。

このように考えると、先に述べた「こだわり」も「非合理的」であったとすぐさま判断すべきではない。他者に尽くしたのは、その時点では経済的損失があったとしても、将来的には恩義を感じた他者や周囲から利益を得られるはずだ、という判断であったかもしれない。多額の融資をしてまで武士的待遇を求めたのは、社会的評判や知名度の上昇、それを得ることにともなう取引相手の拡大と借入希望の成功率上昇を狙ったためかもしれない。

もちろん、「合理的」が意味するものは、利益と損失で最適な行動を決定する経済的な合理性だけではない。本書が紹介したように、横領をしてまで遊興にのめりこむ奉公人や、ギャンブルや色狂いで経営を傾けた顧客も存在した。彼らは、将来的な損失（前者では横領が発覚して退職金を失い、親族にまで迷惑をかけること、後者では不品行として強制的に隠居させられること）をわかっていながら、目先の満足度（効用）を充足するために遊興に走ったと筆者は考えている。これもまた、彼らにとって心理的には合理的な行動だった。

付言すると、彼らは、横領の発覚や強制隠居の執行を恐れていなかったわけではない。前者の奉公人は、給料の前借りを繰り返し、もはや退職金をもらえないという状況にあったとき、発覚しないという可能性に賭けて、横領に手を出し、現時点の満足度を優先したのかもしれない。後者の顧客は、もともと経営に難があり、このままでは破産や強制隠居をまぬがれない状況にあったとき、どのみち将来がないことを承知で目先の遊興に身をまかせた可能性がある。なかには本書で紹介した合薬屋《あわせぐすりや》の吉野五運のように、遊廓に通うこと自体が交遊関係の拡大、さらには経営の成長につながると本気で考えていたひともいただろう。

以上のような行動は、個々人の合理的な判断の結果であり、すぐさま「非合理」と片づけられるものではない。むしろ、江戸時代の人びとが、経済的であれ心理的であれ、どのような合理性を持っていたかを追究することが求められているように感じる。まずは、江戸時代の人びとに私たちと同じような「合理性」があったことを認めてから、それでは説明できない江戸時代独自の「合理性」を解明していくことが必要ではないか。

ただし一方で、現在と同じくらいに、江戸時代の人びとが自らの希望どおりに自由な生活を営めたかというと、決してそうではない。本書の内容でいえば、特権的商人に著しい恩恵を与えた江戸時代の法制度は、非特権的な商人たちの経済活動を制約したし、一部の金貸しからのみ低利（かつ比較的大口）の融資を得られた歪《ゆが》んだ構造下では、それらを頼みとする商人たちは周囲の評判を気にして（一時《いっとき》でも）派手に遊ぶことはできなかった。

もちろん、これらは「非合理的」な行動を強制したものではない。商人たちは、法制度や慣習から逸脱したときにこうむる損失をよく理解、予想して、少しでも「マシ」な（利益が多く見込める）行動を主体的に選択したことになる。種々の制約のなかで、商人たちは合理的な判断を繰り返していたというのが、私の見解である。

私からすれば、経済史研究の醍醐味《だいごみ》とは、単に経済活動や経済成長の歴史を明らかにすることだけにとどまらない。人びとの行動を制約した要因を明らかにしつつ、人びとがどのようにして特定の制約下で経済活動を営んだのか、あるいは、経営拡大を果たした人びとは、制約を生んだ法制度や慣習をどのように利用したのか、という点にあると思っている。本書では、とくに後者に焦点をあて、三井大坂両替店の躍進を支えた歪《いびつ》な構造に目配りした。

さて、本書の最も大きな特徴は、信用調査の実態を明らかにしたことにある。この信用調査の分析の経緯についても述べておきたい。

これまで、三井大坂両替店に信用調査があったこと自体は、一、二の事例から明らかにされていた（林玲子編『日本の近世　第五巻　商人の活動』中央公論社、一九九二年など）。しかし、典拠史料が明確ではなかったし、「日用帳《にちよう》」という信用調査書の表題が私の関心を遠ざけていた。なぜなら江戸時代の「日用《ひよう》」というのは、日雇いを想起しやすいからだ。

私は、研究に行き詰まると、目録などから目当ての史料を探すことはせず、現在の職場である三井文庫の書庫に籠《こ》もって、目にとまった史料を読んでみることが多かった。そこで手に取ったのが、たまたま「日用帳」だった。これには、顧客の借入希望額や借入希望条件はもちろん、奉公人たちが調べた顧客の年齢や家族構成、人柄、業種、家計状態が記録されており、場合によっては経歴や事績、事件に至るまで詳細な記述があった。生々しくも、しかしどこか人間味あふれる顧客の実態に、心が躍ったことを覚えている。

一方で、私が信用調査書を手に取ったのが、三井文庫に赴任してから三、四年目であることも幸いした。この信用調査書には、たしかに詳細な顧客情報が記録されているが、一八世紀については書式が不統一で、略語も多く、何も知らずに一見しただけでは、その価値に気づかなかったかもしれない。幸いにも私は、最初に三井大坂両替店の都市不動産経営を研究し、次に金融業を分析したので、顧客の名前や担保の情報にも見覚えがあったし、略語も理解することができた（たとえば、「御印《おしるし》」はとくに延為替貸付《のべかわせ》を指すなど）。

この頃、私が近世大坂の独特な法制度を検討していたことも大きかった。なぜ借入条件が多様なのか、なぜこの情報が重要なのかを、法制度が教えてくれたからだ。

本書での信用調査書の分析は、まだ序章に過ぎない。本書では煩雑を避けて説明しなかったが、実は、信用調査は新規の顧客のみを対象としたわけではない。契約後であっても、顧客に何かよくない噂があれば、奉公人はその顧客の信用調査を再びおこなった。これは、現在でいう「モニタリング」に相当する。三井大坂両替店は、常連の顧客をつくると同時に、どのようにして顧客を「モニタリング」したのか。あるいは、信用調査を支えた照会先をどのように確保し、拡大していったのか。これらも、今後の課題である。

なお、信用調査書には、法令や町政史料からでは解明できない多くの情報がまだまだ記されている。このたび、私が編者となって、信用調査書を活字化した『三井大坂両替店の顧客信用情報――享保一七年から明治二年まで』(勉誠社、二〇二四年)を刊行した。本書を読んで興味を持たれた読者には、ぜひ史料の原文を一読してもらいたい。

本書の刊行にあたっては、多くのかたのご高配を賜った。

三井文庫のかたがたには、私が研究するにあたって様々な便宜を図っていただいた。木庭俊彦先生(神奈川大学)、鎮目雅人先生(早稲田大学)、高島正憲先生(関西学院大学)、高槻泰郎先生(神戸大学)、中林真幸先生(東京大学)、村和明先生(東京大学)には、原稿をご一読いただき、有益かつ貴重なご助言を賜った。中央公論新社の工藤尚彦氏には、企画段階から私の構想に強く興味を持っていただき、本書の刊行までご尽力を賜った。記して御礼申し上げる。もちろん、ありうべき本書の誤謬は私に帰属する。

この本により、前近代の経済史に興味をもつひとが増えることを願ってやまない。

二〇二四年二月

萬代　悠

参考文献

全体を通して

萬代悠「三井大坂両替店の都市不動産経営」(『三井文庫論叢』第五三号、二〇一九年)
萬代悠「近世畿内の金融仲立人」(『日本歴史』第八六三号、二〇二〇年)
萬代悠「三井大坂両替店の延為替貸付――法制史と経済史の接合の試み」(『三井文庫論叢』第五五号、二〇二一年a)
萬代悠「「大津代官公事出入取計留」の翻刻と解説」(『三井文庫論叢』第五六号、二〇二二年)
萬代悠「和泉清水領の利殖と救荒」(『日本史研究』第七二七号、二〇二三年a)

引用文献

朝尾直弘監修・住友史料館編『住友の歴史　上巻』(思文閣出版、二〇一三年)
荒武賢一朗「近世における銀主と領主」(『日本史研究』第六六四号、二〇一七年)
石井寛治『近代日本金融史序説』(東京大学出版会、一九九九年)
石井寛治『経済発展と両替商金融』(有斐閣、二〇〇七年)
石井寛治「「商人的対応」論をめぐって」(『地方金融史研究』第三五号、二〇二三年)
石井良助『近世取引法史』(創文社、一九八二年)
乾宏巳『近世大坂の家・町・住民』(清文堂出版、二〇〇二年)
今井典子『近世日本の銅と大坂銅商人』(思文閣出版、二〇一五年)
今村直樹『近世の地域行財政と明治維新』(吉川弘文館、二〇二〇年)

岩城卓二『近世畿内・近国支配の構造』（柏書房、二〇〇六年）
岩城卓二「畿内の幕末社会」（明治維新史学会編『講座明治維新　第二巻　幕末政治と社会変動』有志舎、二〇一一年）
岩田浩太郎「三井大坂両替店記録における天明の大坂および江戸打ちこわし関係史料について」（『三井文庫論叢』第二七号、一九九三年）
岩淵令治「江戸における関八州豪商の町屋敷集積の方針と意識――関宿干鰯問屋喜多村壽富著「家訓永続記」を素材に」（久留島浩・吉田伸之編『近世の社会的権力――権威とヘゲモニー』山川出版社、一九九六年）
岩淵令治「幕末　関東豪商の江戸町屋敷・田畑購入心得書――喜多村壽富著「家訓永続記」の紹介」（『論集きんせい』第一九号、一九九七年）
岩淵令治「地主の町屋敷経営」（港区編『港区史　第三巻　通史編　近世下』港区、二〇二一年）
植田知子「杉浦大黒屋大坂店に関する一考察――大坂における家屋敷の所有とその利用」（『社会科学（同志社大学人文科学研究所）』第四〇巻第一号、二〇一〇年）
宇佐美英機『近世京都の金銀出入と社会慣習』（清文堂出版、二〇〇八年）
内田九州男「船場の成立と展開」（『ヒストリア』第一三九号、一九九三年）
小倉宗『江戸幕府上方支配機構の研究』（塙書房、二〇一一年）
大石慎三郎『日本近世社会の市場構造』（岩波書店、一九七五年）
大口勇次郎『徳川幕府財政史の研究』（研文出版、二〇二〇年）
大阪市参事会編『大阪市史　第五』（大阪市参事会、一九一一年）
大阪市参事会編『大阪市史　第一』（大阪市参事会、一九一三年）
大阪市立住まいのミュージアム編『商都大坂の豪商・加島屋――あきない　町家　くらし』（大同生命保険株式会社・大阪市立住まいのミュージアム、二〇二二年）

大阪市立中央図書館市史編纂室編『大阪編年史　第一五巻』大阪市立中央図書館、一九七三年）
大阪堂島米穀取引所『大阪堂島米商沿革』（大阪堂島米穀取引所、一九〇三年）
大澤研一「豊臣期の大坂城下町」（塚田孝編『シリーズ三都　大坂巻』東京大学出版会、二〇一九年）
大谷渡編・和住香織校訂『なにわ・大阪文化遺産学叢書16　大阪の神社関係記事　明治三九―四一年――『大阪朝日新聞』『大阪毎日新聞』』（関西大学なにわ・大阪文化遺産学研究センター、二〇〇九年）
大塚英二『近世尾張の地域・村・百姓成立』（清文堂出版、二〇一四年）
大藤修『近世農民と家・村・国家――生活史・社会史の視座から』（吉川弘文館、一九九六年）
大野瑞男『江戸幕府財政史論』（吉川弘文館、一九九六年）
小沢詠美子『災害都市江戸と地下室』（吉川弘文館、一九九八年）
賀川隆行『近世三井経営史の研究』（吉川弘文館、一九八五年）
賀川隆行『近世大名金融史の研究』（吉川弘文館、一九九六年）
賀川隆行・樋口知子「大坂高麗橋三丁目の「水帳」と「毎月家持借屋人別判形帳」並びに三井両替店譲り替史料」（『三井文庫論叢』第一七号、一九八三年）
粕谷誠『豪商の明治――三井家の家業再編過程の分析』（名古屋大学出版会、二〇〇二年）
粕谷誠『戦前日本のユニバーサルバンク――財閥系銀行と金融市場』（名古屋大学出版会、二〇二〇年）
金森正也『秋田藩大坂詰勘定奉行の仕事――「介川東馬日記」を読む』（秋田文化出版、二〇二一年）
川上雅「近世前期大阪商人資本の存在形態――鴻池家経営史料の分析」（宮本又次編『大阪の研究　第四巻――蔵屋敷の研究・鴻池家の研究』清文堂出版、一九七〇年）
神田由築「近世「芝居町」の社会=空間構造」（東京大学大学院人文社会系研究科・文学部日本史学研究室編『東京大学日本史学研究室紀要　別冊「近世社会史論叢」』東京大学大学院人文社会系研究科・文学部日本史学研究室、二〇一三年）
鬼頭宏「明治以前日本の地域人口」（『上智経済論集』第四一巻第一・二号、一九九六年）

木上由梨佳「近世大坂の芸能をめぐる社会構造――芝居地・新地芝居・宮地芝居のあり方に即して」（塚田孝・八木滋編『道頓堀の社会＝空間構造と芝居（重点研究報告書）』大阪市立大学大学院文学研究科都市文化研究センター、二〇一五年）
木部和昭「下関越荷方に関する再検討」（『山口県史研究』第一五号、二〇〇七年）
呉偉華『近世大坂の御用宿と都市社会』（清文堂出版、二〇二三年）
国史研究会編『国史叢書　浮世の有様　二』（国史研究会、一九一七年）
小林延人『明治維新期の貨幣経済』（東京大学出版会、二〇一五年）
小堀一正『近世大坂と知識人社会』（清文堂出版、一九九六年）
斎藤修『江戸と大阪――近代日本の都市起源』（NTT出版、二〇〇二年）
齊藤紘子「大坂城の定番家臣団と都市社会」（塚田孝編『シリーズ三都　大坂巻』東京大学出版会、二〇一九年）
斎藤善之『内海船と幕藩制市場の解体』（柏書房、一九九四年）
作道洋太郎『阪神地域経済史の研究』（御茶の水書房、一九九八年）
鹿野嘉昭『日本近代銀行制度の成立史――両替商から為替会社、国立銀行設立まで』（東洋経済新報社、二〇二三年）
鎮目雅人「幕末維新期日本の貨幣制度と貨幣使用の変遷」（『SBI金融経済研究所所報』第四号、二〇二三年）
新保博「御金蔵為替の成立についての一考察」（『三田学会雑誌』第六四巻第八号、一九七一年）
新保博『寛政のビジネス・エリート――大坂商人・草間直方にみる江戸時代人の経営感覚』（PHP研究所、一九八五年）
神保文夫『近世法実務の研究　上』（汲古書院、二〇二一年a）
神保文夫『近世法実務の研究　下』（汲古書院、二〇二一年b）

菅良樹『近世京都・大坂の幕府支配機構――所司代　城代　定番　町奉行』（清文堂出版、二〇一四年）
杉森玲子『近世日本の商人と都市社会』（東京大学出版会、二〇〇六年）
高島正憲『経済成長の日本史――古代から近世の超長期GDP推計　七三〇―一八七四』（名古屋大学出版会、二〇一七年）
高槻泰郎『近世米市場の形成と展開――幕府司法と堂島米会所の発展』（名古屋大学出版会、二〇一二年）
高槻泰郎「近世期市場経済の中の熊本藩――宝暦改革期を中心に」（稲葉継陽・今村直樹編『日本近世の領国地域社会――熊本藩政の成立・改革・展開』吉川弘文館、二〇一五年）
高槻泰郎『大坂堂島米市場――江戸幕府VS市場経済』（講談社、二〇一八年）
高槻泰郎「小西新右衛門の大名貸と藩債処分」（飯塚一幸編『近代移行期の酒造業と地域社会――伊丹の酒造家小西家』吉川弘文館、二〇二一年）
高槻泰郎「堂島米市場の誕生――デリバティブ取引の活況と加久の躍進」（高槻泰郎編著『豪商の金融史――廣岡家文書から解き明かす金融イノベーション』慶應義塾大学出版会、二〇二二年）
高槻泰郎・上東貴志「投機かリスクヘッジか――堂島米市場再考」（『経済史研究』第二五号、二〇二二年）
武井弘一「イワシの歴史」（武井弘一編『イワシとニシンの江戸時代――人と自然の関係史』吉川弘文館、二〇二二年）
竹内誠『寛政改革の研究』（吉川弘文館、二〇〇九年）
武田晴人『事件から読み解く日本企業史』（有斐閣、二〇二二年）
谷直樹『町に住まう知恵――上方三都のライフスタイル』（平凡社、二〇〇五年）
塚田孝『近世の都市社会史――大坂を中心に』（青木書店、一九九六年）
塚田孝『歴史のなかの大坂――都市に生きた人たち』（岩波書店、二〇〇二年）
塚田孝『近世大坂の都市社会』（吉川弘文館、二〇〇六年）
塚田孝『大坂の非人――乞食・四天王寺・転びキリシタン』（筑摩書房、二〇一三年）

塚田孝『都市社会史の視点と構想――法・社会・文化』（清文堂出版、二〇一五年）
塚田孝『大坂　民衆の近世史――老いと病・生業・下層社会』（筑摩書房、二〇一七年）
土井作治「麻苧生産の展開」（広島県編『広島県史　近世2　通史Ⅳ』広島県、一九八四年）
友部謙一・西坂靖「労働の管理と勤労観――農家と商家」（宮本又郎・粕谷誠編著『講座・日本経営史1　経営史・江戸の経験――一六〇〇～一八八二』ミネルヴァ書房、二〇〇九年）
中井信彦『幕藩社会と商品流通』（塙書房、一九六一年）
中川すがね『大坂両替商の金融と社会』（清文堂出版、二〇〇三年）
中田薫『法制史論集　第一巻』（岩波書店、一九二六年）
西川登『三井家勘定管見――江戸時代の三井家における内部会計報告制度および会計処理技法の研究』（白桃書房、一九九三年）
中田易直『三井高利』（吉川弘文館、一九五九年）
西坂靖『三井越後屋奉公人の研究』（東京大学出版会、二〇〇六年）
西向宏介「幕末期藩専売制の変容過程と市場的条件――姫路藩木綿専売制の考察をもとに」（『日本史研究』第三九七号、一九九五年）
日本経営史研究所編『三井両替店』（三井銀行『三井両替店』編纂委員会、一九八三年）
日本弁護士連合会「個人信用情報保護要綱の提言」（https://www.nichibenren.or.jp/document/opinion/year/2001/2001_22.html、二〇〇一年、二〇二三年一〇月一一日確認）
野高宏之「近世前半の大坂市中宅地価格」（『大阪の歴史』第六七号、二〇〇五年）
野高宏之「「天下の台所」と「大大阪」」（『大阪の歴史』第七〇号、二〇〇七年）
野高宏之「中之島の御大尽　上田三郎左衛門」（『編纂所たより』第三一号、二〇一二年）
畑中誠治・土井作治「幕末期芸州藩における経済的対抗の一考察――弘化二年芸州藩扱苧専売制を中心として」（『社会科研究』第一二号、一九六四年）

速水融『歴史人口学研究――新しい近世日本像』（藤原書店、二〇〇九年）
原田実『江戸しぐさの正体――教育をむしばむ偽りの伝統』（星海社、二〇一四年）
原直史『近世商人と市場』（山川出版社、二〇一七年）
樋口知子「京都・大坂越後屋勤仕者等談話要領――幕末・維新期の越後屋呉服店」（『三井文庫論叢』第二六号、一九九二年）
樋口知子「京都・大坂三井両替店等勤仕者等談話要領――幕末・維新期の三井両替店」（『三井文庫論叢』第二八号、一九九四年）
樋口知子「江戸両替店「家督控」」（『三井文庫論叢』第三五号、二〇〇一年）
菱岡憲司『大才子　小津久足――伊勢商人の蔵書・国学・紀行文』（中央公論新社、二〇二三年）
廣岡家研究会「廣岡家文書と大同生命文書――大坂豪商・加島屋（廣岡家）の概容」『三井文庫論叢』第五一号、二〇一七年
深井甚三『江戸の宿――三都・街道宿泊事情』（平凡社、二〇〇〇年）
福澤徹三『一九世紀の豪農・名望家と地域社会』（思文閣出版、二〇一二年）
藤井甚太郎「福岡藩主黒田斉溥と大坂銀主衆との面談に就いて」（『法制史学』第一〇号、一九五七年）
本城正徳『幕藩制社会の展開と米穀市場』（大阪大学出版会、一九九四年）
牧英正「近世大坂の借屋請人制度」（『奈良法学会雑誌』第二巻第二号、一九八九年）
松尾美恵子「大坂加番制について」（『徳川林政史研究所研究紀要』昭和四九年度、一九七五年）
松尾涼「江戸幕府大坂御為替について」（『日本歴史』第二八三号、一九七一年）
松迫寿代「近世中後期における合薬流通――商品流通の一例として」（『待兼山論叢　史学篇』第二九号、一九九五年）
松本四郎「大坂北組高麗橋一丁目家持借家人別判形帳」（『三井文庫論叢』第九号、一九七五年）
萬代悠『近世畿内の豪農経営と藩政』（塙書房、二〇一九年）

萬代悠「畿内豪農の「家」経営と政治的役割」（『歴史学研究』第一〇〇七号、二〇二一年b）
萬代悠「近世日本の強制隠居慣行——武家・公家・商家・農家の場合」（『三井文庫論叢』第五七号、二〇二三年b）
三井文庫編『三井事業史　本篇　第一巻』（三井文庫、一九八〇年）
三井文庫編『史料が語る　三井のあゆみ——越後屋から三井財閥』（［発売］吉川弘文館、［発行］三井文庫、二〇一五年）
宮本又郎『近世日本の市場経済——大坂米市場分析』（有斐閣、一九八八年）
宮本又郎「近世日本の市場と商業」（深尾京司・中村尚史・中林真幸編『岩波講座日本経済の歴史　第二巻　近世　一六世紀末から一九世紀前半』岩波書店、二〇一七年）
宮本又郎「日本型企業経営の起源——江戸時代の企業経営」（宮本又郎・阿部武司・宇田川勝・沢井実・橘川武郎『日本経営史［第三版］——江戸から令和へ・伝統と革新の系譜』有斐閣、二〇二三年）
宮本又次『鴻池善右衛門』（吉川弘文館、一九五八年）
宮本又次「恵比須屋島田八郎左衛門家の経営と家訓」宮本又次編『史的研究　金融機構と商業経営』（清文堂出版、一九六七年）
宮本又次『近世大阪の経済と町制』（文献出版、一九八五年）
宮本又次『船場——風土記大阪』（ミネルヴァ書房、二〇〇八年）
宮本又次『大阪商人』（講談社、二〇一〇年）
村和明「享保期の三井における家法・家史と祖先顕彰——三井高利の事績をめぐって」（藤田覚編『幕藩制国家の政治構造』吉川弘文館、二〇一六年）
村和明「戊辰戦争の戦費と三井」（奈倉哲三・保谷徹・箱石大編『戊辰戦争の新視点　下　軍事・民衆』吉川弘文館、二〇一八年）
村和明「豪商と遊廓——三井と茶屋の関係を中心に」（『国立歴史民俗博物館研究報告』第二三五集、二〇二二

二年）
森本幾子『幕末・明治期の廻船経営と地域市場――阿波国撫養山西家の経営と地域』（清文堂出版、二〇二一年）
安岡重明『日本封建経済政策史論〔増補版〕』（晃洋書房、一九八五年）
安岡重明「近世商家奉公人制度の二類型――鴻池・三井について」（『同志社商学』第三九巻第五号、一九八八年）
安岡重明『財閥形成史の研究〔増補版〕』（ミネルヴァ書房、一九九八年）
安岡重明編『日本財閥経営史　三井財閥』（日本経済新聞社、一九八二年）
安国良一「解題」住友史料館編『住友史料叢書　年々諸用留　八番』（思文閣出版、二〇〇四年）
安国良一「解題」住友史料館編『住友史料叢書　年々諸用留　十番』（思文閣出版、二〇一〇年）
安竹貴彦編『大坂堺問答――一九世紀初頭大坂・堺の民事訴訟手続』（大阪市史料調査会、一九九五年）
山本一夫「近世瀬戸内の米穀投機取引と城下町――美作国津山を中心に」（『社会経済史学』第八八巻第二号、二〇二二年a）
山本一夫「萩藩の越荷方と地域経済」（『ヒストリア』第二九三号、二〇二二年b）
吉元加奈美「堀江新地における茶屋町」（塚田孝編『シリーズ三都　大坂巻』東京大学出版会、二〇一九年）
吉元加奈美「天保改革下の遊所統制と堀江新地」（『歴史評論』第八六六号、二〇二二年）
吉田伸之『日本の歴史17　成熟する江戸』（講談社、二〇〇二年）
吉田伸之『地域史の方法と実践』（校倉書房、二〇一五年）
吉田伸之編『日本の近世　第九巻　都市の時代』（中央公論社、一九九二年）
脇田修『平野屋武兵衛、幕末の大坂を走る』（角川書店、一九九五年）
渡辺京二『逝きし世の面影』（平凡社、二〇〇五年）
渡辺尚志『近世の豪農と村落共同体』（東京大学出版会、一九九四年）

渡邊忠司「村から町へ——近世の西淀川地域」（『ヒストリア』第一五六号、一九九七年）
Mandai, Yu and Masaki Nakabayashi, "Stabilize the peasant economy: Governance of foreclosure by the shogunate" *Journal of Policy Modeling*, Vol. 42 Issue 2, 2018
Mandai, Yu and Masaki Nakabayashi, "Bridges, rents, and profits walkable city corners in early modern Japan" *CSRDA Discussion Paper Series*, No. 54, 2023

おもな引用史料（すべて三井文庫蔵の「三井家記録文書」）

プロローグ

享和元年「質方定書」（本九〇五）

第1章

寛政六年から享和二年「目録控」（本一七五三）
寛政一二年から文化二年「大坂店目録留　二番」（本一七八八）
文化三年から文化九年「大坂店目録留　三番」（本一七八九）
文化九年から文政元年「大坂店目録留　四番」（本一七九〇）
文政二年から文政七年「大坂店目録留　五番」（本一七九一）
文政八年から天保四年「大坂店目録留　六番」（本一七九二）

天保五年から天保一二年「大坂店目録留　七番」（本一七九三）
天保一二年から嘉永二年「大坂店目録留　八番」（本一七九四）
嘉永三年から安政五年「大坂店目録留　九番」（本一七九五）
安政五年から慶応二年「大坂店目録留　十番」（本一七九六）
慶応二年から明治元年「大坂店目録留　《十一番》」（本一七九七）

第2章

享保一七年「内寄会式目」（本一〇五二）
元文四年「出勤録」（本一四六五—二八）
天明二年から慶応元年「褒美銀之控」（別二六五〇）
文化一四年から慶応元年「御宅々店々幷名目役人控」（続二七八三）
天保九年「内寄会慎書」（本八九二）
天保一〇年から嘉永二年「《天保弘化嘉永年間年褒美金調書》」（続四一六—一）
文政四年から文政一一年「永用帳」（別一二一二）
天保一〇年から弘化元年「永用帳」（別一二一五）
弘化元年から嘉永四年「永用帳」（別一二一六—甲）
嘉永四年から安政三年「永用帳」（別一二一六—乙）
安政四年から文久元年「永用帳」（別一二一六—丙）
安政三年「《小遣銀過上御察度ニ付一統申堅一札》」（別二二五四—二三）
安政三年「申定書　支配人中小遣銀儀定書」（別二二五四—二四）
安政三年「《大坂両替店支配人以下初元迄勤仕年数調》」（追六八〇—八—一）
安政三年「安政三丙辰年従正月六月迄晦方入目目録」（続六二五七—五）

安政三年「安政三丙辰年従七月十二月迄賄方入目目録」(続六二五八—五)
文久元年から明治元年「《大坂両替店役人勤仕年数覚》」(続一九一九—二)
文久三年から慶応元年「文久三従亥年七月慶応元丑年九月迄心得違遣過扣」(別九四六—二)
明治一〇年「《大阪両替店手代暇望性合力弁御役料給料年褒美調》」(別二四一一)

第3章から第5章

文政七年「商人買物独案内」(D四〇九—一七)
享和元年「質方定書」(本九〇五)
享保一七年から寛保三年「日用留」(本二四八)
寛保三年から宝暦元年「日用帳」(本三五一)
宝暦元年から宝暦八年「日用帳」(本二四九)
宝暦一一年から安永六年「日用帳」(本二五一)
安永六年から天明三年「日用帳」(本二五二)
天明三年から寛政七年「日用帳」(本二五三)
寛政七年から文化九年「日用帳」(本二五四)
文化九年から文政九年「日用帳」(本二五五)
文政九年から弘化三年「聴合帳」(本三七八)
弘化三年から嘉永七年「聴合帳」(本三七九)
嘉永七年から安政七年「聴合帳」(本三八〇)
安政七年から明治二年「聴合帳」(本三八一)
寛延二年から宝暦元年「究[帳]」(追三七)
宝暦二年から宝暦六年「究帳」(追三八)

宝暦一三年から明和六年「究帳」（追三九）
安永八年から天明四年「究帳」（追四〇）
天明四年から寛政四年「究帳」（追四一）
寛政一三年から文化元年「究帳」（追四二）
文化二年から文化七年「究帳」（追四三）
文化一三年から文政五年「究帳」（続七八五）
嘉永六年から安政五年「究帳」（追四四）
安政六年から慶応二年「究帳」（追四五）
慶応三年から明治七年「究帳」（続七八六）
安政六年から文久二年「京都本状控」（別三四八―甲）
文久三年から慶応二年「京都本状控」（別三六六）
慶応二年から明治四年「京都本状控」（別三七七）

萬代 悠（まんだい・ゆう）

1987年大阪府生まれ．2015年，関西学院大学大学院文学研究科博士課程後期課程文化歴史学専攻日本史学領域単位取得退学．2016年，博士（歴史学）．大阪市史料調査会調査員，公益財団法人三井文庫研究員を経て，2024年より法政大学経済学部准教授．本書で第46回サントリー学芸賞を受賞．

著書『近世畿内の豪農経営と藩政』（塙書房，2019年，第62回日経・経済図書文化賞受賞）
共著『岩波講座日本経済の歴史　第2巻　近世　16世紀末から19世紀前半』（岩波書店，2017年）
編著『三井大坂両替店の顧客信用情報――享保17年から明治2年まで』（勉誠社，2024年）

三《みつ》井《い》大《おお》坂《さか》両替《りょうがえ》店《だな》
中公新書 *2792*

2024年2月25日初版
2024年11月30日3版

著　者　萬代　悠
発行者　安部順一

本文印刷　暁印刷
カバー印刷　大熊整美堂
製　本　小泉製本

発行所　中央公論新社
〒100-8152
東京都千代田区大手町1-7-1
電話　販売 03-5299-1730
　　　編集 03-5299-1830
URL https://www.chuko.co.jp/

Published by CHUOKORON-SHINSHA, INC.
Printed in Japan　ISBN978-4-12-102792-4 C1221

日本史

d3

- 2675 江戸―平安時代から家康の建設へ　齋藤慎一
- 476 江戸時代　大石慎三郎
- 2552 藩とは何か　藤田達生
- 2565 大御所 徳川家康　三鬼清一郎
- 2723 徳川家康の決断　本多隆成
- 1227 保科正之《ほしなまさゆき》　中村彰彦
- 740 元禄御畳奉行の日記　神坂次郎
- 2792 三井《みつい》大坂両替店《おおさかりょうがえだな》　萬代　悠
- 853 遊女の文化史　佐伯順子
- 2376 江戸の災害史　倉地克直
- 2730 大塩平八郎の乱　藪田　貫
- 2584 椿井文書―日本最大級の偽文書　馬部隆弘
- 2047 オランダ風説書　松方冬子
- 1754 幕末歴史散歩 東京篇　一坂太郎
- 2617 暗殺の幕末維新史　一坂太郎
- 1773 新選組　大石　学
- 2739 天誅組の変　舟久保藍
- 2750 幕府海軍　金澤裕之
- 455 戊辰戦争　佐々木克
- 1728 会津落城　星　亮一
- 2498 斗南《となみ》藩―「朝敵」会津藩士たちの苦難と再起　星　亮一